조선
셰프
**서
유
구**

요리하는 조선 사대부
조선 셰프 서유구

지은이 곽미경
펴낸이 신정수

펴낸곳 풍석문화재단
       진행 박시현, 박소해
       사진 곽풍영
       디자인 아트퍼블리케이션 디자인 고흐
       인쇄 상지사피앤비
       전화 (02) 6959-9921 **E-MAIL** pungseok@naver.com
펴낸 날 2021년 12월 13일
협찬 주식회사 오뚜기

ISBN 979-11-89801-49-6

* 이 책의 출판전송권은 곽미경과의 계약에 따라 재단법인 풍석문화재단에 있습니다.
  저작권법에 의해 보호를 받는 저작물이므로 무단 전재와 복제를 금합니다.
* 자연경실은 서유구 선생이 노년에 사용하던 서재 이름으로 풍석문화재단의 출판 브랜드입니다.

요리하는 조선 사대부

조선 셰프 서유구

곽미경 지음

자연경실

머리말

이 책 《조선 셰프 서유구》는 조선 최대의 실용백과사전 《임원경제지》를 저술하신 풍석 서유구 선생의 삶을, 선생이 체계적으로 기록해 놓은 《임원경제지》〈정조지〉 음식 레시피와 함께 버무려 소설적으로 그려낸 일종의 드라마이다. 풍석 서유구 선생은 영조 때 태어나 정조의 지극한 관심 속에 과거에 급제하여 10년 동안 벼슬을 살다가, 정조가 승하하고 순조가 등극하여 노론 벽파의 득세와 세도 김씨의 전횡이 진행되자 6년 후 관직을 버리고 귀향하여 18년 동안 시골에서 생활했다. 그러다 예순 나이인 순조 23년에 다시 복직하여 고위 관료로 16년 동안 봉직하다 일흔여섯 살 때인 헌종 5년에 벼슬에서 물러났다. 그러고는 여든두 살 나이에 세상을 하직했다.

그의 삶은 조선 후기 영정조 시대의 부흥기와 순조 이후의 쇠퇴기에 걸쳐 있느니만큼 정계의 부침에 끊임없이 시달렸다. 조선 정계와 학계의 중심이던 가문의 영화 속에서 과거에 급제하여 벼슬을 지내다가, 가문이 급격히 몰락하자 자신도 초야에 묻힐 수밖에 없었다. 이후 다시 복직하여 고위 관직 생활을 오래 했음에도 그는 권력과 재물에 초연했고, 노년에 전원생활을 즐기며 《임원경제지》 113권을 완성하고는 평화롭게 눈을 감았다.

오늘날 현대인의 시점에서 보면 풍석 선생은 조선의 사대부 가운데 대단히 특이한 존재다. 당시의 식자층인 양반들이 풍류를 즐겨 시회를 열거나 경전

해석이나 나라를 바로잡을 경륜을 펼치느라 혀와 붓이 마르도록 싸울 때, 그는 버슬을 내려놓고 귀향하여 시골에서 생활할 때는 물론 다시 관직에 나와 육조판서를 두루 역임하고 관찰사로 지방을 돌 때에도 누구보다 성실하게 직무를 다하면서도 조용히 남들 모르게 방대하고도 체계적인 《임원경제지》를 저술하는 데 인생 후반기를 보냈다. 겉으로 보이는 온건함과는 달리 그의 삶은 자신과의 치열한 투쟁으로 점철되어 있었고, 시대의 조류에 맞서 자신의 삶이 바르게 지향하고 있음을 확신하면서 자신만의 학문적 목표를 설정하고 열정을 불태웠다.

그는 결코 남에게 드러내지는 않았지만, 조선 주류층인 양반의 허위의식을 극도로 경멸했다. 자신이 먹는 밥 한 톨, 입는 옷 한 올, 집 짓는 흙벽돌이나 쓰는 도구 하나 생산하지 못하는 주제에 양반이라는 신분에 집착하여 세상 경륜을 논하고 시를 읊는 것을 밥버러지나 하는 짓으로 여겼다. 오죽하면 "흙으로 빚은 국이요, 종이로 만든 떡"이란 표현을 썼을까!

이 책 제목에서 그를 '조선 셰프 서유구: 요리하는 조선 사대부'로 정한 것은 그의 고단한 일생을 음식을 통해 보여 주고 싶어서였다. 《임원경제지》 16분야 중 음식 분야를 기록한 〈정조지〉를 읽어 보면, 그가 요리하는 사대부이자 다른 나라 음식까지 연구한 진정한 조선 셰프였음을 알 수 있다. 당시 양반 가문을 중심으로 요리하던 온갖 음식 — 갖은 식재료부터 시작하여 달이거나 고는 음식, 볶거나 가루 내어 만드는 음식, 갖은 음료와 과자, 채소 음식, 고기와 해산물, 장류와 조미료, 술, 절기 음식에 이르기까지 — 을 정연한 순서와 계통을 밟아 서술하고 있을 뿐만 아니라, 당시의 중국과 일본 요리까지도 섭렵하여(물론 문헌을 통해서였지만) 자신의 음식 체계 속에 녹여냈기 때문이다. 그러면서도 당시 조선의 음식 특성과 조선 사람의 문화적 미각을 중심으로, 어린 시절부터 맛보고 세심하게 관찰한 수많은 전통음식 요리법을 고스란히 담아 놓았다.

그가 조선 셰프로서 기록해 놓은 7권의 〈정조지〉는 《임원경제지》 16지 중 8번째 지로, 그 앞에 기록한 지들은 모두 농사와 관련된 내용이다. 선생은 음식이 농사의 최종 목적이자 결실로 보고, 요리법을 자신의 학문 영역으로 과감히 끌어올렸다. 남녀를 구분하고 적서를 가르며 반상을 나누고 내외를 엄격히 했던 그 시절, 음식을 만드는 일을 여자들이 하는 하찮은 일로 취급했던 통념을 깨고 당시 음식을 망라하여 치밀하게 레시피를 기록한 그의 실용 정신과 열린 사고에 감동하지 않을 수 없다. 그 결과 그는 자신의 시대에서 그때까지 한자 문화권(조선과 중국과 일본)이 만들어 온 다양한 음식 요리법을 조선 음식을 중심으로 종합하여 우리에게 남겼다.

〈정조지〉 속에는 우리의 삶과 사계절의 산하와 철학이 오롯이 담겨 있다. 부족하지만 이 글을 쓰는 동안 선생과 같은 경험을 했다고 자부한다. 그의 열정과 삶에 대한 이해 없이는 이런 글을 쓸 수 없다는 생각이 들었다. 어려서부터 요리를 좋아하면서도 남과 다르게 생각하고 엉뚱한 상상하기를 즐겼던 한 사람으로 선생의 생애와 열정, 그리고 〈정조지〉에 담긴 그의 음식 철학을 적극 알리고 싶었다.

풍석 서유구 선생이 남긴 풍부한 요리 레시피들을 바탕으로, 그의 전통요리법을 더 폭넓고 깊이 있게 발전시키는 것은 바로 우리 몫이다. 그분의 뜻과 삶을 기리기 위해 작년인 2015년 풍석문화재단 산하 음식연구소를 설립하여 그 책임을 맡은 것은 그분의 삶과 열정에 너무도 감동받았기 때문이다.

요리를 한다는 것은 어쩌면 인생살이와 너무도 닮았다. 수많은 과정이 있고 처음부터 재료 선택이 잘못되거나 마음에 정성이 부족하면 원치 않는 결과를 얻기도 한다. 누가 알아주지 않아도 묵묵히 시간을 견뎌야 하는 부분도 있고 어느 순간 생각하지도 않은 큰 기쁨을 가져다주기도 한다.

이 책은 풍석 선생의 일생을 어린 시절, 청년 시절, 장년 시절, 노년 시절로 나누고 25장면으로 구성하여, 각 장별로 그가 살아가며 겪었을 인생 단면을 그리면서 음식과의 인연을 담았다. 그리고 해당 음식을 직접 복원하면서 느낀 소회와 간략한 레시피도 함께 다루었다. 기록된 사실을 기반으로 선생의 일생을 연구하고 음식을 복원하면서 장면 장면을 드라마처럼 구체화하다 보니, 그가 마치 친밀한 할아버지처럼 느껴진다.

이 책을 통해 풍석 서유구 선생의 곡절 많은 삶과 우리 전통음식을 함께 오감으로 느껴 보시기 바란다.

2016년 봄

곽미경

개정판을 내며

2016년 4월 《조선 셰프 서유구》가 출간되었으니 5년이 넘었다. 《조선 셰프 서유구》는 서유구 선생이 편찬하신 《임원경제지》 중 〈정조지〉 편의 음식들 중 현대인에게 쉽게 다가갈 수 있거나 호기심을 불러일으킬 만한 음식을 뽑아 서유구 선생의 생애 속의 주요 사건들과 연관 지어 구성한 책이다. 책의 각 에피소드는 역사적 근거를 바탕으로 나의 상상력을 더하여 썼다.

벼슬아치! 그것도 왕의 특별한 총애를 받는 벼슬아치가 농업, 원예, 도구 제작, 건축, 음식, 어업, 수학, 상업 등 당시는 학문으로 인정하지 않는 영역을 연구하고 체계적으로 정리하여 책을 낸 까닭이 백성의 무너진 삶, 결국 무너지고 있던 조선의 운명을 일으켜 세우려 함이었다는 분명한 목적을 〈정조지〉를 통해 알게 되었고 무척 감동을 받았다. 이에 나는 선생의 감동적인 삶과 〈정조지〉를 알리고 싶은 마음에 《조선 셰프 서유구》를 쓰게 되었다.

"조선 셰프 서유구"는 2017년부터 〈정조지〉의 음식을 순차적으로 복원한 《조선 셰프 서유구의 김치이야기》, 《조선 셰프 서유구의 포이야기》 등의 풍석문화재단 음식연구소의 전통음식 복원 시리즈의 제목과 풍석문화재단 주최 전통음식경진 UCC 공모전의 제목으로도 사용되고 있다.

《조선 셰프 서유구》는 농림축산식품부선정 2018 바른식생활 우수 도서로 선정되었다. 앞으로 《조선 셰프 서유구》가 매년 출판되고 있는 복원시리즈와 함께 한국 음식의 뿌리를 찾고 이를 바탕으로 미래의 한식을 도모하는데 도움을 주었으면 하는 바람이다.

개정판은 이전 책과 비교했을 때 다음의 내용이 추가되거나 삭제되었다.

조선의 천재 수학자이자 천문학자였던 김영과 서유구 집안과의 연관을 제7장 "천재 천문학자 김영-총계탕과 동호채"의 에피소드로 추가하였다. 책을 쓸 당시에는 김영과 선생의 집안과의 인연을 모르다가, 선생의 형님인 서유본의 저서인《좌소산인문집》에서 김영과의 인연을 알게 되었다. 비운의 천재 김영과 서유구 선생의 집안과의 운명적인 만남과 김영의 '별의 눈물' 같은 찬란하지만 슬픈 삶을 이 책에 간략하게 나마 담았다.

초판에 담겨 있었던《임원경제지》〈정조지〉에 대한 소개글을 모두 삭제하였다. 2020년《임원경제지》〈정조지〉가 총 4권으로 완간되었고, 네이버 지식백과에도 탑재되어 있어 쉽게 접할 수 있기 때문에 굳이 이번 개정판에는 담지 않아도 된다고 생각하였다.

아무쪼록《조선 셰프 서유구》개정판이 서유구 선생의 생애와 사상을 널리 알리는 데 조금이라도 기여할 수 있기를 기대한다. 또한 각 에피소드별로 담겨 있는 53종의 음식들은 모두《임원경제지》〈정조지〉를 대표할 만한 음식이다. 부디 이 음식이 우리 음식에 대한 이해와《임원경제지》〈정조지〉에 대한 관심이 커지는데 일조하기를 기대한다. 풍석 서유구 선생님께 머리 숙여 감사드리고, 이 책을 읽는 독자분들 역시 필자와 같은 감동이 함께 하기를 기원한다.

2021년 늦가을
곽미경

차례

머리말 4
개정판을 내며 8

1부 세상에 나와 사랑을 맛보다

1장 약봉 서성과 그의 어머니 고성 이씨 전립투와 약산춘 17
〈정조지(鼎俎志)〉 권5 할팽지류(割烹之類) 자우육방(炙牛肉方)
〈정조지(鼎俎志)〉 권7 온배지류(醞醅之類) 약산춘방(藥山春方)

2장 외할아버지 이이장 산삼떡과 만두과 28
〈정조지(鼎俎志)〉 권2 취류지류(炊餾之類) 산삼병방(山蔘餠方)
〈정조지(鼎俎志)〉 권3 과정지류(菓飣之類) 약과방(藥果方)

3장 가야금을 같이 타던 스승 유금 구면과 아두자 39
〈정조지(鼎俎志)〉 권2 구면지류(糗麪之類) 구면방(勾麪方)
〈정조지(鼎俎志)〉 권2 구면지류(糗麪之類) 아두자방(鵝兜子方)

4장 주인 없는 생일잔치 전천초와 탕병 49
〈정조지(鼎俎志)〉 권4 교여지류(咬茹之類) 전천초방(煎川椒方)
〈정조지(鼎俎志)〉 권7 절식지류(元朝節食) 탕병방(湯餠方)

5장 어느 여름날, 세검정 계곡에서 비름나물밥과 게구이 59
〈정조지(鼎俎志)〉 권2 취류지류(炊餾之類) 반불수법(飯不餿法)
〈정조지(鼎俎志)〉 권5 할팽지류(割烹之類) 자해방(炙蟹方)

2부 인생의 맛을 알아 가다

6장 할아버지가 돌아가신 날 육회와 대추죽 71
  〈정조지(鼎俎志)〉 권5 할팽지류(割烹之類) 육생방(肉生方)
  〈정조지(鼎俎志)〉 권2 전오지류(煎熬之類) 조미죽방(棗米粥方)

7장 천재 천문학자 김영과 나의 아버지 총계탕과 동호채 82
  〈정조지(鼎俎志)〉 권5 할팽지류(割烹之類) 자계방(煮鷄方)
  〈정조지(鼎俎志)〉 권4 교여지류(咬茹之類) 동호채방(茼蒿菜方)

8장 정조와 함께한 꽃놀이 진주면과 전복김치 94
  〈정조지(鼎俎志)〉 권2 구면지류(糗麪之類) 진주면방(眞珠麪方)
  〈정조지(鼎俎志)〉 권4 교여지류(咬茹之類) 복저방(鰒葅方)

9장 나의 아들 우보와 여산 송씨 잉어수정회와 수수당 104
  〈정조지(鼎俎志)〉 권5 할팽지류(割烹之類) 잉어수정회방(鯉魚水晶膾方)
  〈정조지(鼎俎志)〉 권2 전오지류(煎熬之類) 무술당방(戊戌餹方)

10장 순창군수 시절, 세상에 눈뜨다! 상자죽과 남초초 114
  〈정조지(鼎俎志)〉 권2 전오지류(煎熬之類) 상자죽방(橡子粥方)
  〈정조지(鼎俎志)〉 권4 교여지류(咬茹之類) 남초초방(南椒炒方)

11장 사랑하는 사람을 보내며… 원기 보양죽과 건포도와 송자해라간 124
  〈정조지(鼎俎志)〉 권2 전오지류(煎熬之類) 양원죽방(養元粥方)
  〈정조지(鼎俎志)〉 권3 과정지류(菓飣之類) 건포도방(乾葡萄方)
  〈정조지(鼎俎志)〉 권3 과정지류(菓飣之類) 송자해라간(松子海囉嘽)

3부 깊은 쓴맛 끝에 오는 단맛 같은 삶

12장 지향을 만나다 도행병과 포도차   135
  〈정조지(鼎俎志)〉 권2 취류지류(炊鎦之類) 도행병방(桃杏餠方)
  〈정조지(鼎俎志)〉 권3 음청지류(飮淸之類) 포도차방(葡萄茶方)

13장 돌아올 수 없는 강 밀양시병과 설하멱방   144
  〈정조지(鼎俎志)〉 권7 절식지류(元朝節食) 밀양시병방(蜜釀柹餠方)
  〈정조지(鼎俎志)〉 권5 할팽지류(割烹之類) 자우육방(炙牛肉方)

14장 스승 박지원 더덕 도라지구이와 과사두   155
  〈정조지(鼎俎志)〉 권4 교여지류(咬茹之類) 삼길자방(蔘桔炙方)
  〈정조지(鼎俎志)〉 권7 절식지류(元朝節食) 과사두방(瓜絲兜方)

15장 숙부 서형수의 귀양과 나의 도피 산가지와 천리포   166
  〈정조지(鼎俎志)〉 권4 교여지류(咬茹之類) 산가방(蒜茄方)
  〈정조지(鼎俎志)〉 권5 할팽지류(割烹之類) 천리포방(千里脯方)

16장 억기가 떠나가다 혼돈반과 완두콩 미숫가루   175
  〈정조지(鼎俎志)〉 권2 취류지류(炊鎦之類) 혼돈반방(渾沌飯方)
  〈정조지(鼎俎志)〉 권2 구면지류(糗麪之類) 완두초방(豌豆麨方)

17장 형과 형수 연방만두와 어부의 삼선   185
  〈정조지(鼎俎志)〉 권2 구면지류(糗麪之類) 연방어포방(蓮房魚包方)

18장 우보의 생일날 참새알심국과 붕어찜   196
  〈정조지(鼎俎志)〉 권2 구면지류(糗麪之類) 나단탕병방(糯團湯餠方)
  〈정조지(鼎俎志)〉 권5 할팽지류(割烹之類) 자즉방(煮鯽方)

4부 덧없는 삶을 견디게 한 애민정신

19장 우보의 죽음 가수저라와 자하해 · · · 207
〈정조지(鼎俎志)〉 권3 과정지류(菓飣之類) 가수저라(加須底羅)
〈정조지(鼎俎志)〉 권5 할팽지류(割烹之類) 자하해방(紫蝦醢方)

20장 효명세자와 박규수 대합구이와 미나리김치 그리고 메추라기구이 · · · 217
〈정조지(鼎俎志)〉 권5 할팽지류(割烹之類) 자합방(炙蛤方)
〈정조지(鼎俎志)〉 권4 교여지류(咬茹之類) 근저방(芹菹方)
〈정조지(鼎俎志)〉 권5 할팽지류(割烹之類) 자순방(炙鶉方)

21장 기로소에서 열구자탕 · · · 226
〈정조지(鼎俎志)〉 권5 할팽지류(割烹之類) 열구자탕방(悅口子湯方)

22장 전라관찰사 부임 골동반과 막걸리 · · · 236
〈정조지(鼎俎志)〉 권7 절식지류(節食之類) 추사반(秋社飯)
〈정조지(鼎俎志)〉 권7 온배지류(醞醅之類) 부의주방(浮蟻酒方)

23장 바짓가랑이를 걷고 논밭을 누비며 행주두부와 감저주 · · · 247
〈정조지(鼎俎志)〉 권4 교여지류(咬茹之類) 행주두부방(行廚豆腐方)
〈정조지(鼎俎志)〉 권7 온배지류(醞醅之類) 감저주방(甘藷酒方)

24장 벼슬에서 물러나 새 복거지를 찾다 우미증방과 과제와 당근제 · · · 257
〈정조지(鼎俎志)〉 권5 할팽지류(割烹之類) 자우육방(煮牛肉方)
〈정조지(鼎俎志)〉 권4 교여지류(咬茹之類) 과제방(瓜虀方)
〈정조지(鼎俎志)〉 권4 교여지류(咬茹之類) 호라복제방(胡蘿葍虀方)

25장 후학들과 함께 박금과 흑두초 · · · 265
〈정조지(鼎俎志)〉 권4 교여지류(咬茹之類) 박금방(煿金方)
〈정조지(鼎俎志)〉 권4 교여지류(咬茹之類) 흑두초방(黑豆炒方)

26장 《임원경제지》를 마치고 모과환과 국화차 · · · 275
〈정조지(鼎俎志)〉 권3 과정지류(菓飣之類) 당소모과방(糖蘇木瓜方)
〈정조지(鼎俎志)〉 권3 음청지류(飮淸之類) 국화차방(菊花茶方)

1부

세상에 나와

사랑을 맛보다

1장

약봉 서성과 그의 어머니 고성 이씨
전립투와 약산춘

우리 대구 서씨 집안은 선조 때 호조판서를 지낸 약봉 서성 할아버지를 중시조로 한다. 나는 약봉 서성 할아버지의 7대손으로, 할아버지의 넷째 아들이며 선조의 부마(사위)인 달성위 서경주가 나의 6대 할아버지다. 대구 서씨 집안은 세종부터 성종까지 여섯 왕을 섬긴 대학자 서거정 이후에는 별다른 인물을 내지 못한 그저 가난한 선비 집안이었다. 그러던 서씨 집안은 약봉 서성 할아버지의 어머니인 고성 이씨 할머니의 혜안과 용기, 결단과 지혜 덕분에 크게 일어설 수 있었다.

이씨 할머니는 대부호인 청풍군수 이고의 무남독녀로 5살 때 병을 앓아 앞을 보지 못하는 청맹이었다. 소경이라는 것을 밝히지 않고 퇴계 선생이 추천한 퇴계 문하의 덕망과 인품은 높지만 집안은 어려운 선비인 함재공 서해에게 15살 때 시집을 갔다. 결혼식 하루 전 소경이라는 것을 안 뒤에도 함재공 서해는 파혼하지 않고 이씨 할머니에게 정성을 다하였을 뿐 아니라, 제사를 모실 사람이 없는 처가의 제사를 정성껏 모셨다. 하지만 아들 서성이 3살 때, 남편인 서해가 갑자기 젊은 나이에 돌아가고 친정아버지 이고도 명나라에 사신을 다녀오던 중 급사하였다. 더 이상 안동에 남아 있을 이유가 없다고 판단한 젊은 미망인은 친정에서 지어 준 큰 집 안동 소호헌을 정리하여 그 일부를 노비들을 속량시키는 데, 일부는 친정인 임청각에 나누어 주고, 그 나머지 돈을 가지고 아들 약봉의 교육을 위해 시동생 서엄이 있는 한양으로 간다.

약봉 할아버지 시절은 정치적 급변기로 많은 선비가 벼슬길에 나가지 않고 은둔을 하고 있던 터라, 할머니의 이런 결단이 없었다면 아마 약봉 할아버지는 서생으로 고향 안동에서 훈장 선생이나 하면서 살았을 것이다. 이런 이씨 할머니의 노력이 헛되지 않아 서성 할아버지는 당대 최고의 학자인 율곡의 문하에서 공부할 수 있었고, 성균사예를 지내는 숙부 서엄 할아버지의 지도 아래 본격적으로 과거 공부에 매진할 수 있었다.

서성 할아버지는 문장도 문장이지만 성품이 강직했다. 바르지 못한 일에는 어떤 위협에도 굴하지 않았다. 미천한 사람들 앞에서도 거만하지 않았고 항상 유쾌하고 얼굴빛이 부드러웠다. 또한 소실을 두지 않고 자신의 봉양을 간략하게 하는 등 평생 청빈한 생활을 하였는데 이는 모두 이씨 할머니의 교육에서 비롯된 것이었다.

이씨 할머니는 서울에 올라와 약현동에 스물여덟 칸짜리 큰 기와집 짓기에 착수하였다. 주변 사람들이 이씨 할머니의 과감함에 몹시 놀라며 너무 크다고 줄이기를 권하니 할머니는 "지금 이 집이 미망인과 아들이 살기에는 너무 크다 하시겠으나, 몇십 년 가지 않아 나의 삼년상에는 그 대청이 좁을 것이며, 내 제삿날에는 그 대청이 좁아 대청 옆에 대청을 더 이어 붙여 늘려야 할 것입니다."라고 말했다.

이씨 할머니의 예측대로 할머니의 칠순 때에는 출세한 아들 약봉 할아버지와 중견 벼슬아치인 손자들, 부마가 된 손자와 증손자, 증손녀로 그 대청마루가 비좁을 정도였다. 약봉 할아버지의 네 아들이 퍼트린 자손은 계속 번창하여 아홉 명의 정승과 서른네 명의 판서를 배출하는 등 우리 대구 서씨 집안은 조선 후기 최고의 명문가가 되었다. 당시 대구 서씨들이 관계에 많이 진출하여 숙종은 '서(徐)'라는 성이 '쥐[鼠]'를 상징하기에 용상에 앉아 내려다보시면 마치 어미 쥐가 새끼 쥐들을 우르르 몰며 데리고 다니는 것 같다고 하실 정도였다.

쇠락하던 대구 서씨 가문이 할머니 덕으로 조선의 삼대 명문 가문으로 성장하였으니 고성 이씨가 대구 서씨 가문을 일으켰다고 해도 과언이 아니다.

이씨 할머니는 약현동 집짓기에 대부분의 돈을 썼기에 생계를 위하여 당시로는 귀한 약과와 약식, 그리고 청주를 만들어 하인을 시켜 육조 거리에 내다 팔기 시작한다. 할머니는 약과와 약식에 들어가는 호두, 밤, 잣과 대추, 참기름, 꿀 등의 재료는 가장 좋은 것을 사용하였다. 특히 정월에 만들어 초여름에 먹는 청주는 숙성 기간이 길고 물누룩(누룩을 빻아서 물과 섞은 것)을 넣어 여러 번 빚어야 하는 맑고 섬세한 술로, 만드는 기간이 길어 보통 솜씨와 정성으로는 술 맛을 통제하기 어렵다.

이씨 할머니의 음식 맛은 장안의 화제가 되었다.

할머니의 약과와 약식을 사기 위해 긴 줄이 늘어섰고 할머니의 술은 궁궐에까지 소문이 나면서 진상품이 되었다. 술을 맛본 선조 대왕께서는 약현동에서 약봉이 만들었다는 뜻에서 친히 '약산춘'이라는 이름을 내려 주셨다.

할머니 음식 맛의 비결은 좋은 재료와 소경이기에 발달한 미각에 있다. 거기에 돈을 벌어 아들을 교육시키기 위해 최고의 음식을 만들어야 한다는 모정이 빚어낸 작품이다. 이씨 할머니가 장안의 이름난 학자와 스승을 큰 기와집에 불러 모아 음식과 술을 대접하니 대접을 받은 학자들은 자연스럽게 아들 서성의 스승이 되었다. 할머니는 겨울에는 전립투를 대접하였는데, 전립의 챙에는 고기를 굽고 우묵한 곳에는 채소를 데치니 고기를 좋아하는 사람도 채소를 좋아하는 사람도 모두 만족하였다. 전립투에 둘러앉아 오손도손 먹으니 서먹한 사이도 음식을 먹고 나면 마치 십년지기와 같이 되었.

약주, 약과, 약식이라는 이름이 이씨 할머니로부터 비롯되었으니 우리 서씨 집안은 음식과는 아주 인연이 깊다 할 수 있다.

내가 《옹치잡지》와 〈정조지〉를 쓰고 형수인 빙허각이 《규합총서》를 쓴 것도 이런 집안의 분위기가 많은 영향을 주었으며 서씨 집안에 도도히 흐르는 실용주의, 진취적인 기상과 유연성, 개방성 및 음식에 대한 관심은 이씨 할머니의 정신에서 비롯된 것이다.

먹고 살 거리가 넉넉한 시골 출신의 나이 어린 소경 미망인이 과감하게 친정 부모의 유산인 집을 팔아 한양으로 진출하여 음식을 팔아 생계를 해결하고 아들 뒷바라지를 하며 가문을 일으킨 것은 실로 파격적이며 대단한 일이 아닐 수 없다.

이씨 할머니는 서씨 집안뿐만 아니라 모든 여인들의 귀감이 되어 정경부인의 칭호를 하사받았으며 신사임당, 장계향과 더불어 조선의 3대 현모로 추앙받고 있어, 서씨 집안이 자부심을 갖는 데 결정적 역할을 한 분 중의 하나이다.

신사임당과 장계향이 문장과 그림이 뛰어난 다재다능한 예술가적인 어머니 상이라면 이씨 할머니는 앞을 못 보는 소경이란 악조건 속에서도 자신 앞에

닥친 어려움과 위기를 뛰어난 판단력과 결단 그리고 실천으로 헤쳐 나간 당대에 보기 드문 여성이었다.

고성 이씨 할머니는 아들인 서성이 계축옥사에 연루되어 귀양을 떠나자 자신도 귀양지인 단양, 원주 등으로 거처를 옮겨 살다 돌아가셨다. 서성 할아버지는 11년간의 귀양살이를 마치고 해배되어 형조판서와 병조판서를 지내시면서 이괄의 난과 정묘호란 때 왕을 안전하게 호위하는 등 큰 공을 세우셨다. 그리하여 사후에는 영의정으로 추존되신다. 이처럼 서씨 가문의 흥성이 한 가냘픈 여인에 의해서 이루어졌으니 고성 이씨 할머니의 덕을 칭송하고 또 칭송하여도 부족함이 없다.

일거양득 전립투

〈정조지〉에 나온 대나무 오리알구이를 만들기 위해 무쇠 화로에 숯불을 설치하였다가 화로의 날개에 소고기와 마늘을 구워 먹어 보았다. 고기와 마늘이 타지 않고 맛있게 익는 것이 건강에도 좋겠다는 생각이 들었다.

직화로 고기를 굽는 것이 별일은 아니지만 번거롭다. 이야기에 열중하다 보면 고기가 타버리고, 고기 굽기에 열중하다 보면 대화가 끊어져 버리니 머쓱하고 썰렁해진다.

직화 방식이 건강에 나쁘고, 특히 고기를 태워서 먹으면 아스팔트를 먹는 것과 같다는 의사의 말을 들은 후로는 직화구이로 고기를 먹는 것이 꺼려지지만 외식을 하다 보면 또 어쩔 수 없이 먹게 된다.

고기를 건강하게 먹는 방법으로는 샤브샤브가 좋다고 하는데 구워서 먹는 것에 비해서 맛이 없다. 사실 물속에서 건져낸 축 늘어진 고기가 그리 매력적이지도 않고, 구이용에 비해 저렴한 부위를 사용하기에 맛도 떨어진다.

'맛있지만 건강하지 않게' 아니면 '맛없지만 건강하게'. 우리는 불행하게도 두 가지 방식 중 하나를 선택해야만 한다.

〈정조지〉를 뒤적이다가 요리법 하나를 보았다. 전립투라는 일본에서 유래한 벙거지를 거꾸로 엎어 놓은 모양의 조리 도구를 이용하여 가운데 움푹한 냄비에는 육수를 끓여 미나리, 도라지, 파 등의 채소를 데치고 둥근 날개에는 고기를 구워 먹는데, 고기에서 맛있는 육수가 흘러나와 냄비로 떨어져 그 맛이 더해지도록 하라고 소개하고 있다.

조상들이 오히려 우리보다 더 건강하고 맛있게 요리를 해서 드셨나 보다. 전

립투의 날개에 고기를 굽는 방법은 그야말로 최상의 고기 조리법이다. 당시 조선에서는 일반 가정에서도 전립투를 갖추고 많이 해 먹었다고 한다. 직화구이의 단점과 샤브샤브의 단점을 극복한 이 멋진 요리를 당장이라도 해 먹어보고 싶지만 현재는 전립투가 사라진 상태다. 다행스럽게도 몇 개의 전립투가 사진으로 검색되고 전립투를 먹는 그림이 남아 있어 전립투를 복원할 수 있었다.

현대인이 편리하게 사용할 수 있도록 무쇠로 군더더기 없이 깔끔하고 실용적으로 복원하였다. 무쇠로 만들어서인지 듬직하고 안정감이 있어 바라만 보아도 흐뭇하다. 복원된 전립투로 첫 번째 요리인 전립투 사진을 찍었다. 일단 불을 지펴 전립투를 달군 뒤 꿩다리와 살치살, 부채살, 업진살 등 다양한 소고기 부위를 날개에 빙 둘러서 올렸다. 고기가 익기 시작하는데 너무 빨리도 너무 천천히도 익지 않는 것이 고기 조리 도구로 안성맞춤이다. 냄비 안의 미나리나 쑥갓도 고유의 색상이나 형태가 흐트러지거나 변하지 않고 천천히 익어 음식을 먹는 내내 여유롭고 즐겁게 대화를 이어갈 수 있다. 물론 고기 맛도 좋지만 가운데 채소와 함께 끓은 국물은 담백하고 맛이 가벼워 시원하다. 고기 맛, 채소 맛, 국물 맛이 모두 무쇠의 도움으로 자신의 매력을 한껏 드러낸다. 음식을 먹는 모두의 얼굴에 흐뭇함과 만족스러움이 가득하다. 전립투를 중심으로 둥글게 모여 음식을 나누다 보면 친밀감과 다정함이 좀 더 느껴지는 것이 마음까지 넉넉해진다.

이구동성으로 전립투만 있으면 외식을 하지 않아도 맛있는 고기를 넉넉하게 먹을 수 있고, 손님 초대도 두렵지 않을 것 같다고 한다.

육수 국물에 사리를 넣어 식사를 마무리하는 우리네 식습관도 충족시켜 줄 것 같다. 영양과 건강, 편리함, 그리고 맛과 멋까지 더하여 사람들과의 다정한 관계를 만들어 주는 전립투 요리야말로 요리의 본질에 충실한 조화로운 음식이다.

전립투의 무게감과 깊이에 어울릴 만한 술로는 약주의 기원이 되는 약산춘이 있다. 〈정조지〉에는 약산춘이 계절의 기운을 빌려 빚는 술인 시양주로 분류되어 있다. 약산춘은 음력 1월 첫 번째 돼지날[亥日]에 만들어서 2월 그믐에 덧술을 더해 늦봄이나 초여름에 먹는 장기 발효주이다. 술 이름에 봄 춘 자가 들어가는 술로는 동정춘, 호상춘 등이 있는데 그것은 고급 청주를 뜻한다. 〈정조지〉에는 서유구 선생의 7대조인 서성 선생이 만들었다고 하는데 그보다는 서성의 약현동 집에서 어머니 고성 이씨가 만들었다고 보는 편이 옳을 것이다.

약산춘은 물누룩을 가지고 만드는 것이 특징이고, 겨울 헛간에서 영하의 날씨에 발효되기 때문에 술의 도수가 높고 새콤하면서도 달콤하고 부드러운 것이 또한 특징이다.

술을 만들 때 밥을 하는 방식에는 떡밥, 죽밥, 고두밥 등이 있는데 약산춘의 밑술은 떡밥으로 한다. 쌀가루를 쪄서 떡밥을 한 다음 누룩을 물에 담갔다가 거른다.

내가 약산춘을 복원한 시기가 안타깝게도 겨울이 아니고 여름이므로 좋은 약산춘이 나오기는 어렵다. 그래서 재료에 더욱 신경을 많이 썼다. 누룩은 여러 종류를 사서 사전에 검증을 하였고 술에서 누룩 못지않게 중요한 물은 수소가 많이 포함된 순창의 약수를 사용하였다. 그리고 겨울 헛간의 온도를 연출하기 위하여 스티로폼 박스에 물을 담아 술통을 담가 두었다. 온도가 낮아서인지 조용히 서서히 발효를 한다. 수시로 온도를 점검하여 효모가 잠자지 않도록 온도 유지에 신경을 썼다. 가끔씩 열어서 맛을 보면 매번 맛이 다르다. 드디어 6주만에 고두밥을 지어 덧술을 하는데 잘 삭아 발효된 밥알들이 위로 동동 떠올라 있다. 분명히 누룩과 쌀, 그리고 물을 넣었을 뿐인데 오

묘한 달콤한 향이 나는 것이 신기하여 자꾸만 코를 박고 냄새를 맡아 본다. 다시 지하실에 2주간을 두었다가 마지막 1주는 이불을 덮어 두어 술이 완성되는 늦봄의 기온을 맞추기 위해 노력했다.

사진 촬영을 위하여 약산춘을 서둘러 개봉하였다. 세 겹으로 싼 종이를 벗겨 내자 코를 찌르는 탁 쏘는 향이 제법 진해 독한 술이 만들어졌다는 것을 냄새로도 알 수 있었다.

발효기간이 조금 짧기는 하지만 술맛은 깊고도 부드럽고 맑고 그윽하다. 전립투와 같이 약산춘을 촬영하고자 하였으나 사진작가가 강한 이미지인 전립투와 같이 찍으면 전립투와 약산춘이 모두 눈길을 끌지 못한다고 하여 아쉽지만 약산춘은 사진에 담지 못하였다.

2장

외할아버지 이이장
산삼떡과 만두과

함박눈이 목화송이처럼 탐스럽게 내리는 1764(영조 40)년 11월 10일, 한양 저동의 한 집에 긴장감이 감돌고 분주하더니, 안채에서 "으앙" 하는 사내아이의 힘찬 울음소리가 터진다. 바로 나! 서유구가 태어난 것이다. 어머니 한산 이씨는 둘째 아들을 출산한 기쁨에 산고도 잊은 채 첫 목욕으로 태지가 벗겨져 강보에 쌓여 있는 나를 연신 바라본다. 당시 과거를 준비 중이셨던 아버지 서호수 역시 기쁨에 겨워 어찌할 줄 모르신다.

세이레(21일)가 지난 후 금줄이 거둬지고, 나를 본 할아버지 서명응은 "몸이 좀 약하기는 하지만 바른 생활을 하면 장수할 상이고 당나귀같이 위로 솟은 귀와 가늘고 긴 눈을 보니 머리가 아주 좋고 재주가 많으며 나라의 녹을 먹을 귀한 상"이라고 하셨다. 아버지와 어머니의 기쁨은 말로 할 수 없었다고 한다. 선비 집안에 머리가 좋은 자식이 태어났다는 것은 그 집안 전체의 영광이다. 형 유본을 얻고 2년 뒤 연거푸 아들을 생산한 어머니는 서씨 집안의 며느리로서 아내로서 입지를 탄탄하게 굳히게 되었고, 내가 태어난 이후 남동생과 여동생이 거듭거듭 태어나 어머니로서는 세상에 부러울 것이 없었다.

겨우내 방 안에서 재롱이나 부리며 지루하게 보낸 내가 봄이 되어 어머니에게 안긴 채 첫 바깥나들이를 하게 되었다. 눈 돌리는 곳마다 봄꽃이 한창이라 눈이 부셨다. 매일 꽃구경을 하며 바쁘게 지내고 있는데 아버지인 서호수가 장원 급제를 하셨다. 집안에 경사가 겹쳤다. 나는 아버지를 장원 급제시킨 아기가 되어 버렸으니, 일명 '복덩이'였다. 내 백일 떡을 다 먹기도 전에 아버지의 과거 합격을 축하하는 소박한 잔치가 벌어져 온 집안이 즐거움으로 들썩거린다.

할아버지가 귀한 산삼떡 만들기를 허락하셔서 부엌에서는 산삼을 빻는 손길이 조심스럽고 우물에서는 떡쌀을 씻느라 바쁘다. 골고루 찧어진 산삼과 찹쌀가루를 합하여 기름에 굽자 향긋한 산삼떡 냄새로 가득하여 부엌이 마치 신선이 사는 곳과 같다. 안채의 마루에서는 숙모들과 숙모들이 데리고 온 찬모들이 기름에 튀겨 낸 매화꽃 같은 찹쌀 튀밥을 엿을 바른 부풀어진 찹쌀 튀각에 묻혀 매화산자를 만들고, 대추와 곶감을 돌절구에 빻아 소를 만들어 잘 반죽된 생강과 꿀을 넣은 밀가루 반죽에 넣어 달콤하고 고소한 만두자를 만드느라 분주하다. 어머니는 아기의 뽀얀 젖살 같은 인삼떡과 호박색으로 잘 튀겨진 만두자, 흰 꽃이 핀 매화산자를 담아 제일 먼저 조상이 계시는 사당에 올리고 기도를 하신다.

지아비를 잘 내조하고 시부모께 효도하며 자식들의 교육에 힘써서 약봉 할아버지의 어머니인 고성 이씨만큼이나 현모양처로 기록되어 후손의 귀감이 되겠다고 조상님 앞에 약속하셨을 것이다.

나의 외갓집 한산 이씨 집안은 고려 시대 성리학의 기초를 닦은 목은 이색, 조선 시대 사육신의 한 사람인 이개, 선조 때의 대문장가인 이산해가 대표적인 분들로서 학식과 충절의 기개가 드높은 집안이다. 우리 대구 서씨 집안이 선조 이후에 득세를 한 것에 비하면 어머니 집안은 더 뿌리가 깊은 명문 가문이다. 아버지께서 꿈에 목은 이색을 만난 날 어머니가 나를 낳으셨기에, 아버지는 내가 대학자가 될 것을 확신하셨다고 한다.

나의 외할아버지인 이이장은 참으로 대단한 분이셨다. 나는 자라면서 어머니께 외할아버지에 대한 이야기를 많이 들었다.

외할아버지는 안타깝게도 내가 태어나고 열흘 뒤에 돌아가셨는데 병석에서 당신의 딸이 둘째 아들을 순산하였다는 소식을 듣고 기뻐하시며 내 딸이 양손에 아들 손을 잡고 당당하게 친정집 나들이를 하게 되었다며 산모가 먹을 음식과 아기를 돌볼 유모를 급히 보내셨다고 한다.

영조 대왕께서는 외할아버지의 죽음을 안타깝게 여겨 사후 이조판서로 추증하고 충정공이라는 시호를 내리셨다.

외할아버지 이이장은 영조 때 문과에 급제하여 전라도 암행어사, 동래부사, 도승지 등을 역임하고 사은사로 청나라에 다녀오시기도 하였다. 어머니에 따르면 외할아버지 이이장은 성품이 강직하고 과감하며 재주가 있어, 나라가 위급할 때마다 외할아버지의 힘을 빌린 바가 컸다고 한다. 동래부사 시절에는 당시 말썽을 일으키던 왜인들의 문제를 잘 해결하여 경상도 관찰사로 승진하셨고, 북쪽 변방에 문제가 생겼을 때도 외할아버지가 안핵사와 참핵사로 가서서 일을 잘 처리해 함경도 관찰사를 맡기도 하셨다.

내가 태어나기 2년 전인 1762(영조 38)년 윤 5월 13일에는 우리나라에 큰 변고가 있었으니, 바로 사도세자께서 뒤주에 갇힌 그날이다. 이때 외할아버지 이이장은 도승지로 계셨는데, 영조 대왕께 말하기를 "전하께서는 깊은 궁궐에

있는 한 여인의 말만 듣고 국본을 흔들려 하십니까?"라고 큰 소리로 고하였다. 영조 대왕이 몹시 진노하여 나의 외할아버지를 극형에 처하라고 명하였다가, 이내 곧 그 명을 중단시켰다고 한다. 자식도 뒤주에 가두어 죽이는 냉정하고 불같은 영조 대왕에게 사도세자를 살리라고 목숨을 걸고 고한 사람은 오직 외할아버지 충정공 이이장 한 분이셨으니, 얼마나 용기 있는 분인지 알 수 있는 사건이다.

대왕께서 세자를 죽인 뒤 크게 후회하셨는데 도승지인 외할아버지의 말씀을 들었더라면 자식을 죽인 독한 군주라는 끔찍한 이름표는 달지 않았을 것이다. 또한 벼슬아치들 사이에 벽파니 시파니 갈라져 아귀다툼하는 일도 벌어지지 않았을 것이다. 훗날 우리 집안이 몰락하는 과정 역시 사도세자의 비극과 연관되어 있으니 참으로 안타까운 일이 아닐 수 없다.

어머니는 나와 형이 밥을 먹다가 밥알을 떨어뜨리면 "너희 외할아버지 충정공 이이장 어른은 땅에 밥알이 떨어진 것을 보면 물에 씻어 드셨단다. 이 밥풀 한 알에는 태양과 바람과 비와 땅 등 자연의 모든 조화와 농부의 수고로 인한 피와 땀이 담겨 있기 때문"이라고 하셨다. 그러시면서 "너희들은 편히 앉아서 그 혜택을 누리는 자들로, 밥 한 알을 가볍게 안다면 아무리 너희의 학문이 공자, 맹자를 능가해도 소용이 없다."고 말씀하시곤 했다. 워낙 말씀이 엄중하셔서 송구해진 형과 나는 떨어뜨린 밥알도 다시 주워 먹었다.

외할아버지께서는 자신을 굽혀 남을 따르지 않으며 불의와 타협하지 않는 정신과 남의 수고를 가치 있고 소중하게 생각하는 마음을 어머니를 통해 우리에게 전달하신다. 비록 외할아버지는 돌아가셨지만 마치 살아 계신 것과 다름이 없다.

외할아버지가 살아 계셨다면 외할아버지의 가르침으로 내가 좀 더 담력이 크고 두려움이 없는 사람이 되지 않았을까 생각을 해보지만, 한편으론 어지러운 정국 속에서 목숨도 부지하지 못하지 않았을까 라는 생각도 든다.

귀하고 귀한 산삼떡과 만두과

〈정조지〉에서는 산삼으로 떡을 만들어 먹으라 하였으나 시대에 맞추어 인삼으로 대신하였다. 인삼떡에 들어가는 인삼은 모양을 갖추지 않아도 되니 상품성이 떨어져서 저렴하게 판매하는 인삼을 사용하면 된다.
인삼(수삼)은 껍질을 벗기고 독소를 만들어 내는 뇌두를 자른다. 그 다음 대강 칼로 썰어 절구에 넣고 씹히는 식감을 위해 너무 곱지 않게 빻았다.
소금을 넣은 찹쌀가루를 수삼 빻은 것과 고루 섞어 반죽을 한 다음 쟁반에 펴 놓고 손으로 누르자 보자기처럼 넓게 펴진다.
떡 반죽을 네모나 마름모꼴로 잘라서 달군 기름에 전처럼 노릇노릇 지졌다. 향기도 좋지만 아주 먹음직스럽다. 지질 때는 불 조절을 잘해야 하는데 불이 너무 세면 인삼떡이 속은 익지 않고 겉만 타며, 그렇다고 온도가 너무 낮으면 찹쌀이 기름을 흡수하여 질어지고 늘어지므로 불의 강약 조절을 잘하는 것이 노릇하고 잘 익은 인삼떡을 만드는 비결이다.
뜨거운 인삼떡에 꿀을 뿌려 두는 것보다는 당도를 조절하여 먹을 수 있도록 접시에 꿀을 따로 내는 것이 좋고, 반죽을 할 때 설탕을 조금 넣으면 떡 맛도 좋아지고 꿀을 싫어하는 사람도 좋아할 것 같다.
나는 인삼의 쓴맛을 감하고 찹쌀 특유의 매한 맛을 줄이기 위해 설탕을 조금 넣었는데 맛의 균형이 잘 맞고 인삼의 고급스러운 향기까지 더해져 떡의 격이 한층 높아졌다. 인삼떡은 기름에 지져서 만든 덕에 잘 상하지 않고 열량도 높다. 게다가 휴대도 간편하여 등산이나 여행 시에도 좋고 어른들의 영양 간식으로도 아주 좋다.

또 인삼떡은 무엇보다도 인삼의 유효 성분을 손실 없이 제대로 섭취할 수 있다는 점과 누구나 쉽게 만들 수 있다는 장점이 있다.

인삼떡이 맛은 있지만 몸에 열이 많은 체질은 조금만 먹어야 하고, 열이 나는 환자는 절대로 먹어서는 안 된다.

약재의 부작용에 대한 인식이 전혀 없던 초등학교 시절, 그저 인삼은 몸에 좋은 것이라고만 알고 있던 나는 열 감기로 갈증이 심한 아버지가 물을 가져오라고 하시기에 아버지의 빠른 회복을 바라는 마음에 마침 엄마가 달여둔 인삼물을 기쁜 마음으로 한 대접 가져다 드렸다. 물인 줄 알고 인삼물을 벌컥벌컥 마신 아버지는 그날 밤 엄청 오른 열로 밤새 고생하셨고, 나는 왜 더 좋은 것을 가져다 드렸는데 칭찬을 받기는커녕 혼이 나야 되는지 당황스럽고 억울하였다. 평소엔 아버지를 어려워하지 않고 나의 생각을 잘 표현하곤 했지만 내가 봐도 아버지는 인삼물로 인한 부작용이 심각한 듯했다. 평소에 거의 꾸지람을 안 하시는 아버지의 책망을 들으며 '내가 알았냐고요? 인삼이 열을 더 나게 하는지……'라고 그저 마음속으로만 외쳤던 기억이 생생하다.

인삼떡과 더불어 또 하나 인삼을 이용한 요리로 약과의 업그레이드 버전이라 할 수 있는 만두과가 있다. 〈정조지〉에는 약과를 만드는 방법이 아주 자세하게 나와 있다.

약과는 틀을 이용하거나 넓게 밀어 칼로 잘라서 많은 양을 만들어 낼 수 있으나 만두과는 송편처럼 일일이 소를 넣어 만들어야 한다.

만두과는 시간과 정성이 약과보다 더 들어가긴 하지만 영양학적으로 더 우수하다.

부드럽고 촉촉하고 폭신하고 고소한 만두과를 만들기 위해서는 반죽이 아주 중요한데, 너무 치대어 반죽하면 끈기가 생겨 질겨지므로 파이 반죽처럼 가볍고 부드럽고 짧게 반죽해야 한다. 요즘은 박력분을 이용하면 좋다.

만두과에 들어가는 소는 대추와 곶감인데, 보통 대추는 소로 많이 이용하지만 곶감은 새롭다. 대추를 살만 발라내어 찐 다음 부드럽게 다져서 꿀과 계핏가루를 섞어 반죽한다. 그리고 만두과의 크기에 맞추어 적당히 넣어 준다. 곶감은 잘게 썰어서 계피를 첨가하여 만두과 안에 넣고 적당히 달궈진 팬에 튀겼다. 상쾌한 생강 향을 풍기며 적당히 부풀어 올라 굳이 먹어 보지 않아도 부드럽고 달콤한 약과가 만들어졌음을 알 수 있다.

뜨거운 만두과를 미리 준비한 꿀물에 담그자 치지직 하는 기분 좋은 소리와 함께 꿀이 바글거리며 만두과 안으로 스며든다. 꿀을 가득 머금은 만두과를 한입 먹어 보니 진한 달콤함과 고소함 그리고 청량감으로 입안이 호사를 누린다. 만두과는 두세 개만 먹어도 든든하여 한 끼를 건너뛰어도 괜찮을 것 같다. 다이어트에는 그다지 좋은 음식이 아니지만 열량을 급히 올려야 할 때는 좋다.

또 만두과의 탄수화물이 뇌 활동을 활발하게 해주고, 생강은 잠을 쫓아내고, 달콤함이 스트레스를 풀어 주며, 대추가 마음을 가라앉히므로 수험생에게는 최고의 간식이 아닐 수 없다.

3장

가야금을 같이 타던 스승 유금
구면과 아두자

오늘은 스승이신 탄소 유금이 나와 형을 가르치기 위해 집에 오는 날이다. 유금 선생의 원래 이름은 유련이었는데 거문고를 좋아하셔서 이름도 련을 버리고 가야금을 뜻하는 금으로 바꿨다고 한다. 호도 가야금의 금에 맞추어 악기를 탄다는 뜻인 탄소로 바꾸었으니 "가야금을 연주하는 유씨"가 선생의 이름이다. 스승의 또 다른 호는 기하실인데, 스승이 기하학을 좋아하기 때문에 붙여진 것이다.

유금 선생은 나보다 스물두 살 연상이다. 내가 머리털이 나기 시작할 때부터 선생을 숙사로 모시고 공부를 시작하여 선생이 돌아가실 때까지 만 20년을 함께하였다. 내 몸은 아비와 어미의 몸에서 나왔으나 내 기억의 시작은 유금 선생이었다. 나의 유년은 하루의 시작도 하루의 끝도, 계절의 시작도 계절의 끝도 늘 유금과 함께였다.

유금은 내 어린 시절 처음 몇 년은 우리 집에서 숙식을 같이 했으나 내가 과거에 급제하기 위해서는 과거 급제 경력이 있는 선생과 공부를 해야 한다고 해서 열다섯 살 때부터는 열흘에 두어 번 나의 공부를 봐주곤 했다. 이 시절, 유금과 나는 거문고도 함께 타고, 가끔은 우리 대구 서씨 세거지가 있는 파주에 가서 하룻밤을 묵으며 같이 활쏘기도 하고 파주의 너른 들판을 말로 달리곤 하였다.

탄소라는 호와 이름조차 '거문고 금'을 사용할 정도였던 선생의 거문고 실력은 이미 경지에 올라, 어린 시절 내 실력으로는 감히 흉내조차 낼 수 없었다. 유금은 늘 나침판을 허리춤에 차고 다니곤 하였다. 그 나침반은 유금이 청나라 연행을 다녀온 홍대용에게 산 것으로 무려 쌀 다섯 가마니 값을 주고 샀다 하여 우리 형제를 놀라게 하였다. 유금의 집안 형편이 넉넉지 않은 것은 유금이 이처럼 자신의 학문적 관심이나 취미에 거금을 들였기 때문이기도 했다. 유금의 나침반 이야기를 들을 때마다 나는 그 돈이면 책을 사는 것이 낫다 하고, 형 유본은 가죽신에 비단 머리띠를 사는 것이 낫다고 하며 깔깔거리곤 하였다.

오늘처럼 유금이 오는 날이면 어려운 가정 형편에 제대로 먹지 못 한 것을 염려한 아버지의 배려로 특별한 상이 차려지곤 한다. 상에 오르지 않은 남은 음식은 유금이 집에 갈 때 가지고 가도록 찬합에 담아 둔다. 우리 형제의 배웅을 받으며 찬합을 들고 집으로 가는 유금의 뒷모습이 너무 외로워 보이고 허허롭게 보여 괜스레 나도 모르게 눈물이 핑 돈 적도 있다.

유금은 털방석에 엿을 물고 넘어진 사람처럼 몸에 털이 많고 체격도 크고 목소리도 우렁거린다. 이런 남자다운 외모와는 다르게 음식은 담백하고 정갈한 것을 좋아한다.

유금은 밀가루에 무를 넣어 만든 칼국수, 구면을 특히 좋아하였다. 내가 선생은 구면이 물리지 않느냐고 하니, 유금은 "구면은 도령 댁에서만 맛볼 수 있는 천하의 진미로 중국 음식인데, 큰 대감께서 중국 연행을 가셨을 때 맛있게 드시고 그 요리법을 적어 가지고 온 도령 댁만의 특별한 음식"이라 한다. 나의 할머니도 구면을 좋아하시는데 항상 유금이 오는 날이면 "오늘은 구면을 먹는 날이구나!" 하신다. 구면을 드시면 속이 편하고 부드러워서 좋다고 하신다.

유금은 구면을 한 젓가락 후루룩 넣고는 "여러 집 음식을 먹어 봤지만 도령 댁 음식은 식재료의 성질을 파악하여 음양의 이치를 지혜롭게 음식에 이용하니 음식에 품격이 넘친다."고 하였다. 그러면서 "이는 정경부인인 고성 이씨 할머니의 음덕이며 그 집안에 음식이 맛있다는 것은 미덕 중의 최고의 미덕"이라고 덧붙였다.

또한 "식재료도 사람과 같아 불같은 성질을 가진 것은 차가운 성격을 가진 것과 같이 조리하는 것이 이로움이 있거늘 하물며 사람은 더 그러지 않겠냐?"면서 "준평(서유구의 자)이는 좀 활발하고 번죽이 좋은 벗을 사귀는 것이 좋을 것"이라고 했다. 스승은 항상 내가 남자다운 패기가 좀 부족하다 하는데, 나는 남자다운 패기는 호언을 하고 박력이 넘치며 농을 잘하는 것이 아니라고 생각한다. 군자는 가고자 하는 큰 뜻을 이루기 위해 가슴에 담을 줄도 알며, 잘 참을 줄 알고, 함부로 말을 내뱉지 않으며, 몸에 희로애락을 담아서는 안 된다는 것이 내 생각이다.

구면 다음으로 스승이 좋아하는 음식은 오리만두인 아두자이다.

아두자는 좋은 오리 살을 다져 소고기와 돼지기름을 더하고 귤껍질채, 생강채를 넣어 만든 만두인데 담백한 요리를 좋아하는 유금을 위해 돼지기름은 늘 빼고 만든다.

유금은 아두자를 먹을 때면 꼭 연경 이야기를 한다. 연경의 화려한 거리와 활력, 변발을 한 사람들, 전족을 하여 오리처럼 걷는 여인들, 진귀한 물건들과 수도 헤아릴 수 없는 만두가 있는데 도령들이랑 같이 연경을 가면 그 만두를 안주 삼아 벽상춘을 마셔보자 한다. 유금은 중국에서 유래한 음식을 좋아한다. 아마 조선 음식이 더 맛있는 데도 어떤 연유인지 중국에서 온 음식을 일부러 더 좋아하려고 노력하는 것 같다.

공부를 마친 뒤에 유금과 우리 형제 셋은 항상 거문고를 뜯곤 하는데 매화꽃이 흐드러지게 핀 올 춘삼월에는 매향에 취해서인지 신시(오후 3~5시)에 시작한 거문고 연주를 일경(저녁 7~9시)까지 계속했다. 아직 바람 끝이 차던 때라 그때 얻은 감기로 나는 한동안 고생했다.

유금이 가운데 앉아서 아직은 부족한 우리의 거문고 실력을 보충해 준다. 유금의 소리가 더해지면 엉성한 서씨 형제의 거문고 소리도 유려하면서 힘차고 때론 흐느끼듯 느껴진다.

유금은 우리 형제와 호흡을 맞추면서 조화롭게 우리를 인도한다.

구름 위를 걷다가 천둥을 만나기도 하고 말을 타고 벌판을 달리기도 하다가 붉게 물든 황혼의 엄숙함에 손을 모은다. 온몸에 소름이 돋는다.

거문고를 뜯는 유금의 모습은 마치 이 세상 사람이 아닌 듯하다.

내가 보는 스승의 모습 중 가장 닮고 싶은 모습이다. 유금의 거문고 소리가 오늘따라 너무 슬퍼서 스승의 얼굴을 살핀다. 유금의 얼굴에 두 줄기 눈물이 흐른다. 그리고 거문고 소리가 멈춘다. 형과 나도 멈춘다.

한동안 그렇게 우리 셋은 방 안이 어두워지도록 거문고를 안고 스승의 기척이 있을 때까지 스승의 눈물이 뭔지를 생각하며, 아직은 내가 스승의 눈물을 거둬 줄 힘이 없다는 것을 답답해하며 그저 앉아 있었다.

비췻빛 구면과 이국의 향 아두자

〉〉〉

'글루텐 프리(gluten free)'라는 단어가 식품 포장지에 자주 등장한다. 글루텐은 비만과 염증을 유발하여 웰빙에 반하는 성분이지만 우리가 좋아하는 밀가루의 주성분이기도 하다. 이런 사실은 건강에 조금만 관심이 있다면 알고 있을 것이다.

밀가루 음식을 줄이는 것이 피로감을 느끼지 않고 성인병과 한발 멀어지며 날씬한 몸매를 유지하는 비결이라고 한다. 우리는 탄수화물에 중독된 입맛을 바꾸기 위하여 밀가루와 멀어지는 다양한 방법들을 제시한다. 이런 이야기를 반복적으로 듣다 보면 밀가루 음식을 절제해야겠다는 심리적 압박을 받게 된다.

1970년대만 하더라도 밀가루는 키를 크게 하는 성장 식품이요, 고소한 빵 굽는 냄새는 부유함의 상징이었는데, 이렇게 푸대접을 받는 것을 보니 어리둥절하기도 하다. 그렇지만 한의사나 의사들이 약을 처방할 때 소화력을 문제 삼아 밀가루 음식을 금지시키는 것을 보면 문제가 있기는 한 모양이다.

나이가 들면서 소화력이 떨어지니 아무래도 칼국수가 꺼려지고 밥을 찾게 된다. 그러니 먹는 즐거움이 덜하고 메뉴의 폭이 점점 줄어드는 것 같아 서글프다.

과학이 눈부시게 발전하여 식재료의 성분이 분석되고 인과관계를 따지게 되자 먹는 것조차 스트레스가 된다. 역시 '아는 것이 병이요, 모르는 것이 약이다'라는 우매한 생각이 들기도 한다.

이러던 중 〈정조지〉에서 구면이라는 이름으로는 상상할 수 없는 요리를 만나

게 된다.

구면은 현대 식단의 문제아로 떠오른 글루텐을 무 속에 풍부한 디아스타아제와 섬유질로 물리치는 면 요리법으로 구면을 만나는 순간 글루텐이라는 악마의 손길에서 벗어난 느낌이 들었다.

선생은 후손들이 글루텐으로 인해 소화불량에 시달릴 것을 예측이라도 하신 것처럼 구면을 통해 답을 주시니, 후손의 평안과 안녕을 걱정하시어 〈정조지〉를 쓰신 선생의 마음이 다시 한 번 전해진다.

선생은 밀이 가을에 파종하여 여름에 익으므로 차고, 뜨겁고, 서늘하고, 따뜻한 사계절을 다 담고 있어 소변을 잘 보게 하고 간과 심장에 이롭다고 하신다. 남녀노소 누구나 밀가루 음식을 좋아하는 이유를 이제야 알 것 같다.

무로 구면을 만들 때는 마치 과학자가 된 듯하였다. 싱싱하고 단 무를 골라 조각을 내어 뭉클히 삶아서 졸인 다음 밀가루와 소금을 섞어 반죽하였다. 〈정조지〉에는 소금을 넣으라는 말씀은 없으나 소금이 퍼석한 무를 단단하고 쫄깃하게 해주는 역할을 할 것이기 때문이다.

무의 아랫부분이 들어가 반죽이 연한 비췃빛이 나는 것이 참 예쁘다. 무와 밀가루가 처음엔 어색하다가 바로 엉겨 붙으며 탄력 있는 반죽이 완성되었다. 투명할 만큼 얇게 밀대로 민 반죽을 썰어 면발을 만들었다. 그러고는 미리 준비한 장국에 넣어 끓인다.

〈정조지〉에서 소개하는 요리 중에 간단하면서도 현대인의 건강에 꼭 필요한 요소를 갖춘 구면은 과연 어떤 맛일까? 한 젓가락 넣는 순간 구면의 살짝은 아삭하고 부드러운 식감이 간단한 수고에 비해 너무나 많은 기쁨을 준다. 수제비나 만두피, 피자 도우 등 밀가루를 사용하는 음식이라면 어디에나 구면을 응용해도 될 것 같다. 건강에 좋은 구면은 사랑을 많이 받을 수 있는 〈정조지〉의 면 요리 중 하나다.

칼국수와 세트 메뉴로 많이 먹는 것이 만두다. 칼국수 안에 만두가 들어가기도 하고 식성이 좋은 사람은 칼국수 한 그릇에 만두 한 접시를 같이 먹기도 한다. 요즘은 갈비만두라고 해서 갈빗살에 갈비 양념을 한 단맛의 만두가 인기 있는데, 만두에는 설탕과 진간장을 넣지 않는다는 통념을 깬 만두다.

돼지고기와 소고기 그리고 야채를 많이 섞어 소로 사용하는 만두에서 벗어나 건강에 좋은 오리고기와 향신료만으로 만든 아두자가 〈정조지〉에 소개되어 있다.

오리고기가 몇 년 전부터 콜레스테롤을 낮추어 주고 불포화 지방산이 풍부하여 성인병 예방에 좋다고 하여 선풍적인 인기를 끌고 있다.

그에 발맞춰 다양한 오리 요리도 등장하고 있다.

오리만두라니, 먹어 보지도 못했고 오리 전문 식당에서도 본 기억이 없다. 오리고기를 냄새가 나지 않게 양념하여 구워 먹는 오리로스는 건강에 좋고 피부에도 좋다고 해서 좋아하지는 않지만 여럿이서 함께 먹는 분위기에 휩쓸려서 먹는다. 하지만 오리만두는 아직 낯설고 찌는 요리의 특성상 오리 특유의 누린내가 날까 봐 썩 내키지 않았다.

떨떠름한 마음을 품은 채 썩 좋아하지는 않는 식재료인 오리고기를 손질한다. 〈정조지〉에서는 돼지기름과 양기름을 섞으라고 하였으나 현대인의 취향을 고려하여 오리 살에 붙은 지방만을 이용하였다.

고기와 지방을 같이 곱게 다져서 섞은 다음 귤껍질과 파, 생강, 천초와 행인 그리고 오리 냄새를 없애고 부드럽게 해주는 역할을 하는 식초와 술을 넣어 재운다. 그것으로 소를 만들었다.

그리고 대나무 용기에 담아 찐 오리만두를 먹어 보니 그동안 가졌던 오리에 대한 편견이 일순간 사라진다. 우리에게 익숙한 맛은 아니지만 싱그럽고 담백하여 소고기나 돼지고기 만두에서는 느낄 수 없는 이국의 맛이 물씬 느껴

진다. 혹 이국의 맛에 거부감을 느끼는 사람이라면 귤껍질을 빼거나 적게 넣으면 될 것 같다.

같은 맛, 익숙한 맛, 그리고 먹던 음식에만 마음을 여는 것이 보통 우리들이 음식을 대하는 태도다. 먹던 음식만을 습관적으로 고집하는 사람이 더 폐쇄적이고 창의적이지 못하다는 것을 살면서 많이 느껴 왔다. 음식을 선택하고 먹는다는 것은 그 음식과 대화를 하고 사귀는 것이다. 이왕이면 다양한 친구하고 사귀는 것이 더 발전적이고, 다양하고, 즐거운 인생을 지내는 비결인 것처럼 "어! 이상한 맛이야. 나는 이 맛이 싫어!"라고 거부하기보다는 낯선 양념의 맛을 천천히 느껴 보며 또 다른 맛의 세계를 탐험하는 것도 우리의 인생을 훨씬 더 풍요롭게 해주는 일이다.

4장

주인 없는 생일잔치
전천초와 탕병

스승 유금은 이 세상에 나를 알아주는 사람은 서공 집안사람들과 이덕무, 조카인 유득공, 박지원, 박제가, 이서구뿐이라며 씁쓰레한 얼굴로 말하곤 한다. 유금은 자기를 알아주는 친구들과 탑골공원 근처에 이웃하여 살며 함께 공부도 하고 술도 마시며 지낸다. 유금은 조선에서는 한계가 있으니 자신을 알아주는 사람만 있다면 연경으로 가서 새로운 학문도 익히고 벼슬도 하며 살다가 늙어서는 조선으로 돌아와 우리 형제랑 이웃하며 살자고 한다. 유금이 우리 형제의 숙사일에 싫증이 난 것이 아닌가 하여 섭섭하기도 하지만 늙어서 같이 이웃하여 살자 하니 그것은 아닌 것 같다.

아버지 서호수가 새로 즉위한 주상의 어명으로 연행을 가게 되어 유금을 막객의 신분으로 데려간다고 하자 유금은 뛸 듯이 기뻐하며 역시 서공은 자신을 알아준다며 우쭐해한다. 이것저것 연행 준비를 하는 동안 유금이 마냥 들떠 있으니 부산스럽기가 그릇 잘 깨는 우리집 언년이 같다.

어머니는 추운 겨울에 연행을 가는 유금을 염려하여 비단옷을 선물하셨다. 우리 앞에서 자랑삼아 입어 보는데 원래 휜했던 인물이 비단옷으로 돋보이는 것이 장가가는 새신랑보다 낫다며 유금을 칭찬한다.

아버지와 유금이 연행을 떠나는 날은 길을 분간할 수 없을 정도로 눈이 많이 내렸으나 이덕무, 이서구, 유득공, 박지원, 박제가 등이 함박눈을 머리에 가득 이고 우리 집에 왔다. 아버지의 어명 완수와 건강을 비는 축원으로 잔칫집처럼 떠들썩하고 포근함이 넘친다.

벌써 우리 집에는 연행 가는 사람들을 태울 말과 수레가 도착하였다. 먼 길 떠나는 말들도 행장을 차리느라 분주하다. 마부는 구유에 짚을 담아, 서둘러 나오느라 아침을 못 먹은 말들을 먹일 준비를 한다. 말들이 공중을 향해 내뿜는 힘찬 콧김이 흰 겨울 아지랑이가 되어 사라지는데 유금처럼 말들도 연행 가는 것을 자랑스러워하는 것 같다.

부엌에서는 환송객들의 아침상을 준비하느라 언년이, 삼월이가 부엌으로 장독대로 광으로 바쁘게 내달리고 강아지도 덩달아 바쁘게 눈밭을 뛰어다닌다. 마당은 온통 눈 발자국으로 가득하니 분주함과 설렘이 더해진다.

아버지는 젊은 선비들이 학문으로는 조선에서 제일이나 벼슬을 하지 못하여 사는 것은 조선에서 꼴찌이니, 어머니에게 돈을 아끼지 말고 맛있는 음식으로 풍성하게 오늘 아침상을 준비하라 하신다. 부엌에서는 어머니가 연행 가는 일행이 여행 중 요기를 할 수 있도록 전천초를 기름에 지지고 계신다. 어머니는 찹쌀은 시장기를 잘 느끼지 않게 해주고 천초(초피나무 열매)는 시원한 매운맛으로 찹쌀의 느끼함을 달래주니 참으로 옳은 조합이 아니겠냐며 꽃 같은 전천초를 정성스럽게 찬합에 담으신다. 나는 어머니가 전천초 지지는 모습이 너무 엄숙하여 숨을 죽이고 찹쌀이 부풀어 오르며 익는 모습을 지켜보았다. 큰 가마솥에서는 김이 팍팍 오르며 탕병(떡국)을 끓일 꿩고기와 소고기가 고소하고 진한 냄새를 풍긴다. 신이 난 억기는 복더위도 아닌데 땀을 뻘뻘 흘리며 연신 아궁이에 소나무 장작을 더하느라 바쁘다. 빨간 불꽃과 푸른

소나무 잎이 기세 좋게 어우러진다. 피식 하며 덜 마른 송진이 꽃망울이 터지듯 피어나 송진 향도 함께 흐른다.

언년 어멈은 탕병에 들어갈 긴 가래떡을 종이처럼 얇게 동전 모양으로 잘라 내다가 솔개가 병아리 주변을 빙빙 돌 듯하는 언년이 동생들에게 썰다 남은 가래떡 두어 개를 몰래 쥐어 준다.

탕병은 맛도 좋지만 일단 흰떡을 만들어 두기만 하면 추운 겨우내 반찬 걱정 없이 편하게 끓여 먹을 수 있어 설이 아니라도 우리 집에서 자주 먹는 요리다. 특히 꿩을 폭폭 삶아서 국물은 탕병 육수로 쓰고 고기는 다지거나 실처럼 잘게 잘라 고명으로 얹어 먹는데 그 담백한 맛이 소고기만으로 끓인 탕병과는 비교가 되지 않는다. 할아버지는 탕병이 여자들의 수고를 크게 덜어 주는 음식이라며 당신의 진짓상에 탕병을 자주 올리라고 하신다. 추운 겨울에 고생할 며느리와 나이 어린 손자며느리들을 아끼는 마음에서다.

연행 가는 일행이 설날 탕병을 먹지 못하는 것을 섭섭히 여긴 어머니가 탕병을 대접하니 미리 한 살을 더하여 연행을 떠나는 셈이다.

아침밥을 먹은 유금은 마지막으로 책 한 권을 비단 보자기에 소중하게 싸서 행장의 맨 위에 넣으며 "준평(서유구의 자)아! 내가 연경에 가서 깜짝 놀랄 만한 일을 해서 올 거야." 라며 나를 보고 씨익 웃는다. 나는 깜짝 안 놀라도 좋으니 그저 유금이 건강하게 돌아오기를 원할 뿐이라고 쌀쌀하고 담담하게 말한다. 사실 나는, 순진한 유금이 연경에 가서 나를 놀래주기 위해서 어떤 일을 하고 올지 심란하고 걱정스럽기만 하다.

아버지와 유금이 연경으로 떠나니 집은 갑자기 적막강산이 된 듯하다. 형과 나는 글공부도, 활쏘기도, 거문고 연주도, 시 짓기도, 쌍륙 놀이도 어쩐지 유금 없이는 시들하다. 할머니와 어머니 그리고 형수 빙허각과 여산 송씨는 아침마다 찬물로 세수를 하여 정신을 맑게 한 다음 머리를 곱게 빗고 정한수를 떠놓고 아버지 일행의 무사귀환을 비는 기도를 하루도 거르지 않았다.

춥고 지루한 겨울이 가고 봄이 되었는 데도 연경에서는 소식이 없다. 형과 나는 하루하루 손꼽아 가며 아버지와 유금이 돌아오기를 기다렸다.

말 울음소리만 들려도 아버지 일행인가 하여 대문까지 가서 볼 새도 없이 까치발을 하고 담 밖을 내다보았다.

이덕무와 유득공도 가끔 우리 집에 들러 연경의 소식을 묻곤 하였다가 별 소식이 없음에 어깨를 늘이고 실망하여 돌아가곤 하였다.

봄비가 보슬보슬 내리는 날 아버지와 유금이 연경에서 돌아왔다.

연경을 다녀온 뒤 유금은 예전과 많이 달라졌다. 눈빛이 한결 부드러워지고 말수가 줄고 생각에 잠긴 듯하다. 공부를 가르치다가도 나랑 눈이 마주치면 빙그레 웃곤 한다. 그토록 가고 싶었던 연경에 다녀와서 그런지 그동안 유금을 괴롭히던 분노가 사라진 것 같아 다행이지만 뭔가 내가 모르는 소중한 비밀을 간직한 것 같아 유금에게 섭섭한 마음이 들기도 한다. 하지만 언젠가는 말을 참지 못하는 유금이 말할 날이 있을 것이다.
그렇게 여름이 가고, 가을이 가고, 다시 겨울이 왔다.
형 유본과 함께 꽁꽁 얼어붙은 길을 아버지 심부름으로 가자미와 전복 그리고 벽상춘을 들고 조심스럽게 걸어 유금의 집에 도착하였다.
유금의 집에는 이미 거한 잔칫상이 차려져 있고 먼저 도착한 유득공, 박제가, 이덕무 등이 우리 형제를 반긴다. 벽에는 잘생기고 눈썹이 짙고 생각에 잠긴 듯한 중국 남자의 초상화가 걸려 있고, 유금은 벽상춘을 초상화 앞 제단에 놓인 술잔에 정성스럽게 따른다. 어찌나 엄숙하고 진지한지 숨소리를 내는 것조차 미안할 지경이었다.
초상화의 주인공은 청나라 최고의 문인인 이조원이고 오늘은 이조원의 생일날이다. 유금은 연행 길에 친구들의 문집인 《한객건연집》을 이조원에게 보여 줬고, 이조원은 조선 선비들의 글에 반하여 스스로 정표로 초상화를 주며 교류를 시작하게 되었다.
유금은 조선에서 알아주지 않는 자신들을 청의 대문장가 이조원이 인정하고 깊은 정까지 나누어 주니 그동안 무시당하며 살아온 모든 설움과 분노가 눈 녹듯 녹아 답답함도 훌훌 털어버렸다고 한다.
먼 이국에 사는 주인공은 정작 참석

하지 않았지만 조선의 친구들이 모여서 주인 없는 생일잔치를 연다. 약간은 해괴한 일이지만 하룻밤에도 만리장성을 쌓는다고 하지 않던가? 뜻이 통하면 짧은 세월의 사귐도 건너뛸 수 있는 것이니, 평생을 같이 해도 기억 속에 남지 않는 사람도 있지만 단 한 번을 보아도 가슴에 박히는 뜨거운 사람도 있는 법이다. 나는 먼 이국의 친구에 대한 그리움과 생일 축문을 구구절절 읽는 유금의 진지하고 엄숙한 얼굴을 바라보며 스승 유금의 슬픔이 무엇인지를 비로소 알게 되었다.

찹쌀과 멥쌀의 매력을 살린 전천초와 탕병

전천초는 천초를 간장, 찹쌀가루와 섞어 기름에 지진 지짐이다. 일종의 간장 떡이라고도 할 수 있고 밥반찬이라고도 할 수 있다. 간식처럼 요기도 되면서 밥과 같이 먹는 것이 마치 부각과 비슷하다.

천초는 초피나무의 열매로 우리나라에 고추가 들어오기 전 고추를 대신하여 사용되던 양념이다. 고추처럼 매운맛을 가지고 있으나 감귤처럼 상쾌한 맛도 함께 가지고 있어 음식에 넣으면 깔끔한 맛을 내준다. 지금 우리나라에서는 천초를 양념으로 거의 사용하지 않지만 중동이나 중국, 인도에서는 육류 요리에 천초를 많이 사용한다.

〈정조지〉에는 천초 가루를 찹쌀에 섞어 반죽하여 기름에 지지는 방법과 천초 알갱이를 찹쌀 안에 소로 집어넣는 두 가지 방법이 소개되어 있다.

아직은 낯선 천초를 알갱이로 먹는 것이 부담스러울 것 같아 천초 가루를 이용한 전천초를 만들었다.

별 기대를 하지 않고 반죽을 하는데 상쾌한 향이 솔솔 풍기는 것이 느끼한 찹쌀과 조화를 잘 이룬다. 잠시 후, 반죽에 섞인 천초가 박하처럼 산뜻하고 상쾌한 향을 낸다. 감기로 막혀 있던 코가 시원해지고 피로했던 몸이 활력을 찾는다. 단순히 향기로만 테라피를 하는 것이 아니고 음식 향으로 테라피를 하니 꿩 먹고 알 먹는 격이다. 반죽을 뜨거운 기름에 넣자 살짝 부풀어 오르며 간장 색이 진해진다.

맛을 보니 떡 같은 이미지와는 달리 짭조름하면서 담백한 것이 반찬으로도 손색이 없다. 어명을 받아 가는 연행 길, 시간에 쫓겨 급히 한끼 식사를 할

때도 아주 제격일 것 같다. 다시 한 번 편견이라는 것이 우리의 인생을 얼마나 좁게 하는지를 전천초를 통해 느꼈다. 먹어 보지도 않고 아니 만들어 보지도 않고, '맛이 이상할 거야'라고 생각했던 나의 좁은 소견이 〈정조지〉의 다양한 요리를 통해 넓어지고 있다.

탕병은 요즘 우리가 먹는 떡국이다. 〈정조지〉에 탕병을 먹는 숫자로 나이가 보태진다고 하니 탕병이 설날의 필수 음식이었음을 알 수 있다.

〈정조지〉에는 탕병을 소개하면서 흰떡 만드는 법을 자세히 소개하였다.

흰떡은 방앗간에서 만드는 떡이 아니고 원래 집에서 일일이 손으로 빚던 떡이다.

어린 시절 설날 준비는 흰 가래떡을 뽑는 일로부터 시작되었다. 김이 모락모락 나는 가래떡이 방앗간에서 도착하면 적당한 길이로 잘라 참기름에 간장을 섞어 찍어 먹거나 설탕을 찍어 먹기도 하였다.

내 기억 속 흰떡은 방앗간에서만 뽑는 떡이지만 엄마의 기억 속 흰떡은 다른 떡처럼 그냥 집에서 만들던 떡이었다. 〈정조지〉가 소개한 탕병을 정확하게 만들고 싶은 욕심에 흰떡을 직접 만들어보기로 한다.

지금의 흰떡은 전봇대처럼 매끈하지만 손으로 만든 흰떡은 아마 울퉁불퉁해서 더 다정하고 맛도 좋을 것 같다. 멥쌀을 충분히 불려서 살짝 말린 다음 가루를 내어서 쪄 보았으나 수분기가 너무 적어 잘 뭉쳐지지 않았다. 반죽하여 찌는 것이 옳은 듯하여 다시 〈정조지〉를 정독해 보았으나 애매모호하다.

엄마에게 여쭤보니 쌀을 반죽하여 도넛 모양으로 만들어서 찌고 많이 치대서 만들어야 쫄깃하고 잘 굳지 않는다고 하신다. 선생이 쌀가루를 반죽하는 과정을 깜빡하신 모양이다. 엄마는 흰떡을 만들면서 양쪽 끝부분은 잘라서 쥐꼬리떡을 만들어 보라고 하신다. 고생스럽게 흰떡을 만들면서 쥐꼬리떡까지 고안해 낸 어른들의 멋과 낭만, 그 여유가 부럽기만 하다.

이제 쪄서 익힌 흰떡을 작은 돌절구에 넣고 방망이로 한참을 쳐 주니 반죽이 찹쌀처럼 차지다. 소반 위에 놓고 손으로 굴려서 지금의 흰떡보다 좀 더 뚱뚱하게 만들었더니 날씬한 흰떡보다 더 먹음직스럽고 듬직하다.

흰떡을 살짝 말려서 굳힌 다음 선생의 말씀처럼 엽전 크기만큼 종잇장처럼 얇게 썰고 미리 끓여 둔 맑은 꿩고기 육수에 떡을 넣어 끓인다. 그런 다음 꿩고기를 잘게 다져서 고명으로 얹는데 후추를 꼭 뿌려 주어야 한다.

후추가 음식에 활력을 불어넣는 역할을 하여서인지 조용하고 맑은 샘물 같은 꿩 탕병이 생기가 돌면서 맛이 살아난다. 지금의 떡국과 만드는 방법은 같지만 꿩고기를 사용한 것이 탕병 맛을 결정적으로 다르게 해준다. 물론 당시에도 소고기를 사용하여 탕병을 끓이기도 하였으나 꿩고기를 사용한 담백한 탕병을 더 선호한 것 같다. 꿩은 아미노산이 풍부하고 육질이 우수하여 촉촉하고 탄력 있는 피부를 가꾸는 데 많은 도움을 준다고 한다. 왕의 눈에 들어야만 하는 궁녀들이 피부 미용을 위하여 꿩고기를 특히 더 즐겨 먹었다고 한다.

하지만 요즘은 건강과 피부를 위하여 꿩고기를 자주 사 먹고 싶어도 꿩을 쉽게 구입하기가 어렵다. 사육 농가가 늘어나고 이를 받쳐 주는 수요가 있어 쉽게 꿩고기를 구입하는 날이 오기를 기대해 본다.

5장

어느 여름날, 세검정 계곡에서
비름나물밥과 게구이

새벽에 눈을 뜨니 안채의 부엌에서 도란도란 나누는 말소리와 함께 칼질 소리가 들렸다. 부엌으로 나가 보니 어머니는 고기를 또닥거리시고 여산 송씨는 김이 채 가시지 않은 시루에서 익어서 색이 더 깊은 죽통을 꺼내고 있었다. 오늘은 내가 친우들과 세검정으로 아회(글짓기 모임)를 가기로 한 날이고, 어머니와 여산 송씨가 아회에서 쓸 음식을 준비하고 계신 것이다. 내가 부엌을 기웃거리자 여산 송씨가 칼로 뜨거운 죽통 사이를 자르며 게살죽통찜이 잘됐는지 맛을 좀 보라고 청한다. 어머니는 좀 더 식은 다음에 잘라야 모양이 흐트러지지 않는다며 여산 송씨를 가볍게 나무란다. 아들이 아회를 가서 친우들과 먹을 음식인지라 신경이 많이 쓰이는 듯하다. 나는 게살의 짭조름한 맛과 부드러운 계란의 어우러짐이 적당하고 대나무의 향이 좋다며 오늘 아회에서 친우들이 좋아할 것이라 했다. 일순간 부엌에 드리웠던 긴장감이 사라진다.

어머니는 밥 짓기와 요리를 매우 잘하셨으니, 우리 집의 음식은 검소하지만 맛이 있는 것으로 이름이 높았다. 우리 집에는 항상 할아버지와 아버지를 만나러 오는 손님과 며칠씩, 몇 달씩 머무는 친척이 북적거려 늘 많은 음식을 장만해야 했는데 어머니는 재료를 적게 쓰시고 요리를 해도 그 맛은 재료가 많이 들어간 요리보다 나았다. 그것은 음식에 온 정성을 기울이며 최선을 다하는 마음과 뛰어난 솜씨가 있기에 가능한 것이었다. 시냇가의 이름 없는 물풀이나 푸성귀도 어머니의 손을 거치기만 하면 색다른 맛이 나는 것이 마치 진귀한 요리 같았다. 어머니는 훌륭한 선생이기도 하셨는데 아무리 시커먼 시골구석의 아낙이나 어린 계집종도 어머니에게 훈련을 받으면 바로 요리나 부엌일의 선수가 되었는데, 이는 모두 어머니의 영민함 덕분이다.

분가해서 나간 종친이나 집안사람도 집안에 대소사가 있으면 어머니께 와서 어떤 술을 담글지 음식은 무엇을 하고 얼마나 해야 하는지를 꼭 의논하곤 하였다.

나는 어린 시절부터 입이 짧아 할머니와 어머니의 근심을 많이 샀다. 머릿속은 온통 오늘 읽은 책에 대한 궁금증으로 가득 차 있어 숟가락, 젓가락, 반찬이 글씨로 보이기까지 할 지경이었다. 이런 나를 위해 어머니는 타락죽(우유죽)을 만들어 주시곤 하면서 "이건 영조 대왕께서 좋아하시는 죽이란다. 소화가 잘되고 비위가 약한 사람의 보신엔 타락죽만 한 것이 없다."고 하셨다. 타락죽을 먹을 때마다 어린 마음에 우쭐하기도 하였지만 철이 든 후에는 타락을 구하기가 쉽지 않으며 이를 위해 어머니가 층층시하 시집살이 속에서 많이 힘드셨을 것이란 생각에 가슴이 뭉클하였다.

하루의 삼시 세끼, 식구들 밥상과 시도 때도 없이 차려야 하는 술상과 밥때를 지나서 온 손님의 밥상, 할아버지의 간식상, 환자를 위한 죽상, 생일상과 제사상으로 어느 한 날 어머니 손에 물 마를 날이 없었다. 이렇게 분주한 어머니에게 음식 만드는 일을 더해 드리는 경우가 왕왕 있는데 그것이 바로 오늘처럼 내가 야회를 가는 날이다. 야회를 가는 날은 각자 집에서 음식과 약간의 술을 준비해 오는데 어머니가 준비한 음식이 가장 인기가 있어 모두들 이번 아회에는 준평이가 어떤 음식을 가져오나 기대를 했다. 그러니 자연스럽게 어머니가 신경을 많이 쓰시곤 한다.

어머니가 싸 주신 찬합을 들고 이번 아회 장소인 세검정에 도착하였다. 먼저 와 있던 남공철이 나를 반기고 이어 박시수와 한생, 서로수, 이생과 김홍도가 말잡이를 앞세우고 더위에 땀을 뻘뻘 흘리며 도착한다. 정자에 올라 나란히 자리를 잡으니 더위에 지쳤던 몸과 마음이 상쾌한 것이 마치 박하상을 먹은 것같다. 세검정 계곡은 이틀 전 큰비가 내린 터라 콸콸콸 쏟아지는 거센 물살의 기세가 대단했다. 우리 일행은 난간을 붙잡고 한참 물 구경을 하였다. 준비해 온 수박과 참외를 박시수가 얕은 계곡물에 담갔다. 물이 얕음에도 물살이 거세서 노랑 참외가 둥둥 떠내려가니 박시수가 "아이고, 내 참외가 떠내려가네!"라고 큰 소리를 치며 참외를 잡으러 물속으로 첨벙 뛰어든다. 남공철과 한생도 바지를 입은 채로 물속으로 들어가자 모두들 어린 시절로 돌아간 듯 즐거워한다. 이번엔 남공철의 신발이 한 짝 벗겨져 떠내려가니 모두들 물속으로 들어가 신발을 쫓아간다. 젊은 사내들이 내뿜는 뜨거움과 즐거운 외침이 조용하던 계곡을 출렁이게 한다.

물놀이를 마친 우리들은 점심을 먹기 위해 오손도손 모여 앉아 각자 준비한 점심을 펼쳐 놓는다. 어머니가 새벽부터 정성을 다해서 준비한 찬합을 열자 밥이 쉬는 것을 방지하기 위해 향긋한 비

름나물이 덮인 밥과 고기전, 총적(파로 만든 산적), 오리알로 만든 계구이 등 요리마다 웃기가 얹어져 있으니 음식이 훨씬 더 돋보이는 것이 연지 곤지를 찍은 새색시처럼 예쁘다.

김홍도가 서유구 집의 음식은 단순히 먹기 위한 음식이 아니고 눈과 입을 즐겁게 하여 감탄이 절로 나는 것이 겸재 선생의 진경산수화를 보는 것보다 낫다고 하니 모두들 고개를 끄덕인다.

남공철도 정성을 담은 요리는 인간관계를 부드럽고 자연스럽게 만들며 연을 이어주니 역관 하나보다 낫다고 할 수 있다며 나의 어머니 솜씨를 칭찬한다. 나처럼 촘촘한 성정을 가진 사람은 친구 사귀기가 쉽지 않은데 어머니의 뛰어난 요리 솜씨가 교우 관계에 많은 도움을 주니 그저 감사할 뿐이다.

세검정 계곡에서의 점심 식사가 끝난 후 화원 김홍도가 붓과 화선지를 꺼내 젊은 양반들의 모습을 그리기 시작한다. 방금 전까지 젊은 양반들이랑 농을 하던 김홍도가 아니라 마치 산천초목을 다 만들어 내는 창조자와 같이 엄숙하다. 김홍도의 붓끝에서 얼굴을 씻는 동자, 차를 끓이는 동자, 정자에서 웃고 떠드는 다섯 사내의 모습이 그려지는 것을 숨을 죽이고 바라본다. 김홍도가 조용히 붓을 내려놓자 그림에 담긴 아회를 바라보며 행복해한다. 동자들

도 자신들이 들어 있는 그림을 신기해한다. 누군가 김홍도를 향해 박수를 치자 모두들 따라 치며 고마움을 표한다.

우리의 환호에 화답하듯 김홍도가 당비파를 연주하기 시작하는데 화원의 청수하고 고상한 얼굴과 넓은 마음이 함께 어우러져 화원이 꿈속에서만 보는 잡을 수 없는 먼 사람처럼 느껴진다.

애잔한 당비파 소리에 새소리, 물소리, 바람에 흔들리던 나뭇잎도 멈추고 젊은 도령들도 연주가 끝난 뒤, 한동안 말들이 없다.

석양이 나무에 걸치기 시작할 무렵 세검정 아회가 마무리되니, 모두 다음 아회는 단풍이 아름다운 북한산으로 가기로 하고 벗들과 아쉬운 작별을 한다. 말을 타고 돌아오는데 빈 찬합의 덜그럭거리는 소리가 신명나게 들린다. 맛있는 음식, 좋은 벗들과 함께한 여름 아회의 여운과 지는 해의 여운을 한가득 안고 집으로 돌아온다.

여름 도시락으로 좋은 비름나물밥과 게구이

시골에 가면 발에 밟힐 만큼 지천으로 널려 있는 것이 비름이다. 비름에는 쇠비름과 개비름, 털비름 등이 있는데, 비름은 아무리 가물어도 죽지 않을 만큼 생명력이 강하다. 비름을 뽑아서 저만치 던져두면 거기서 뿌리를 내리고 아무 일도 없었던 것처럼 잘도 살아간다.

비름을 오행초라고도 하는데 뿌리는 희고, 잎은 푸르고, 줄기는 자줏빛이고, 꽃은 검고, 열매는 노랗다. 우리는 비름을 먹을 수 없는 잡초로 생각하여 천시했지만 우리 조상들은 비름을 약재로 활용하여 악질 종창이나 독을 제거하고 소변이 잘 나오지 않는 데 민간 치료약으로 썼다. 다행스럽게도 몇 년 전부터는 비름이 오메가3의 함유량이 높고 몸 안의 독을 제거한다고 하여 효소로 담그기도 하고 나물로 활용하기도 한다. 특히 비름은 피부의 염증을 가라앉히고 재생하는 능력이 뛰어나 마치현이라는 이름으로 기능성 화장품의 주원료로 사용되며 귀한 대접까지 받기 시작하였다.

서양에서도 비름을 수프에 첨가하거나 연한 부분을 샐러드로 사용한다.

〈정조지〉에서는 비름나물을 밥에 덮으면 밥이 쉬는 것을 방지할 수 있어 먼 길을 갈 때 좋다고 하였다. 냉장고가 없던 우리 조상들은 밥이 쉬지 않게 하는 방법으로 연잎으로 밥을 싸서 찌거나 소쿠리에 담아 바람이 잘 통하는 곳에 매달아두기도 하였다. 집 주변에 연못이 없거나 소쿠리에 밥을 담아 이동하는 방법은 불편하여 두 가지 방법이 다 한계가 있었지만 밭두렁, 논두렁, 집 안의 빈 땅이면 어김없이 어디든 지천으로 널려 있는 비름을 이용하는 방법은 너무도 손쉬웠다.

외식 문화가 없고 교통이 발달하지 않아 하룻길을 꼬박 걸어야 장을 보고 친구도 만나던 시절 우리 조상들은 비름나물밥을 먹으며 배탈 걱정 없이 건강한 여름을 보냈다.

〈정조지〉에는 비름나물밥을 할 때 비름을 언제 덮으라는 내용이 없어서 밥이 뜸들 때 비름을 얹어 비름의 약성이 밥으로 살짝 스며들게 하였다. 비름은 밥이 쉬지 않게 하는 기능 외에도 설사를 멈추게 하고 여름의 더위를 피하게 해주는 등 여름철 건강 파수꾼 역할을 한다.

밥맛에는 별 변화가 없으나 약간 짭짤한 맛이 나고 비름 자체는 시금치와 비슷한 맛이 나며 의외로 부드럽고 순하다.

이 비름나물 도시락에 어울리는 반찬이 있으니, 그것은 바로 계구이다.

게구이라고 하여 참게나 꽃게를 구워서 먹는 요리라고 생각하면 큰 오산이다. 게구이는 게의 노란 알, 즉 게황을 소금에 절였다가 계란과 섞은 다음 양념하여 대나무 죽통 안에 넣고 쪄 내어 숯불에 구워 먹는 요리로 사시사철 반찬으로 좋지만 여름철 도시락 반찬으로 특히 좋다.

수분기 있는 도시락 반찬은 냄새도 나지만 여름철에는 잘 상하여 도시락 반찬으로 적합하지 않다.

먼저 노란 게황에 소금을 더하여 젓갈로 담은 다음 단백질이 풍부한 계란과 잘 섞어 합한다. 큰 솥 안에 들어갈 정도의 푸르고 싱싱한 지름 5센티 정도의 대나무를 마디를 살려 한 마디 자른 다음, 다시 마 끈으로 단단히 묶고 세운 다음, 죽통 안에 계란과 게살을 합한 물을 신속하게 붓는다. 입구는 광목천으로 얼른 밀봉해서 김이 강하게 오르는 솥에 급히 올려 계란이 흘러나오지 않도록 굳혀 쪄 낸다. 이 요리는 속도가 중요한데 잠시만 멈칫거려도 계란이 흘러나와 대나무 죽통 안이 텅 빌 수 있다. 쪄진 대나무 죽통이 한 김 가시고 나면 마 끈을 풀어서 조심스럽게 게황구이를 꺼낸다. 그런 다음 대나무를 제거하면 가래떡처럼 생긴 노란 게황구이가 죽 향을 풍기며 그 멋진 자태를 드러낸다. 게황구이는 만들기는 좀 까다롭지만 게황과 게살이 살짝 박혀 있는 것이 식감을 자극하고 소시지 같은 모양에서 주는 색다름이 이미 눈으로만 먹어도 맛이 있다. 숯불에 살짝 노릇하게 구워 수분을 날린다. 죽통이 방부 역할을 하고 숯불로 수분을 날리니 여름철 도시락 반찬으로도 손색이 없는 지혜로운 요리다.

서유구 선생의 어머니이신 한산 이씨는 여름 아회 가는 아들의 도시락 반찬 선택에도 살림의 여왕다운 면모를 유감없이 보여 준다.

게구이는 대나무와 게황, 그리고 계란이 잘 어우러지고 여기에 먹기 좋게 예쁜 모양과 진노랑 색상까지 더해지니 이보다 더 좋을 수가 없다.

2부

인생의 맛을

알아 가다

6장

할아버지가 돌아가신 날
육회와 대추죽

할아버지가 곡기를 끊으신 지 보름이 되어 간다. 좋아하시던 대추죽도 몇 수저는 뜨시더니 이제는 아예 수저를 놓으셨다. 명민하던 눈빛은 이제 모든 것을 다 내려놓으신 듯 고요하다. 나는 꼼짝도 하지 않고 할아버지의 병상을 지킨다. 아버지와 집안 어른들이 임종을 지키기 위해 급히 용주로 오고 있다. 눈을 감고 계시던 할아버지가 갑자기 간신히 눈을 뜨시더니 "유구야!"라며 끊어질 듯 내 이름을 부르신다. 나는 할아버지가 다시 회생하시는 것이 아닌가 하여 감격하여 할아버지를 바라본다. 할아버지가 마지막 힘을 다하시어 내 손을 꼭 잡으신다. 나와 힘겹게 눈을 맞추시더니 뭐가 말씀하시려고 애쓰시다 포기한 듯 잠시 바라본다. 그러고는 조용히 눈을 감으신다.

할아버지의 손을 잡고 한동안 그대로 있었다. 나는 울지 않았다. 할아버지가 마지막까지 혼신을 다해 내 이름을 부르며 무엇을 말씀하시려고 했는지 잘 알기 때문이다.

좋은 집안이거나 먹고살 만한 집안에는 반드시 인품이 좋거나, 학식이 뛰어나거나, 돈을 버는 재주를 가진 인내심과 희생정신이 강한 남다른 할아버지가 계신다. 할아버지의 덕과 수고로 생기는 혜택은 아들인 아비보다 손자가 더 많이 받게 되는데 우리 서씨 집안도 다르지 않다.

나의 할아버지 서명응은 내가 태어날 당시 선대왕(영조)의 신임을 받았고 다음 왕이신 현 주상(정조)에게도 두터운 신망을 얻어 주상의 명을 받아 규장각을 만드신 분이다. 주상께서는 우리 아버지에게 "경의 아비인 보만재가 이 규장각을 만들었으니 규장각의 주인은 보만재다."라고 하시며 할아버지에 대한 신뢰와 애정을 아낌없이 드러내신다. 주상이 세자의 신분일 때부터 할아버지와는 사제지간으로 만났으니 더욱 그러신 것 같다.

손자인 나에게 할아버지는 하늘 같은 분이고 내가 지금 입고 있는 담비 털옷이나 부드러운 가죽옷 그리고 연경의 맛있는 간식도 모두 할아버지가 계신 덕분에 누릴 수 있는 것이다. 나는 땅에 발을 디뎌 스스로 걸을 수 있을 때부터 할아버지를 몹시 따르고 좋아하였다. 할아버지는 장손자인 형 유본보다도 나를 더 예뻐하셨는데, 아마도 내가 더 빨리 사서삼경을 암기하였기 때문일 것이다.

할아버지는 늘 책을 읽으셨는데 책에 대한 애착이 무척 강하셔서 청나라 사행에서 돌아오실 때에는 책을 몇 수레씩 가지고 오셔서 그 책을 옮기고 정리하는 데만 몇 날을 보내셨다. 할아버지 방은 사방이 책으로 둘러싸여 있어 나는 할아버지가 저 책을 다 읽었다는 사실이 늘 놀라웠다. 나도 과연 할아버지 연세에 저렇게 많은 독서를 할 수 있을지 두려운 마음이 들기도 했지만 할아버지보다 더 많은 책을 읽을 것 같은 막연한 자신감도 있었다.

할아버지는 청나라 사행 길에서 책뿐만 아니라 진귀한 물건들을 구해 오셔서 서재에서 들여다보시기도 하고 때론 열어서 심각한 얼굴로 속을 들여다보시기도 했다. 내가 할아버지 곁에서 원래는 가느다란 눈을 동그랗게 치켜뜨고 할아버지와 같은 심각한 얼굴을 짓고 인상을 쓰면 할아버지는 껄껄 웃으시며 "이놈, 참 맹랑하다!"라고 하시며 머리를 쓰다듬으셨다.

할아버지가 책을 읽으시는 틈틈이 해금, 대금, 거문고를 연주하시면 밥 짓던 삼월이, 나무 패던 억기, 말에게 여물 주던 김 서방, 심지어 강아지 복실이까지 모두 일제히 하던 일을 멈추고 가슴을 파고드는 연주 소리에 귀를 기울인다.

할아버지는 악학에도 탁월한 조예가 있으셔서 정조에게 직접 악학을 지도하셨고 정조는 할아버지의 영향으로 악학의 중요성에 눈을 떠 규장각의 모든 관리들은 악학에 매진할 것을 독려하셨다. 또 할아버지로 하여금 조선 시대의 모든 악학을 정리하게 하여 할아버지는 지금 그 작업을 하고 계신다.

개구리가 시끄럽게 울어대는 어느 여름밤, 뜰에서 할아버지가 우리 형제를 찾으신다 하여 가보니 할아버지가 달빛을 받으며 밤하늘을 바라보고 계셨다. 마침 불어오는 훈풍에 뜰에 활짝 핀 백합의 진한 향과 하늘에서 머리 위로 좌르르 쏟아질 듯한 반짝이는 별들 때문에 잠시 어지러웠다. 할아버지는 내일 날씨가 어떨 것 같으냐고 물었다. 형은 "개구리가 시끄럽게 우는 것으로 보아 비가 올 것 같다"고 하였고, 나는 "달무리가 진 것으로 보아 내일 틀림없이 비가 올 것"이라고 대답했다. 할아버지는 둘 다 맞추었다고 하시면서 하늘을 잘 읽으면 씨 뿌릴 때와 비 올 때를 알 수 있으니 농사의 실패를 크게 줄일 수 있다고 하신다. 그리고 가장 밝은 별인 금성부터 화성, 목성, 수성, 토성을 가르쳐 주신다. 그리고 방에 들어가 혼천의라는 별을 연구하는 기구를 꺼내 놓고 보여 주시며 다시 밖에서 봤던 별과 북극에 대해서 설명해 주신다. 형과 나는 할아버지가 들려 주시는 별 이야기를 꿈결에 자장가처럼 들으며 할아버지 방에서 별 꿈을 꾸며 곤히 잠이 들었다.

나는 할아버지께서 대제학의 임무에만 전념하실 때부터 본격적으로 할아버지를 스승으로 모시고 학문을 지도받았다. 공부하던 중 할아버지는 탄핵을 받으시고 관직에서 물러나 용주에서 지내시며 저술에만 몰두하셨다. 나는 병상에 계신 할머니를 대신하여 할아버지를 모시기 위해 여산 송씨와 함께 용주로 거처를 옮겨 할아버지를 수발하며 본격적으로 공부를 배웠다.

비가 오나 눈이 오나 스승인 할아버지께 문안을 올리고 늦은 식사나 이른 식사나 항상 기다리고 있었으며 신발이나 지팡이를 얼른 내어 준 것도 모두 나였다. 나와 할아버지는 마치 한 몸인 것처럼 함께 공부하며 서로를 도왔다.

용주에 있을 때, 할아버지께서 드시는 음식은 내가 직접 요리하는 경우가 많았다. 이 말을 전해 들은 어머니가 "공께서도 27세까지 직접 요리하여 어머니를 봉양하셨는데 그 할아버지에 그 손자구나!"라며 기특해하셨다. 연로한 할아버지를 위하여 위에 무리를 주지 않고 소화 흡수가 잘되는 죽을 자주 끓여 진짓상에 올리곤 하였다.

할아버지는 대추죽을 무척 좋아하셔서 나와 여산 송씨는 알이 굵어 살이 많은 대추를 뭉개지게 삶아 씨를 빼고 주물러 아주 고운체에 밭쳐 거친 껍질을 제거하여 달고 부드러운 대추죽을 만들곤 하였다. 할아버지가 물리시지 않도록 새알을 넣기도 하고 때론 멥쌀을 거칠게 갈아 대추와 섞어 끓이기도 했다. 때론 찹쌀가루를 대추와 섞어 보드라운 대추죽을 만들었다. 할아버지는 나이가 들면 불면의 시간이 늘어나는데 대추죽을 먹어서인지 늘 편안하게 잘 잔다고 나와 여산 송씨의 노고를 치하하신다.

다른 죽보다 손이 많이 가고 번거롭지만 할아버지께서 달게 드시니 할아버지에 대한 감사함을 대추죽으로나마 보답하는 것 같아 가슴이 뿌듯하였다.

네모난 작은 정원의 계단 아래 봇도랑과 밭두둑 사이에 몇 고랑의 차나무를 심어 새벽에 일어나시는 할아버지가 따뜻한 차로 몸을 덥히고 항상 차를 드실 수 있도록 신경을 썼다. 그리고 대추죽처럼 단 죽을 드신 뒤에도 입안을 개운하게 해주는 차를 항상 드리곤 하였다.

할아버지는 고기를 실처럼 썰어 각종 양념과 버섯, 오이 등 야채를 넣어 노구솥에 볶은 육회를 좋아하셨다. 규장각에서 근무하실 때 할아버지는 당신의 밥상에 형 유본과 나를 초청하여 겸상을 하는 경우가 종종 있었다. 아버지나 우리 밥상에는 없는 귀한 음식들이 많았다. 현 주상(정조)께서 이런저런 핑계를 대시면서 내려 주신 음식들이다. 궁궐 잔치 때에도 음식을 싸주시기에 우리는 할아버지가 귀가하시기를 기다리다 지쳐 잠들곤 했다. 할아버지와 겸상을 할 때는 특히 육회를 내 수저에 올려 주시곤 하셔서 송구하기 짝이 없던 적이 많았다. 하나 육회가 어찌나 맛이 좋던지 수저가 입안으로 들락날락 바쁘니 할아버지가 웃으시며 잘 먹으니 기분이 좋다 하셨다.

할아버지께서 학문을 하는 이유는 사물에 대하여 온 지식을 꿰어서 견고하고 완전하게 오래 사용할 수 있는 제대로 된 제도와 물건을 만들기 위함이라 하셨다. 그러기 위해서는 무엇보다 명물도수에 정통해야 한다고 강조하셨다. 우리나라 사람들은 문자나 사물을 전할 때 불분명한 경우가 많은데 이를 극복하기 위해서는 명칭을 정확하게 사용하는 것에서부터 출발해야 한다고 하신 것이다. 또한 당파 싸움의 유래와 원인이 각 집안마다 가례원류가 다르다는 데 있다는 것을 알고 그것을 입증하기 위하여 가례원류를 다 비교 분석하셨다.

나는 매일 할아버지께 새로운 학문을 깨치는 기쁨에 벅찬 마음으로 할아버지와의 공부 시간을 기다리곤 하였다. 할아버지는 당신이 평생을 날을 새우고 코피를 쏟아 가며 얻은 모든 지식을 가뭄 끝 단비처럼 퍼부어 주시니 나의 학문적 역량은 비 온 뒤의 죽순처럼 쑥쑥 커 나갔다. 할아버지의 탄핵으로 인한 관직 생활 마감이 나에게는 큰 행운이었던 셈이니 세상일이 마냥 다 좋을 수 없고, 또 마냥 다 나쁠 수도 없는 모양이다.

이제 할아버지가 돌아가시니, 내가 과연 할아버지의 사상과 학문적 전통을 이어받아 할아버지의 소망을 이루어 드릴 수 있을지 두려움이 앞선다. 나는 지금 삭풍이 부는 겨울 들판에 홀로 서 있는 것처럼 외롭다.

정성과 사랑을 담아 대접하는 요리, 육회와 대추죽

육회나 대추죽이나 먹기에 좋고 소화가 잘되는 음식이라는 공통점이 있다. 〈정조지〉에서는 고기를 얇게 썬 것을 회(膾)라고 하고 잘게 나누는 것을 회(劊)라고 한다. 회는 반드시 고기나 생선의 날것을 쓰는 것이지만 응용하여 삶거나 데쳐서 잘게 자른 것도 회생(膾生)이라고 정의하고 있다.

〈정조지〉의 육생방[肉膾]은 〈정조지〉에서 정의한 고기의 날것이나 생선의 날것뿐 아니라 데쳐 자른 것도 회라고 보는 데서 육회라는 이름을 얻게 된 것이다. 그래서 우리가 알고 있는 생식 개념의 육회와는 다르다. 데친 채소와 고기, 생선을 숙회(熟膾)라고 따로 부르기도 하지만 그냥 '회(膾)'라고 부르기도 하는 이유를 알게 된다.

〈정조지〉에 나오는 육회는 좋은 소고기를 얇게 잘라 기름과 간장에 담갔다가 빨갛게 달궈진 노구솥에서 아주 살짝 볶아 피와 물을 제거한 음식이다. 익은 고기는 다시 실처럼 잘라서 굴껍질채, 화초, 나복, 마늘, 술지게미 등의 양념과 오이, 무 등을 가늘게 채 쳐서 합한다. 먹을 때는 초를 더하여 고르게 섞어 먹으라고 한다.

고기를 얇게 썰어서 익힌 다음 다시 실처럼 자르는 과정을 거치는 것이 훨씬 고기의 조직을 단단하게 하여 맛이 좋아질 뿐만 아니라 실처럼 예뻐 보기에도 좋다. 소고기 무국을 끓일 때도 고기를 썰어서 넣지 않고 큰 토막으로 나누어 무와 함께 끓인 다음 고기가 대략 익으면 꺼내 썰고 다시 국물에 넣으면 훨씬 고깃국이 얌전하고 담백하여 깊은 맛이 우러나는 것과 같은 원리다.

육회에 술지게미를 더하는 것이 요리를 특별하면서도 낯설게 느껴지게 한다.

술지게미의 효소가 고기를 연하게 하여 소화를 돕고 누룩의 영양 성분이 더해지고 술지게미에 남아 있는 알코올이 살균 작용을 하여 요리가 잘 상하지 않고 오래가게 하는 미덕을 발휘한다. 그러나 화초와 사인(砂仁), 마늘 등은 모두 향이 강하고 다소 자극적이므로 너무 많이 넣지 않도록 주의해야 한다. 술지게미가 요리에 더해지는 것이 거부감이 들지만 술지게미 절인 장아찌를 생각하니 특별한 맛이 나오지 않을까 하는 기대감도 든다.

드디어 고기와 채소 그리고 양념이 잘 어우러진 삼색의 육회가 완성되었다. 골고루 잘 섞어서 맛을 보니 강한 맛이 몰려오는가 싶더니 달짝지근하면서 새콤한 맛이 뒷맛을 정리해 주며 아삭하고 쫄깃한 식감으로 마무리를 해준다. 겨자 소스를 사용한 양장피 잡채나 굴 소스를 이용한 부추잡채와 식감이 비슷하여 낯설지가 않다.

술지게미를 넣은 볶은 육회의 맛은 정성이 많이 들어간 만큼 고급스럽고 육질의 풍미가 잘 살아 있다. 안주상이나 밥상에도 두루 잘 어울리지만 밥이나 국수를 곁들이면 단품 요리로도 손색이 없을 것 같다. 오이와 무 이외에도 고추, 당근, 양파, 피망, 파프리카, 토마토, 파슬리 등을 다양하게 이용해 보는 것도 좋을 것 같다.

죽은 참 친근한 음식이다. 엄마는 문병을 갈 때는 대추죽과 잣죽 등을, 문상을 갈 때는 상주의 건강을 위하여 녹두죽을 끓여서 가시곤 하였다. 상주는 슬프고 때론 감정이 격렬하기도 한데, 차가운 녹두가 슬픔과 화를 가라앉히고 소변을 잘 나오게 하며 녹두가 상중에 음식을 잘못 먹어서 생기는 식중독을 예방하기 때문이라고 하셨다. 엄마는 "상을 치러야 하는 상주가 배탈이 나면 큰일이지 않겠느냐"라고 하신다. 나는 그 말을 들으며 "아이고, 아이고" 하고 슬픔에 겨워 울다가 "아이고, 배야" 하는 상주의 모습을 상상하며 어머니의 지혜로움에 감탄하였다.

먹는 사람의 상황에 맞춰 마음과 정을 표현하는 데는 죽만 한 요리가 없다. 굳이 돈을 들여서 재료를 사지 않아도 집에 있는 재료에 조금만 수고를 더하면 된다.

〈정조지〉에는 팥죽처럼 대추죽에 새알을 넣어 끓이기도 하고, 거친 찹쌀가루를 넣어 끓이기도 하는 등 다양한 대추죽 끓이는 방법이 소개되어 있다. 대추는 나무에서 자라는 꿀처럼 달콤한 열매라는 뜻에서 '목밀'이라고도 부른다. 대추는 독성이 없고 해독을 해주며 달콤하기 때문에 예로부터 약재나 간식으로 많이 이용하여 우리에게는 아주 친숙하다. 대추가 빠진 명절이나 제사는 상상을 할 수가 없다. 대추는 진정 작용이 있어 스트레스와 히스테리를 제거해 주고 불면증에도 효과가 있어 호주에서는 대추를 가공해 스트레스 해소용 음료로 팔고 있다. 또 대추는 비타민 B, 비타민 C와 카로틴, 칼슘, 철분, 아미노산이 풍부하여 현대인의 최대 화두인 노화를 지연시키는 항노화 작용이 뛰어나며 갱년기 여성 건강에 뛰어난 효과를 발휘한다. 대추를 먹으면 스트레스가 사라지므로 마음이 편안하고, 장수하고, 늙지 않는 것이 아닌가 생각되면서 다시 한 번 스트레스가 노화의 큰 요인 중 하나라는 생각이 든다.

대추죽은 끓이는 방법이 팥죽과 똑같지만 팥에 비해서 삶는 시간이 오래 걸리고 단단한 씨앗을 걸러내야 해서 더 많은 노동이 들어간다. 대추죽은 단맛이 강하게 나는데 설탕의 단맛과는 달리 그 맛이 깊다. 대추의 단맛이 싫다면 찹쌀가루와 멥쌀가루를 섞어 대추죽에 섞어 끓이면 단맛을 줄일 수 있고 느끼하지 않아서 좋다. 따뜻한 가을 햇살을 가득 담고 여기에 끓이는 정성을 더한 붉고 아름다운 대추죽이 완성되었다. 달콤한 향이 온 입안을 감돌다가 감미로움을 남기고 사라진다.

우리 집에서는 할머니를 위하여 사시사철 대추죽을 자주 끓였는데 할머니가 건강하게 장수를 한 요인 중 하나가 대추죽을 자주 드신 것이라 생각한다. 대추가 여성들의 피부에 그만이라는 사실은 다 알고 있을 것이다. 눈에 띄는 장소에 대추를 두고 오며 가며 하루에 두세 개씩만 매일 먹으면 피부가 고와지고 뽀얘진다고 한다.

할머니는 돌아가실 때까지 피부가 옥처럼 희고 곱고 허리도 꼿꼿하고 항상 온화한 미소를 지으셨는데 그것 또한 대추죽을 많이 드신 덕분이라는 생각이 든다. 대부분 여성들은 아름다워지기 위해서는 온갖 노력을 아끼지 않는다. 거울 속 자신의 모습이 예전 같지 않다는 생각이 들거나 나이보다 젊은 친구를 만나면 비감이 들면서 저절로 화장품 가게나 피부과로 발걸음이 향하게 되는데, 이런 데 수고와 비용을 들이는 것보다 대추죽을 자주 끓여 먹는 편이 피부와 몸 그리고 정신 건강에 훨씬 효과적이다. 대추죽은 나의 몸과 마음을 위한 죽이기도 하지만 심신이 안정되어 주변 사람을 들볶지 않게 되므로 남을 위한 죽이기도 하다. 이런 연유로 대추죽은 죽 중에 최고의 미덕을 갖춘 죽이 아닐까 생각한다.

7장

천재 천문학자 김영과 나의 아버지

총계탕(蔥鷄湯)과 동호채(茼蒿菜)

추석이 엊그제라 날씨가 한창 쾌청할 시기에 세찬 폭우와 강풍이 며칠 계속되다가 오늘 새벽에야 겨우 비가 그쳤다. 비에 며칠 갇혀서 답답하던 차에 집안을 어슬렁거리며 돌아다닌다. 문득 뒤뜰에 있는 차밭이 비바람에 무사한가 궁금하여 갔다. 차밭보다 한 단쯤 낮은 곳에 있는 채마밭에 형수의 모습이 보인다. 형수는 추석 전에 심었던 두 촌쯤 자란 배추가 도리깨에 두들겨 맞은 깻단처럼 꺾어지고 쓰러져 흙탕물에 잠긴 것을 바라보고 있다가 내 인기척에 몸을 돌린다.

"추석날 밤 별을 보고 비가 올 줄은 알았지만 작살비가 올 줄은 몰랐어요."
채마밭에 있는 채소들이 걱정되어 나왔던 형수 빙허각이 안타까운 얼굴로 말한다.

"형수님, 배추만 그렇지 생강이나 부추랑 순무는 다행히 괜찮은 것 같아요."
나는 형수를 위로하지만 형수는 자신이 천문의 법을 깊이 알고 계산법을 연구했더라면 배추를 늦게 파종했을 것이라며 배추밭이 망가진 것을 자신의 허물로 돌린다.

"참 오늘 귀한 손님이 오셔서 점심을 같이하신다는 것 아시죠?"
형수는 넘어진 고춧대에서 늦사리 고추를 따서 바구니에 담으며 언제 배추 걱정을 했냐는 듯 밝은 얼굴로 말한다. 나는 고개를 끄덕이고는 형수를 도와서 가을 태풍을 이겨내 단단해졌을 호박과 가지를 딴다.

돌아가신 할아버지와 아버지는 농사를 잘 짓기 위해서는 사람의 노력도 중요하지만 천시(天時)를 예측하고 방비하는 것이 무엇보다 중요하다며 천문학의 중요성을 강조하셨다. 할아버지는 당신이 10년만 젊어도 연경에 가서 천문학을 공부하고 올 것인데… 라며 말끝을 흐리시곤 하셨다. 할아버지의 뜻을 이은 아버지도 관상감 제조(提調)의 일을 평생 겸직하셨고 남들이 피하는 청나라 사행도 선진 천문학을 배우기 위하여 다녀오셨다. 연구가 쌓이는 3년 뒤쯤 다시 한 번 청나라에 갈 계획이라고 우리 형제에게 말씀하셨지만, 사실은 서역에 가보는 것이 아버지의 진짜 꿈이라는 것을 유금으로부터 들었다. 나는 과거 공부에 집중하게 되면서 천문학에서 멀어지게 되었지만 형 유본과 형수인 빙허각 이씨는 서로 독려하며 천문학 공부를 계속하였다. 형수는 서씨 집안에 시집온 뒤 산술과 천문학을 접했지만 시집을 와서 세 번의 여름을 보낼 즈음에는 천문학 수준이 형과 나란할 정도였다. 형 부부는 밤이슬을 맞으며 밤하늘을 보다가 감기에 걸려 어른들의 걱정을 사기도 하였다.

"오늘은 주상께서 하사하신 고구마로 아침밥을 대신하도록 할 것이니 번잡을 떨 필요가 없다."
아버지는 별을 보느라 밤을 새운 며느리가 더 잠을 잘 수 있도록 배려하였다. 집안의 식솔들은 빙허각은 복도 많다며 형수를 부러워하였다. 두 어른의 뜻을 형과 형수가 함께 잇고 있으니 정말로 든든한 일이다.

사랑채의 작은방에 아버지와 마주앉은 손님은 도저히 나이를 짐작조차 할 수 없는 초라한 행색의 몹시 여윈 사내였다. 피부는 희고 하관이 좁으며 콧대가 날렵하고 관자놀이가 파란 것이 소년처럼 보이지만 이마에는 깊은 주름이 밭고랑처럼 나 있다. 팔자주름이 잡힌 양쪽 입꼬리 주변은 하얀 서리가 내린 듯 마른버짐이 피었고 다듬지 않은 뻣뻣한 자개수염은 윗입술의 반을 덮고 있었다. 그나마 선이 고운 눈은 심하게 깜박거리는 탓에 산란함이 덮어 버린다. 아버지는 이 손님의 이름은 '김영'이고 천문학과 산술에 뛰어나며 주역을 가르치는 선생이라고 하였다. 김영은 몹시 부끄럼을 탔는데 '주역 선생'이라고 불리는 것이 가당치도 않은 듯 얼굴이 벌게지며 송충이 같은 눈썹을 꿈틀거리며 아버지 등 뒤의 벽을 구멍이라도 낼 듯 바라본다.

복례 어멈이 건넛방에 점심상이 준비되었음을 알렸다. 건넛방을 향하여 조심스럽게 걸어가는 김영의 까마귀처럼 새까만 발뒤꿈치가 땟국에 절고 해진 버선 구멍 사이로 보인다. 발에서 무릎까지 두툼하게 감은 광목 행전이 첫물인 것이 거지꼴이나 다름없는 궁한 차림새와 대조를 이뤄 김영을 더 가엾게 보이게 한다.

방에는 형수가 밥상을 돌보고 있었다. 아침에 채마밭에서 땄던 가지는 장수와 함께 볶고 호박은 쪄서 초간장을 뿌렸다. 붉은 고추는 고기소와 두부를 넣어 장물에 담근 만초자로 상에 올랐다. 추석 전에 수확한 팥으로 지은 볼그족족한 팥물밥에 검은콩으로 만든 흑두초가 흑진주처럼 밥상에 힘을 실어 주는 소박하지만 정성을 들인 밥상이었다. 복례 어멈은 큰 뚝배기에서 보글보글 끓고 있는 총계탕과 동아갱을 차례로 내오면서 김영을 힐끔거리며 바라본다.

형수는 푹 익은 닭을 먹기 좋게 잘라 닭 다리 하나와 계란 두 개씩을 놋그릇에 국물과 함께 담아 시아버지와 김영의 상에 올린다. 수저를 들자는 아버지의 권유에도 넋이 나간 듯 밥상을 바라보던 김영은 갑자기 닭 다리를 손으로 잡아 뜯고는 계란 두 개를 초간장에 찍어 먹은 다음 아직 뜨거운 김이 나는 총계탕 국물을 호호 불어 식힌 다음에 후루룩 마신다. 김영의 창백한 얼굴에 땀이 흐르는데 닭을 먹는 것조차 그에게 벅찬 것 같다. 아버지는 총계탕을 누가 주관하여 끓였는지 맛이 매우 좋다며 손님이 가실 때 한 그릇을 싸 드리라고 형수에게 말한다. 우리는 김영이 무안해할까봐 약속이라도 한 듯 닭고기를 우적우적 먹고 닭 국물도 마시며 요란하게 쩝쩝거린다. 김영은 주린 배에 음식이 들어간 탓인지 우리가 편해진 탓인지 긴장으로 뾰족했던 얼굴이 너부데데해진다.

총계탕은 닭으로 하는 탕 음식 중 가장 맛의 조화를 잘 이룬 닭 음식이라고 어머니는 말씀하시곤 하였다. 친정에서 칠향계를 먹었던 형수와 여산 송씨는 총계탕의 국물에 계란이 들어가는 것을 낯설어하였으나 나중에는 깔끔한 간장 육수가 배어 들어간 닭고기와 계란이 이처럼 맛있는 줄 몰랐다며 시어머니의 남다른 음식에 대한 안목과 솜씨를 극찬하면 어머니는 간장의 짠맛과 기름의 부드러움 그리고 식초가 잘 어우러져 맛을 낸 것이라며 양념에 공을 돌렸다.

"서생은 어떤 스승을 모시고 공부하셨소?" 아버지의 질문에 서툰 젓가락질로 흑두초를 집으려 애쓰던 김영이 젓가락을 내려놓고 멍한 눈으로 아버지를 바라본다. 김영은 한참 뜸을 들이다가 겨우겨우 대답한다.

"ㅅ..소 쇠인 쇤네는 호 혼 혼자서… 스..스승을 모..모신 적이 어업사옵니다."

김영이 필요 이상으로 한참 뜸을 들이고 말을 한 것은 김영이 말더듬이인 것을 부끄럽게

85

2부 -- 인생의 맛을 알아가다

생각하기 때문이라는 것을 알았다.

"서생이 혼자서 역학과 기하학을 다 터득하였단 말이오?"

아버지는 놀란 눈으로 김영을 바라보며 묻자 김영은 덤덤하게 처음에는 산가지를 늘어놓고 계산을 하다가 《기하원본(幾何原本)》으로 원리를 터득했다고 말한다.

비바람이 남기고 간 한기를 없앨 양으로 방안에 둔 작은 돌화로에서는 억기가 물에 적신 한지에 싸서 묻어 둔 고구마 익는 냄새가 솔솔 나고 있었다. 고구마가 완전히 익을 때쯤 우리는 김영이 인천 사람이며 부모는 일찍 돌아가셔서 고아로 떠돌며 살아왔고 혼자서 기하학과 산술을 깨쳐서 천문학까지 통달하는 경지에 이르렀다는 것을 알게 되었다.

"고구마는 맛도 좋고 배고픔을 해결하는 아주 좋은 작물이지만 우리 풍토에는 잘 맞지 않아 이런 괜찮은 고구마는 한 마지기를 지어 봐야 몇 개 나오지 않아." 형수가 재 속에서 꺼내는 군고구마를 바라보며 아버지가 한숨을 내쉬며 말한다. 여산송씨가 불에 적당히 탄 고구마 껍질을 윗부분만 벗긴 뒤 껍질이 남아 있는 아래는 종이로 싼 다음 접시에 담아 내놓는다. 고구마의 노란 속살이 밤하늘의 별처럼 아름다워 나도 모르게 한숨을 쉬었다. 아버지는 당신처럼 고구마를 지을 농사법이 없음을 답답해하며 아들이 한숨을 쉬는 것으로 아시는지 나를 흐뭇한 얼굴로 바라본다. 김이 나는 고구마를 입에 넣은 김영이 눈을 감고 달콤한 맛에 녹아내린 듯 아버지를 바라보며 말한다.

"대감~ 이렇게 맛있는 고구마는 평생 처음입니다." 이 말을 하는 김영은 말을 더듬지 않았다. 나는 내 귀를 의심하였다.

"고구마는 군고구마로 먹는 것이 제일이라네."

김영의 말에 화답하며 아버지는 군고구마의 껍질을 마저 벗긴다.

그날 밤, 김영이 총계탕과 군고구마를 들고 돌아간 뒤, 아버지는 혼자 역학을 터득했다는 김영이 당신보다 낫다며 우리 형제에게 "김영이야말로 천재다, 저런 천재가 조선에 있다는 것은 조선에 희망이 있다는 것이다."라고 흥분한 마음을 감추지 않았다. 다음날 아버지는 관상감의 영사를 겸하고 있는 영의정 홍낙성을 만나 김영을 추천하였고 김영은 관상감의 주부로 일하게 되었다.

결혼을 하지 못한 김영은 집이라고 할 것이 없었기에 관상감사 김익의 강권으로 결혼을 할 때까지 우리 집에서 살면서 우리 형제와 형수에게 산술과 천문학을 지도하였다. 아버지는 조정의 일보다는 관상감에서 김영과 함께 보내는 시간이 많아졌고 가끔 얼굴에 드리워지던 그늘도 사라졌다. 아버지와 유금,

김영이 모여 천문시계와 해시계, 수차를 개량하기 위해 설계도를 그리거나 서로 토론을 하는 날이면 사랑채와 부엌에는 밤새 불이 밝혀져 있었다.

형수는 모임이 있는 날이면 밤참 만드는 일을 자청하였다. 준비성 있는 형수는 초저녁에 재료의 밑 손질을 다해두고 화로에 끓이거나 데우기만 하면 되도록 하였다. 형수는 장미 꽃잎을 올린 고운 쌀죽을 동호채와 함께 내곤 했는데 동호채에 곁들인 개자장이 맵고도 향기로워 그 맛이 아름답기가 마치 선가에 있는 듯하였다. 아버지는 "동호채가 채소 중에서 맛이 가장 뛰어나다"는 왕정의 말처럼 모든 채소가 각각의 향과 맛을 품고 있지만 동호채를 대신할 채소는 없다며 김영을 바라보며 웃는다. 김영을 대신할 사람이 없다는 뜻인 것 같다. 뜰은 달빛으로 가득 차고 방은 형과 형수에게 수리정온(數理精蘊)을 펼치고 소거법(消去法)을 설명하는 김영의 빛나는 눈빛으로 가득하다. 형수는 형 곁에서 우리나라 최고의 천문학자들의 이야기를 조용히 듣다가 궁금한 것이 있으면 묻곤 하였다. 김영이 우리 집에 온 이날로부터 김영이 죽는 날까지 김영의 운명은 우리 집안과 언제나 함께하였다. 훗날 관상감이었던 아버지 서호수가 돌아가시고, 우리 집안이 조정에서 내몰리게 되면서 김영도 관상감에서 배척받게 된다. 김영의 실력은 그 누구도 따라갈 수 없어 누구도 감히 김영을 관상감에서 쫓아내지는 못하지만, 그 실력에 맞는 대우는커녕 순수한 김영을 이용하려고만 하였다. 김영은 시대에 대한 원망과 병고에 시달리다 숨지게 되고, 남은 원고를 그의 아들을 통해 우리 형 좌소산인 서유본에게 전달하고자 하였으나 그 조차도 관상감 관료들에게 빼앗기고 만다. 김영의 남은 유고 중 일부를 수습하여 내가 쓴 《금화경독기》 2편에 남기니 아마도 김영이 남긴 유일한 원고이지 않을까 싶다.

선비에게 힘을 주는 담백한 총계탕과
선비의 정신을 맑게 하는 청아한 동호채

〽

고아로 자란 상처투성이 김영은 경화세족인 서씨 집안의 초대를 받고 꾀죄죄한 몰골과 말을 더듬는 것이 자신의 실력을 제대로 인정받는 데 장애가 되지 않을까 내심으론 걱정한다. 외톨이인 김영은 갈아입을 옷이 없다. 주역 선생을 하여 모은 돈으로 광목천을 사지만 막상 새 옷을 만들어 줄 어머니도 아내도 동생도 없다. 옷을 만들어 줄 사람을 찾았지만 옷을 짓는 값이 너무 비싸서 포기한다. 김영은 새 광목으로 자신을 단장할 방법을 찾아내는데 가위로 자른 다음 얼기설기 꿰매서 행전을 만들어 감는 것이다. 새 행전을 감고 서씨 집안에 온 김영은 태풍이 쓸고 간 밭에서 구한 재료로 만든 나물 찬이 올라간 소박한 밥상을 받는다. 오랜만에 받은 따뜻한 밥상에 김영은 가슴이 뭉클해진다. 자신을 힐금힐금 바라보는 능청스럽게 생긴 하녀인 듯한 아낙이 직접 길러서 잡은 닭으로 만든 모락모락 김이 나는 총계탕을 가져온다. 고기가 뼈가 쏙 빠지도록 부드러워 입안에서 살살 녹는다. 어제 점심 이후로 아무것도 먹지 못했던 김영의 위장이 자극되었는지 먹는 것을 멈출 수가 없다.

지금은 닭을 굽거나 튀겨서 많이 먹지만 예전에는 닭에 향신료와 몸에 좋은 약초를 넣어서 달인 다음 국물과 함께 먹는 조리법이 일반적이었다. 닭고기를 먹은 뒤 남은 국물은 죽을 끓이거나 각종 채소를 넣어 닭개장을 끓이거나 칼국수를 끓여서 먹기도 한다. 서울에서 가장 맛있다는 칼국수의 국물이 닭국물이라는 사실은 알 만한 사람은 다 알고 있다. 닭은 풍미가 뛰어나 효율적이기는 하지만 국물에서 닭 냄새가 난다는 단점을 가지고 있다. 마늘, 후

추, 생강, 인삼, 술 등으로 닭 특유의 비린내를 제거하는 것이 닭 조리의 기본이다. 김영을 위한 점심의 주 음식은 총계탕이다. 총계탕의 총(蔥)은 파를 뜻하므로 총계탕은 파를 듬뿍 넣고 끓인 닭탕이다. 닭과 파를 넣어 끓이면 파 특유의 향인 알리신(Allicin)이 닭의 냄새를 없애고 국물에 단맛과 매운맛을 더한다. 국물을 맑고 시원하게 하기 위해 총계탕에는 파의 총백 즉, 흰 줄기만을 쓰는데 줄기보다 잎에 영양이 더 많고 파의 뿌리에는 열에도 잘 파괴되지 않는 폴리페놀 성분이 풍부하므로 남은 파 잎과 뿌리는 다른 음식에 사용한다.

파를 넣고 한 번 삶은 뒤, 총계탕에 부드러움과 감칠맛을 주는 간장과 향기로운 기름과 쨍한 식초를 넣고 뭉클하게 삶아서 닭의 진한 풍미가 누그러진 담백한 총계탕이 완성될 즈음, 비장의 무기가 하나 등장하는데 바로 계란이다. 어린 시절, 집에서 기른 닭을 삶으면 닭 배 속에 작은 구슬알 크기부터 껍질이 말랑말랑한 덜 된 계란까지 붙어 있었다. 호기심에 먹어 본 미성숙 계란이 닭과 잘 어울려서 비위가 약한 나도 맛있게 먹었던 기억이 총계탕을 보면서 떠오른다.

닭을 먹어야 할 사람은 많은데 닭은 한 마리이므로 계란이라도 여러 개 넣어서 온전한 닭 한 마리를 먹었다는 든든함을 주고 싶어서 넣었을까? 육수에 계란만을 더해서 끓인 수프를 먹어 본 적이 있는데 국물과 함께 먹은 총계탕의 계란은 그때의 수프 맛과 거의 유사하다. 서양식 계란 수프에는 가슴이 설레고 닭탕에 넣는 계란에는 "이게 뭐야? 희한하네!"라고 생각하던 내가 갑자기 초라해진다.

조선 최고의 천문학자들을 위한 밤참으로 무엇을 담을까 고민하였다. 밤참으로는 고기보다는 나물이 더 맞을 것 같아 〈정조지〉 권4 교여지류(咬茹之類)를 뒤적이다가 동호채를 발견한다. 동호채는 쑥갓나물을 말한다. 선비들이 공부하다 먹는 밤참은 가벼워야 한다. 이왕이면 피로와 졸음을 쫓는 음식이면 더욱 좋겠다. 서유구 선생 집안은 경화세족으로 정조의 총애를 받는 집안이지만 돈은 많지 않았을 것이다. 특히 서씨 집안은 한양에서 손꼽히는 장서가 집안으로 책을 사는 데 상당한 돈이 들어간다. 여기에 망원경과 해시계, 거문고, 차 등을 사들이고 식솔과 식객을 먹이는 등 큰 살림을 꾸리다 보면 살림은 늘 빠듯하였을 것이다. 지금처럼 월급이나 연금이 없는 옛날 관리들은 돈과는 거리가 멀었다. 직위를 이용하여 횡포를 저지르는 관리들도 있었지만 선생 집안하고는 거리가 먼 이야기다. 알뜰한 빙허각은 텃밭에서 뜯은 동호를 팔팔 끓는 물에 데친 다음 면보에 넣고 꼭 짜서 물기를 제거한 뒤 반병두리에 담는다. 겨자씨를 양념 절구에 넣고 곱게 간 다음 물을 섞어서 따뜻한 부뚜막에 두고 숙성시킨다. 겨자의 매운 향기가 분출되면 식초, 장을 넣고 겨자장을 만들어 찬장에 넣는다. 시간이 오래 걸리는 쌀죽은 쌀알이 따끔거릴 정도로 익혀서 식혀 두었다가 먹기 직전에 책에 곰팡이가 피지 말라고 피워 놓은 화로를 마루로 옮겨 물을 더 부은 다음 익힌다. 물에 담가 둔 붉은 장미꽃잎을 한 장 올리는 것으로 다시 데우면서 떨어진 죽 맛을 채운다. 부드러운 죽을 한술 먹고 젓가락을 들어 동호채를 맛보는 순간 피곤했던 선비의 몸과 마음이 동호채로 깨어난다. 소박하지만 청아한 음식이다! 조선의 앞날을 위해 밤을 새워 공부하는 진짜 선비의 마음이 동호채와 장미꽃잎을 올린 죽에 담겨 있다.

독특한 향미가 있는 쑥갓은 내가 가장 좋아하는 채소다. 엄마는 쑥갓을 상추와 함께 작은 바구니에 담아 상에 올렸다. 쑥갓이 상추만으로는 느낄 수 없는 향미를 주어 쌈의 격이 쑥 올라간다. 그냥 쑥갓나물도 으깬 두부와 함께 무친 쑥갓나물도 다 맛있다. 생선 매운탕이나 전골, 우동에 올라간 많지도 않은 쑥갓이 주재료와 어울려 내는 향기와 맛은 마치 마술을 부린 듯하다. 아~ 쑥갓 튀김은 이 세상 모든 채소튀김을 잠재우기에 충분할 정도로 매력적이다.

요즘 쑥갓을 먹는 빈도가 점점 줄어들고 있다. 쑥갓나물도 상에 올리는 경우가 줄어서인지 쑥갓이 시금치처럼 잘 보이지 않는다. 그나마 괜찮은 매운탕집이나 우동집에서 한두 줄기 올린 쑥갓에서 마음을 달래게 된다. 쑥갓은 비타민과 무기질이 풍부한 채소로 입맛을 돋우는 역할을 하며 칼로리가 낮아서 체중 조절에 좋다. 쑥갓이 우리나라에서는 식용이지만 서양에서는 노랑꽃이 예뻐서 관상용으로 재배한다. 쑥갓꽃은 염료로 쓰이는데 생화보다는 말린 꽃으로 염색을 하면 짙게 나온다. 생명력이 강해서 어디서든 키우기 좋은 쑥갓은 나무랄 데가 없는 채소. 쑥갓이 알레르기 반응을 억제해 주고 비타민 A가 풍부해 눈 건강에도 좋다고 한다. 면역력의 중요성이 커지고 눈을 혹사당하는 현대인이 즐겨야 할 채소다. 빙허각이 조선 최고 학자들의 밤참으로 동호채를 대접한 것은 지혜로운 일이다. 쑥갓의 모양과 부드러움, 향기가 쑥을 닮았고 톡 쏘는 향미가 갓을 닮아서 쑥갓이 된 것 같다. 몸이 나른할 때는 탁 쏘는 맛이 정신을 깨우고 몸을 일으키는 동호채를 먹을 일이다.

8장

정조와 함께한 꽃놀이
진주면과 전복김치

오늘은 주상(정조)께서 규장각 각신들과 내원에서 꽃놀이를 하는 날이다. 어젯밤은 가슴이 설레어 잠도 오지 않았다. 오경을 알리는 북소리에 피로를 무릅쓰고 침상을 털고 나왔다. 남산 아래에 있는 우리 집은 바구니 같아 새 둥지처럼 아늑하고 포근하다. 남산의 숲과 우리 집의 숲이 자연스럽게 어우러져 마치 남산이 우리 집 정원인지, 우리 집 정원이 남산인지 구분하기가 어렵다.

새벽이슬에 젖은 연꽃 향기가 코를 찌른다. 희미한 여명에 아버지가 생각에 잠긴 모습으로 연못을 내려다보신다. 잠 못 이루는 소심한 아들의 모습에 아버지께서 근심하실까 봐 발소리를 죽여 방으로 돌아와 세수를 하고 정성스럽게 몸을 치장한다. 늦게까지 책을 읽고 잠 마저 설친 터라 얼굴이 푸석하고 꺼칠하지만 눈빛은 형형하고 자신감이 있는 게 마음에 들기도 한다.

송씨 부인이 정성스럽게 옷고름과 갓끈을 매어 준다. 오늘 규장각 각신들의 꽃놀이에는 내자들은 오지 않지만 각신들의 옷차림새로 어느 댁 부인이 더 솜씨가 있는지, 살림을 잘하는지, 눈썰미가 있는지 겨루는 날이기도 하다.

하루 정도 굶은 것은 표가 안 나도 헐하게 입은 것은 바로 표가 난다고 하지 않던가?

더군다나 주상의 뜻을 받들어 규장각을 세운 사람이 바로 나의 할아버지 서명응이시기 때문에 더욱 외관까지 신경이 쓰이는 것이다. 그래서 아버지도 만감이 교차하시고 가슴이 벅차기에 잠 못 이루시고 물고기도 잠들어 볼 것이 없는 연못을 구경하셨으리라. 오늘은 특히 규장각의 원임 각신들까지 포함하여, 그의 자제들도 함께 모이는 자리라 내 몰골이 아버지와 집안 어른께 누가 되지 않을지 염려된다.

아버지와 함께 도착한 내원의 영화당 앞은 다른 날보다 뭔지 들뜨고 소란스럽다. 주상께서는 오늘 특별히 규장각 각신들만이 아니라 감인소에서 서책을 편찬하는 편집 당상 문인들까지 부르자 하신다. 이에 이가환, 홍인호, 정약용, 이상황 등 20여 명이 추가로 초대되었다. 정약용은 나와 초계문신 시절 함께 공부한 인연이 있으며, 그 실력이 매우 뛰어나 주상의 관심과 배려를 많이 받고 있는 장래가 촉망되는 학자로서 비록 집안이나 당색으로는 거리가 있지만 개인적으로는 매우 친근한 사이다.

서로 안부를 묻는 들뜬 목소리와 함께 봄빛이 쏟아져 내려 정신이 어지러울 정도였다. 녹색 도포에 금사세조대를 두르신 정조는 각신들의 노고를 위로하며 자제들에게는 일일이 이름을 묻고 기억을 하려는 듯 입으로 몇 번씩 되뇌신다. 정조는 자신에게 엄격하실 뿐만 아니라 원칙에 충실한 분이다. 우리 규장각 각신에게도 꼭 관을 쓰고 근무를 하라고 하셨으며 일을 하다가 손님이 와도 자리에서 일어나지 않는다는 규정을 꼭 지키라고 하신다. 이런 원칙에 충실한 분이 범부처럼 꽃놀이를 좋아하실 리도 없고 아마 이런 즐거운 시간을 통하여 군신들이 서로 화합해 잘 지내기를 바라는 마음일 것이다.

주상은 문장이 뛰어나 그 감동이 봄꽃보다 화려하고 때론 어머니의 손길보다 따뜻하여 위로가 되기도 하고 때론 성난 파도처럼 거침이 없고 날카롭기가 검과도 같았다. 또한 무예도 뛰어났는데 특히 활쏘기는 따를 자가 없었다. 천하의 장수라도 주상의 활 솜씨에는 혀를 내둘렀고 주상 앞에서 활솜씨를 보이는 것을 가능한 피하고자 하였다. 그래서인지 주상은 되도록 행사에 활쏘기 시합은 꼭 넣고자 하신다. 오늘도 주상께서는 춘당대로 올라 아홉 개의 과녁을 설치하고 활쏘기를 하시자고 한다. 활쏘기에 재주가 없는 나는 활쏘기를 하면 등에 식은땀이 줄줄 흐르곤 한다. 이토록 자신감 없이 쏜 화살은 거의 과녁을 빗나가거나 어리중천에 주저앉으니 그 난감함이 이루 말할 수 없다.

괴로운 활쏘기 시합이 끝나고 부용정으로 나아갔다. 부용정으로 가는 길에는 꽃들이 서로 한껏 차려입은 여인들처럼 앞다투어 각자의 멋진 자태를 뽐내고 있다. 마침 어제 내린 봄비에 목욕을 한 목단꽃, 개나리로 눈이 부시고 향기가 옷에 밸 정도였다. 목련꽃, 도화꽃, 앵두꽃, 살구꽃도 화답을 하듯 피어나 눈을 둘 곳이 없을 정도다.

부용정에 도착하여 주상은 소루에 올라 낚시를 드리우고 신하들도 연못을 빙 둘러 낚싯대를 던졌다. 주상께서는 네 마리의 물고기를 잡으셨고, 나도 한 마리를 잡았다. 연못가에서 주상과 신하들이 함께 앉아 낚시질을 하니 군신 간이라기보다는 마치 한 가족처럼 다정하다.

낚시가 끝날 무렵 한편에서는 사옹원의 상선 내시 지휘 아래 꽃놀이에 흥을 돋울 음식들이 담겨 상에 오르고 있다. 재부와 선부가 완성된 요리를 날카로운 눈으로 점검하고 밥을 직접 한 반공과 고기를 굽는 적색, 술을 만드는 주색이 팽부와 인부 뒤에서 혹시 있을 추궁에 긴장한 모습으로 허리를 조아리고 서 있다. 진달래 화전을 부치는 고소한 기름 냄새가 진동한다. 이미 상선 내시의 엄격한 검사를 통과하여 차려진 상에는 평소 검약한 정조의 수라보다 더 신경을 많이 쓴 정성스러운 음식들이 가득하다. 음식상이 차려지자 시중을 들 수라 상궁과 연두저고리에 진분홍 치마를 입은 수십 명의 궁녀들이 상 주위에 선다.

여자라면 여산 송씨나 형수인 빙허각, 누이동생이나 언년이만 보던 나는 봄꽃보다 고운 젊은 여인들이 분향을 풍기며 가늘고 고운 손으로 음식 시중을 들어주자 눈을 어디로 둘지 몰라 귀한 음식을 코로 먹는지 입으로 먹는지 모르겠다.

주상께서는 평소 백성이 비단옷을 입을 때까지 나는 삼베옷을 입겠다고 고집을 부리며 좋은 옷과 고기 음식을 멀리하는 분이다. 잔칫상을 보니 마치 본인은 맛있는 것을 먹지 않고 아꼈다가 자식들에게 주는 어미의 마음과 다름이 없다는 생각에 가슴이 뭉클하다.

전복김치와, 매실포, 육회, 진주면, 산나물, 생선만두, 당귀떡 등이 나왔는데 하나하나 음식을 먹을 때마다 성은과 신하를 사랑하시는 마음이 입안에 가득 차는 듯하여 송구하기 그지없다.

주상은 우리에게 노란 유자 껍질과 하얀 배로 예쁘게 단장하여 소금물에 삭힌 전복김치를 먹기를 권하며 본인도 오늘은 경들 덕에 모처럼 호사를 하신다고 전복김치 하나를 드시고 "비리지도 않고 맛이 좋다!" 라며 호탕하게 웃으신다. 우리는 모두들 전복김치를 하나씩 집어 들어 맛을 본다. 쫄깃하면서도 부드럽고 유자 향이 상쾌한 것이 전복의 비린 맛이 전혀 없다. 송구스럽게도 주상께서는 나이 어린 각신의 자제들에게까지 손수 술을 따라 주시면서 글 읽기를 게을리하지 말고 네 아비보다도 더 나은 사람이 되라며 다정하게 대하신다. 어찌나 머리가 명민하신지 각신 누구의 아들인지를 다 기억하시면서 "아비보다 인물이 낫구나!", "앞으로 네 아비보다 크게 될 것이다."라는 등 덕담을 건네시니 모두들 주상의 소탈함과 배려에 감격한다.

정조는 진주면을 좋아하신다고 한다. 진주면이 아름답고 맛도 좋지만 아마도 당신께서 백성들이 헐벗고 굶주리는 고통을 알기에 만민의 부모가 되어 고기를 우적거리며 먹는 것을 몹시 혐오하셔서 반 종지의 고기만 있어도 만들 수 있는 진주면을 좋아하시게 된 것이 아닐까 생각한다.

해가 떨어져 어슴푸레해질 무렵, 주상께서는 운을 나누어 연구시를 짓자 제안하신다. 술이 이미 몇 순배 돈 각신들이 앞을 다퉈 아름다운 문구를 쏟아낸다. 시 짓기를 즐기지 않는 나는 "용루에 송축의 노래 드날리고 조정에선 명군과 현신이 참으로 잘 만났네!"라고 좀 썰렁하게 썼다.

윤행임, 서용보, 남공철, 정문시 등이 앞다투어 아름다운 군신 간의 격의 없는 꽃놀이의 기쁨을 분홍, 노랑, 파랑의 색종이에 힘차게 써 내려간다.

어느 정도 술이 더 돌고 흥이 오르자, 주상은 신하를 사랑하시는 마음에 취하고 직접 따라주신 과하주에 취하여 덩실덩실 춤을 추기 시작한다.

주상의 용안이 불타는 봄 저녁노을을 받아 황금빛으로 빛나니 장엄해 보이기까지 한다. 흐뭇한 얼굴로 웃으시며 "내가 우대하는 각신들과 그 자제는 모두 한집안 식구와 같으니 각자 덕을 닦아서 국가와 같이 복을 누리고 우리 원자와 여기서 같이 노니는 것이 변함이 없기를 바란다."며 군신 간이 나란한 듯 말씀하신다.

우리의 얼굴에는 신뢰의 꽃이 피고 정조의 용안에는 사랑의 꽃이 피고 이를 바라보는 내관들 궁녀들의 얼굴에도 웃음꽃이 피었다. 진짜 꽃과 사람 꽃이 어우러지니 온 창경궁 안이 꽃 잔치다. 이것이 진짜 꽃 잔치다. 서로 으르렁거리지 않고 비밀스러운 속삭임도 없다. 곁눈질도 없고 시기도 없다.
아름답다! 내가 꿈꾸는 세상이고 정조가 꿈꾸는 세상이다. 백성들이 모두 즐겁게 봄을 즐길 수 있는 날, 춘흥에 겨워 덩실덩실 손을 맞잡고 춤추는 그날! 바로 그날을 위해 맞으면 아프지만 그 소리는 멀리멀리 퍼져 나가 다른 사람을 알리고 일깨우는 큰 종이 되기 위해 어떤 수모나 고통도 견뎌야만 한다. 이것이 기울어져 가는 조선에 태어난 남자의 운명이며, 가학을 잇는 아들의 운명이고, 한 임금에게 받은 참되고 진실한 사랑을 되돌려주고자 하는 신하의 운명이자 신음하는 백성을 돌보고자 하는 벼슬아치의 운명이요, 참된 길을 가고자 하는 지식인의 운명이다.

아름답고 우아한 진주면과 전복김치

〰️

진주면은 〈정조지〉의 수많은 요리 가운데 유일하게 보석 이름을 붙인 요리다. 진주는 우아하면서도 격조 있고 수수한 보석인 데 비해 면은 조금 털털하고 소박하고 편안하게 먹을 수 있는 요리다.

이처럼 진주와 면의 서로 다른 이미지를 결합한 진주면이라는 이름을 〈정조지〉에서 처음 보았을 때, 어떻게 두 다름이 합쳐져 하나의 작품이 만들어졌는지 마음이 설레었다.

일반적으로 면이라 하면 밀가루를 물로 반죽하여 기구나 손을 이용해 가늘고 길게 만들어 햇볕에 말린 뒤 물에 삶아 먹는 건면이나 바로 반죽하여 쓰는 생면을 떠올린다. 조선 시대의 밀가루는 국내 생산량이 한정되어 있어 수입을 하는 고급 식재료로 양반이나 접할 수 있었다. 서민들은 결혼식 때나 밀가루로 만든 국수를 만들어 먹었으니 당시엔 국수가 꽤나 고급 음식이었음을 알 수 있다. 하지만 이제는 세상이 바뀌어 주머니가 가벼울 때 "국수나 먹을까?" 하니 국수의 경제적인 가치는 하락하였으나 입맛이 없을 때 "국수를 먹을까?"라고도 하므로 국수가 우리의 입맛을 사로잡는 것은 그때나 지금이나 여전한 것 같다.

이처럼 밀가루가 비싸니 백성들은 일반적으로 국수나 만두 등의 면을 메밀이나 녹두, 도토리 가루 등으로 주로 만들었는데 그중 보드라운 밀가루보다는 거칠고 퍽퍽한 메밀가루를 가장 많이 사용하였다.

진주면은 긴 국수가 아니고 진주알 모양의 국수다. 국수를 장국에 띄우면 마치 겨울 강에 차가운 흰 달이 여러 개 둥둥 떠가는 듯하여 겨울에 어울릴 만

한 요리인 것 같지만 몸의 열을 내려주는 녹두의 특성상 여름에 더 적합한 요리이다. 비교적 쉽게 만들면서도 낭만과 멋스러움을 먹으며 조상의 기품을 느낄 수 있는 진주면이야말로 열 낼 일이 많은 현대인에게 적합한 요리이다.

진주면은 기름지고 연한 오리, 닭, 꿩, 거위를 녹두알이나 콩알만 하게 잘게 썰어 녹두 가루를 묻혀 삶은 뒤 참기름과 버섯, 석이버섯이 서로 어우러지게 하는 비교적 간단하면서도 우아한 요리이다. 상앗빛 녹두 가루에 굴려 익힌 고기 알이 마치 진주처럼 은은하니 보는 것만으로도 흐뭇하다.

일반적으로 긴 면은 후루룩 소리를 남기니 점잖지 않고 넙적한 수제비는 입을 한껏 벌리고 먹어야 하는데 진주면은 수저에 얌전히 담아 정하게 먹을 수 있어 진주로 온몸과 마음을 장식한 듯 단정하고 아름다워진다. 진주면은 우리의 통념을 통쾌하게 깰 뿐만 아니라, 거칠어진 현대인의 마음을 다스리게 하고 진주 알갱이 한 알 한 알을 음식으로 보는 재미와 씹는 재미까지 주니 우리가 현대에 되살려 꼭 다시 먹어야 할 요리이다.

그렇다면 진주면은 어떤 반찬과 어울릴까? 백김치? 장아찌? 아니면 산가지? 나는 진주면은 진주를 품은 조개류와 어울리고 그중에서도 보석 같은 껍질에 담겨 있는 전복김치와 어울린다고 생각한다. 담백하고 은은한 진주면에 어울리는 전복김치를 담가본다. 싱싱한 전복을 구입하여 숟가락으로 전복 살을 발라 깨끗이 씻은 다음 칼집을 넣어 배와 유자가 들어갈 자리를 만든다. 좋은 소금으로 간을 하여 전복의 숨을 살짝 죽인 다음 배와 유자를 넣어 심심한 소금물에 담가 둔다. 고춧가루와 양념이 들어가지 않은 초기 김치의 모습이다. 전복의 비린 맛을 없애기 위해 유자 껍질을 넣고 전복을 부드럽게 하기 위해 배를 넣었다. 노랗고 하얀 꽃이 전복에서 피어나니 귀한 몸인 전복도 자신의 변신에 제법 만족해하는 듯하다.

잘 숙성된 전복김치를 꺼내어 미리 손질해 말려 둔 전복껍데기에 담는다. 전복김치가 화룡점정을 찍는 순간이다. 역시 전복은 껍데기와 함께할 때가 제일 전복다운 모습을 보인다. 맛을 보기 전에는 질기지는 않을까 하는 기우도 있었지만 쫄깃하면서도 부드럽고 시원한 맛이 일품이다. 밥반찬으로도 좋지만 짜지 않아 술안주로 잘 어울릴 것 같다. 전복김치는 누구나 좋아할 만하고 내가 소중한 사람으로 대접받는다는 흐뭇함을 주어 사람과 사람 사이를 엮어주는 요리다.

내 요리 노트에 소중한 레시피를 하나씩 더해주는 서유구 선생이 고맙다.

9장

나의 아들 우보와 여산 송씨
잉어수정회와 수수당

초하의 싱그러움이 온 세상에 가득하다. 온 세상이 초록의 향연이다. 아직 본격적인 더위가 시작되기 전 유월을 유난히 좋아한다. 모든 것에 근심 걱정이 없다. 백성들은 여름과 크게 다르지 않은 옷차림으로 겨울을 지내기에 한추위에 동사를 많이 하는데, 유월에는 길거리에서 뻣뻣하게 얼어 죽은 사람들을 보지 않아서 좋다. 논과 밭에서는 농작물이 무럭무럭 자라며 초록도 함께 자란다. 난전에는 파리똥, 오디, 살구, 자두 등이 가득하고 쳐다만 봐도 눈이 즐거운 계절이 바로 유월이다.

오늘 아침 출근을 하려는데 어머니께서 급한 걸음으로 오시더니 새벽부터 여산 송씨의 산통이 시작되었다고 말씀하신다.

내가 열두 살에 네 살 연상의 송씨와 부부의 인연을 맺은 후 삼녀를 두었으나 둘을 잃고 딸 하나만 남아 대가 끊어져 있어 부모님과 조상들에게 머리를 들지 못하고 있다. 할아버지께서 생전에 이 일을 깊이 걱정하셔서 여산 송씨의 수태를 위해 백방으로 알아보셨다. 여산 송씨도 나에게 항상 미안해하며 "예부터 서른을 넘긴 여자는 섣달의 바람 든 무라 하였으니 이제 나는 사십을 바라보는 나이에 무슨 수태를 하겠습니까? 어서 젊고 건강한 처자를 골라 새장가를 드시는 것이 제 마음을 편하게 하는 일입니다."라며 눈물을 글썽이곤 하였다. 나는 "우리 서씨 집안에서 아들을 생산하지 못한다 하여 딴 여자와 장가드는 일은 보지도 듣지도 못한 일이니 염려 말고 수태를 할 수 있는 건강한 몸을 만드는 데만 신경을 쓰라"고 했다. 나도 이런 말로 여산 송씨를 위로는 하고 있으나 사실 큰 고통을 받고 있었던 것이 사실이다. 양자를 들이라는 주변 사람들의 성화와 내가 더 늦기 전에 새장가를 가야 한다는 이야기가 주변에서 나오고 있다는 것도 알고 있다. 아들이 없다는 것이 마치 큰 흠이나 되는 것처럼 나를 배려해 사람들이 돌잔치에 초청을 하지 않는다는 것도 안다.

작년 여름, 이런저런 일로 여산 송씨가 힘들어하는 것 같아 한 달 간 친정에 보내어 쉬고 오게 하였다. 모처럼 친정을 다녀온 부인은 처가에서 보내온 이바지와 함께 약간은 그을린 빛의 건강해진 얼굴로 돌아왔다. 장모께서는 평소 인편으로도 딸이 수태를 못 하는 것이 미안해서인지 수캐를 시루에 얹어 그 물을 내려 촉서미엿과 함께 고운 다음 백출과 계피 등 한약재를 더한 진한 개고기 엿인 수수당을 보내시곤 한다.

개고기이지만 전혀 냄새가 나지 않고 편하게 먹을 수 있어 비위가 약한 나도 거부감 없이 먹고 있다. 하지만 장모의 안타까움과 미안함이 음식에 담겨 있는 것 같아 먹으면서도 마음은 편치 않았다.

그러던 중 여산 송씨가 마침내 수태를 하였으니 집안에 참으로 큰 경사였으나, 과연 아들인지 딸인지는 알 길이 없었다. 조심조심 가을을 보내고 겨울을 지날 때 여산 송씨는 여자아이를 잉태하였을 때와는 태동이 다르다며 퇴근한 나에게 조심스럽게 이야기를 하곤 하였다.

그렇게 살얼음을 딛는 심정으로 겨울을 보내고 봄을 보냈다. 그리고 이제 드디어 아이를 맞이할 시간이 왔다. '복도 많은 녀석이 태어나는구나! 모두들 너를 기다리고, 만물이 두 팔 벌려 너를 반기는구나. 과연 이번에는 아들이 태어나 아버지, 할아버지의 근심을 덜 수 있을까?'라는 생각이 머릿속에 절로 떠오른다.

며칠 전 형 유본이 뒤뜰 포도나무를 그렸다고 보여 주는데 포도가 어찌나 탐스러운지 직접 보고 싶은 생각에 뒤뜰로 가는데 억기가 싱글벙글 나를 쫓아오더니 조심스럽게 큰 비밀을 털어놓는 듯한 은밀한 목소리로 "어젯밤 꿈을 꾸었는데 황룡이 내려왔고 그것을 관복을 입은 나리께서 받들었다"며 분명히 이번에 태어나는 아이가 큰 인물이 될 아들이지 않겠냐고 너스레를 떨던 기억이 난다.

출근은 하였으나 규장각에서 활자가 눈에 잘 들어오지 않아 애를 먹었다. 시간이 흐를수록 몸이 약한 여산 송씨가 노산의 어려움을 제대로 극복할지 걱정이 되기 시작하였고 갑자기 걱정이 동짓날 어둠처럼 덮치기 시작하자 손에 땀이 축축하고 피가 마를 지경이었다. 근심을 안고 퇴청을 서두르는데 억기의 목소리가 들린다. 어떤 전갈일까? 나는 염라대왕의 처분을 기다리는 사람처럼 오그라져 있다. 나를 본 억기가 눈물을 글썽이면서 "나리! 감축드립니다. 아들이 태어났습니다. 드디어 나리 댁에 옥동자가 태어났습니다."라고 말한다.

아이의 외가에서 보낸 가물치며 잉어, 처남인 송면재가 누이를 위해 보낸 귀한 음식, 할아버지 벗들의 선물, 어머니가 귀한 아들 손자를 안겨 준 노산 며느리를 위해 마련한 음식까지 가득하니 부엌이 만선을 한 배처럼 터질 듯하다. 산모의 젖이 잘 나오게 한다는 가물치며 돼지족 등이 가마솥에서 진하게 삶아지는 냄새가 온 집안에 진동한다.

비위가 약한 여산 송씨를 위한 잉어수정회가 만들어지고 부엌은 숨을 쉬기 어려울 정도로 더운데 삼월이도, 억기도, 언년 어멈도, 김서방도 더운 줄 모르고 신이 나서 얼굴에 웃음꽃이 피어 돌아다닌다. 나는 직접 잉어수정회가 녹지 않도록 시원한 얼음에 받쳐 산모의 방으로 들고 들어가 여산 송씨의 노고를 위로하며 어서 먹기를 권한다. 여산 송씨는 국수를 먹듯 잉어수정회를 겨자 식초에 찍어 쪼르륵 소리를 내며 맛있게 먹는다. 아들을 낳은 만족감과 안도감으로 여산 송씨의 기미 낀 얼굴에 평온함이 가득하다. 잉어수정회는 몸에 기운을 주는 오리알과 부드럽고 향이 좋은 구황이 곁들여져 노산으로 힘든 여산 송씨의 몸보신에 부족함이 없을 것 같다. 잉어수정회를 맛있게 먹은 아내가 감사의 표정으로 나를 바라보는데 이제야 비로소 마음 고생이 끝난 것 같다.

어머니는 많은 갓난아기를 보았지만 당신 손자는 드물게 인물이 수려하다며 기쁨을 감추지 못하신다. 갓 태어난 아이답지 않게 눈을 맞추는 것이 여간 신통한 게 아니라고 하셨다. 아이는 제 어미의 그동안의 고통을 알았는지 긴 가뭄 끝에 내리는 장맛비처럼 시원스러우면서 섬세한 용모와 가늘고 긴 사지를 가졌다. 아이를 안아보았는데 나와 눈을 딱 마주치자 배시시 배냇웃음을 웃는다. 나도 아이에게 환한 웃음으로 화답하며 좋은 아비가 되어주겠다고 약속한다.

우보야! 네가 할 일이 많은 집안에 태어났으니 참으로 일복이 많겠구나! 네가 네 어미를 수난에서 구했듯이 이 백성과 나라를 구하는 데 너의 지혜와 힘을 써야 한다. 부디 건강하게 자라서 나라의 큰 재목이 되어라.

보기 좋고 먹기에 좋고 건강에 좋은 잉어수정회와 수수당

≈

잉어수정회와 수수당은 모두 몸을 보호하는 보양식이다. 개고기나 잉어의 국물을 달여 마시거나 먹는 것보다 거부감 없이 먹을 수 있도록 향과 맛을 추가한 보신 요리다.

개고기를 먹지 않는 친정에서 딱 한 가지 개 요리를 하는 경우가 있으니 그것이 바로 〈정조지〉의 수수당이다. 집에서는 보통 개 엿이라고 불렸는데 나는 그 속에 개고기가 들어가서 개 엿이 아니고 그냥 개똥이, 개복숭아처럼 '예쁘지 않고 먹기에 심란한 엿'으로 생각하였다.

어른들을 위하여 정해진 항아리에 담고 남은 개 엿은 우리들의 몸보신용이었는데 달고 윤기가 반지르르하고 검은 흑단 빛이 나며 계피 냄새가 적당히 나는 것이 어린 내 입맛에도 큰 거부감이 없었다. 하지만 성장한 후 그 속에 개고기가 들어갔다는 사실을 알고 깜짝 놀랐다. 냄새 나는 개고기를 감쪽같이 속일 수 있는 그 조리법이 놀라웠다.

수수당은 보통 정성이 들어가는 요리가 아니다. 통이 크고 기와 기운이 강해야만 만들 수 있는 요리다. 원래는 개 한 마리를 통째로 요리해야 하지만 조금 사다가 수수당을 만들어 보았다. 떡을 만드는 것처럼 시루에 고기와 계피, 백출을 올리고 아래 솥에는 수수와 엿기름, 물을 붓고 불을 가하니 솥에서 서로 합쳐지면서 엿이 된다. 보신탕을 먹지 못하는 사람도 잘 먹을 수 있을 것 같다. 요즘은 수수당 조리법이 거의 사라졌고, 인터넷에 떠도는 조리법도 제대로 된 것이 없다.

〈정조지〉에 나와 있는 조리법은 개 엿 조리법 중에서도 정통 조리법이다. 물론 지방마다 옥수수엿이나 찹쌀엿을 쓰기도 하지만 검은 흑단 색을 내기 위해서는 수수엿이 제격인 것 같다. 만들기는 번거롭지만 몸이 허약한 사람들에게는 좋은 보양식이다.

수수당이 남자를 위한 보양식이라면 잉어수정회는 여자를 위한 보양식으로 출산 후 산모의 회복과 젖이 부족한 산모에게 특히 좋다.

잉어에 얽힌 재미있는 이야기가 있는데 공자가 스무 살에 아들을 낳자 노나라의 소공이 산모를 위하여 잉어를 선물로 보냈고 이를 영광스럽게 여긴 공자는 아들의 이름을 잉어를 뜻하는 '리'로 짓게 된다. 공자가 잉어를 하사받은 소문이 온 곡부에 퍼지고 공자가 관직을 받게 되어 제대로 된 행정을 펼쳐내면서 백성들의 칭송을 받게 된다.

그래서 중국에서는 공자의 아들이 잉어를 뜻하기에 한때는 잉어 먹는 것을 금지하기도 하였다.

우리나라에서도 꿈에 잉어를 살려 주고 출세 가도를 달린 파평 윤씨와 신립 장군의 금동곳을 잉어의 배 속에서 발견한 평산 신씨는 잉어 먹는 것을 꺼린다. 잉어 꿈은 수태를 알리는 길몽이고, 잉어는 입신출세를 상징하며, 잉어가 거센 강물을 오르면 용이 된다고 믿고 있다.

서울에서는 잉어를 구하기가 어렵지 않지만 시골에서는 잉어를 구하기가 쉽지 않다. 특히 요즘은 시골에 잉어를 잡을 만한 사람이 없어 장날도 운이 좋아야 잉어를 만날 수 있다.

적당한 크기의 잉어를 골라 비늘을 깨끗이 벗기고 맑은 수정회가 나올 수 있도록 여러 번 얼음처럼 찬 물에 잉어를 씻었다.

잉어를 통째로 넣고 진피, 파, 천초를 넣은 다음 잉어의 살이 문드러질 때까지 약한 불에서 오래 끓이다가 면보에 걸러 냈다. 잉어의 단점인 비린내와 진흙 내가 전혀 나지 않는다. 다시 부레를 합하여 약불에서 끓인 다음, 면보에

걸러 내 냉장고에 넣어서 굳혔다. 부레에는 콜라겐과 콘드로이친 성분이 풍부하여 잉어수정회를 굳히는 데 도움을 주고 피부 탄력과 노화 방지에 좋다. 약간의 노란 기름이 뜨는데 투명한 수정회를 위하여 걷어 내었다.

잉어수정회가 응고되었다. 손가락으로 살짝 눌러보니 잉어수정회가 탄력 있게 물결치며 흔들린다. 깨지지 않도록 조심스럽게 도마 위에 안착시켜 실처럼 가늘게 자른다.

향과 식감이 부드러운 노란 부추인 구황은 아쉽지만 부추로 대신할 수밖에 없었다. 작년에 잉어수정회를 만들면서 정말 어렵게 구했던 농장에 연락을 해 보았지만 호텔에 납품하기도 부족하다며 전화를 딱 끊어버렸기 때문이다. 영양이 풍부한 오리알을 곁들이자 모든 준비가 다 끝났는데, 문제는 '수서'에 대한 해석이다. 내가 본 〈정조지〉 초역본에는 한글로는 무소로 해석되어 있고 원문은 물 수(水), 무소 서(犀)라 하여 수서를 검색해 보니 서울 지하철 3호선 수서역만 나온다. 원문을 자세히 들여다보고 또 들여다봐도 물 수, 무소 서, 수서가 분명하다. 물 수는 별 단서가 나오지 않고 그저 물일 뿐이라 무소 서를 검색하니 코뿔소라는 뜻이다. 코뿔소는 물속에서도 사니 그럼 코뿔소가 확실하다. 그럼 코뿔소의 코를 가루로 먹는 걸까? 아니면 가죽을? 살을? 갸우뚱하는데 무소 서의 다른 뜻에 '박의 씨'라는 뜻도 있어 결국 수서는 물박씨, 즉 '아직 여물지 않은 부드러운 박의 씨'라는 내 나름의 결론에 도달한다. 박씨는 소변을 잘 나오게 하고 비타민 E가 풍부해서 산모에게 좋다는 효능이 이런 결정을 하는 데 한몫을 한다.

딱딱하게 여문 박씨는 산모의 치아에 좋지 않으니 덜 여문 물박씨가 영양도 풍부하고 부드러워 산모가 먹기에 좋을 것이라는 추측까지 한다.

이렇게 물속에 사는 코뿔소의 코나 가죽을 말린 가루가 아니라 여린 박씨를 잉어수정회에 곁들이는 것으로 결정되었다.

요리를 촬영하는 장소가 농촌 시골이지만 어디에서도 박을 볼 수가 없다. 박을 구하기 위해 온 마을을 뛰어다니며 "혹시 박을 어디서 보셨나요?"라고 물어보고 다닌 보람이 있었다. 체육관 앞 정자 근처 수풀 속에서 박 두 덩이를 보았다는 제보를 얻었다. 마침 밭일을 하던 박 주인과 같이 수풀을 뒤져서 아무도 모르게 숨어 있는 박 두 덩이를 찾았다.

쓱쓱싹싹 톱질까지 해서 박을 가르고 아직은 연한 물박씨인 수서를 얻어 잉어수정회에 곁들여 요리 사진을 촬영하였다. 사진작가는 고개를 갸우뚱하며 "왜 하필이면 박씨를 곁들였을까?"라고 하기에 나는 "영양이 풍부하니까요."라고 당당하게 대답했다. 참으로 힘들게 구한 여린 박씨를 넣어 사진을 찍어 안도하고 있었다.

그런데 그동안 〈정조지〉가 완역되었고 완역본을 보니 수서(水犀)가 아니고 목서(木犀)가 아닌가?

물 수(水)와 나무 목(木)이 비슷해서 발생한 일이다. 목서는 물푸레나뭇과의 상록 관목으로 학명은 Osmanthus Fragrans라고 되어 있다. 목서의 효능을 보니 새살을 돋게 하고, 상처를 아물게 하고, 소염 작용을 하며 꽃은 특히 약효가 뛰어나다고 한다.

목서 잎이나 목서 꽃을 곁들여야 하는데 엉뚱하게 박씨를 곁들였으니 당황스럽기는 하지만 잘못을 알게 되어 천만다행이다. 다음에 잉어수정회를 만들 때는 반드시 수서가 아닌 목서를 구해 넣어야겠다.

오리알은 계란보다 크고 선명한 주황색을 띠며 레시틴이 풍부해 콜레스테롤이나 지방을 분해하니 계란과는 반대의 역할을 한다.

수정처럼 맑고 투명한 잉어수정회와 구황, 그리고 오리알을 섞어서 죽순채와 함께 더하여 식초를 곁들인 겨자 소스에 찍어 먹으니 잉어라기보다는 우뭇가

사리 묵을 먹는 것처럼 담백하다.

실내 온도가 높아서인지 시간이 흐르면서 잉어수정회가 자꾸 녹아내려 급히 다시 냉장고 안에 넣었다. 지금이야 사시사철 냉장고가 있어 잉어수정회가 가능하지만 옛날에는 얼음을 구할 수 있는 양반이나 찬바람이 돌 때 해 먹을 수 있는 요리였다. 아무튼 수서인 코뿔소를 구하러 아프리카로 가지 않은 것이 다행이라는 생각이 든다.

10장

순창군수 시절, 세상에 눈뜨다!
상자죽과 남초초

흉년의 산골은 참으로 빈한하고 서글프기만 하다. 끼니때가 되어도 굴뚝에 연기가 올라오는 집이 없다. 오늘은 내가 순창군수로 부임한 지 3일째 되는 날이다.

순창은 산으로 둘러싸인 전라도 내륙의 아름다운 산골 마을로 주로 밭농사에 의지하여 살고 있어 쌀이 귀한 곳이다. 봄에는 집집마다 심은 복숭아와 살구꽃으로 온 마을이 분홍으로 뒤덮이고, 여름이면 산이 가까운 덕에 산기운으로 더운 줄 모르고 시원한 계곡물에 발을 담그고 지낸다. 가을이면 만산홍엽에 취하여 시간 가는 줄 모르고 지내다가 덜컥 찾아온 겨울은 흰 눈으로 덮여 바깥출입이 어려우니 조용히 독서하며 지내기에 좋다. 먹을 것만 넉넉하다면 근심 걱정 놓고 편하게 살 만한 곳으로 순창만 한 곳이 없다고 한다.

이방, 호방과 함께 마을을 돌아보며 백성들을 살펴보고자 한다.

내가 마을에 들어서자 백성들이 굽신거리며 머리를 조아리고 예를 갖춘다. 모두들 그 누구도 원망하지 않는 순박한 얼굴로 정조의 측근에서 일했다는 젊은 군수를 호기심 어린 눈으로 바라본다. 그리고 나에게 대접할 것이 없음을 미안해하고 자신들의 살림살이를 부끄러워한다.

나는 백성들에게 올해의 작황에 대해서 자세히 물어본다. 백성들은 "조세만 줄어도 어찌 올해는 넘겨볼 수 있을 건데요. 나라님이 하시는 일이라 저희 같은 백성은 그저 나라님의 처분만 바라지요."라고 한다. 갑자기 목구멍에 뜨거운 불이 솟으며 눈물이 울컥 솟는다.

나는 경화세족 가문에서 태어나 온갖 좋은 것에 둘러싸여 살아왔다. 배고픔이란 것을 경험하지 못했고 겨울이면 가장 부드러운 가죽옷으로 치장을 하고 연경에서 들어온 간식거리로 주전부리를 했다.

처음 순창에서 본 우리 백성의 삶의 모습은 나에게는 참으로 충격적이었다. 보리밥이나마 먹는 사람들은 손으로 꼽을 정도였고, 대부분은 곡식이 없어 산나물 죽이나 산에서 딴 열매로 배고픔을 달래는 정도였다. 우물물로 허기를 달래는 사람들도 많았다. 부황이 난 노인들이 하루에도 한두 명씩 죽어 나갔다. 그나마 있는 먹거리는 노동력이 있는 아들이나 손자에게 양보하고 굶어 죽고 있는 것이다. 빈 젖을 빠는 아이의 얼굴이나 빈 젖을 물리는 엄마의 얼굴에는 아무 표정이 없다.

갑자기 아이들이 "와……" 소리를 지르며 김이 나는 솥을 향해 몰려가기 시작하더니 사발 가득 시커먼 풀대죽을 한 그릇 담아 온다. 나는 난생처음 보는 시커먼 풀대죽을 그 어린아이들은 뜨거운 줄도 모르고 정신없이 먹기 시작한다. 그다음 아낙네들이, 그다음으로 노인들이 그리고 다음은 없었다. 젊은 남정네들은 그나마도 먹지 못했다.

"나리, 이거라도 좀 드셔 보시지요. 모양은 시커먼 게 귀신 딱지처럼 생겼어도 이 도토리죽이 별미랍니다. 먹고 나면 네댓 시간은 허기를 느끼지 않는답니다. 나리처럼 좋은 음식을 많이 드신 분은 그저 몸에 독을 빼는 데는 이

도토리가 최고니 건강을 생각하여 드시면 된답니다요." 노인이 인자한 미소를 지으며 쟁반에 받친 도토리죽 그릇을 내 앞에 놓는다. 나는 마음이 아파 차마 그 죽을 다 먹을 수 없어 반을 채 안 먹고 배가 부르다며 물린다. 도토리죽은 생긴 것과는 달리 맛이 있었다. 도토리죽은 씁쓸하면서도 담백하여 연일 격무에 지친 내 몸에 활력을 넣어 주었다. 내가 남긴 도토리죽은 아이들에게 한 수저씩 나누어졌다.

밭에서는 늦사리 붉은 고추를 따는 아낙네의 손길에 시름이 가득하다. 올해는 순창에 가뭄이 들어 모든 농작물의 수확이 좋지 않다. 호남의 너른 평야 지대는 수리 시설이 잘되어 있어 웬만한 가뭄에도 논에 물을 댈 수 있으나 순창은 농토가 비좁고 계단식 논이라 가뭄이 들면 그냥 손을 놓고 하늘만 바라볼 수밖에 없는 실정이다.

고추를 따던 아낙은 늦더위의 땡볕에 지친 듯 밭고랑에 주저앉아 땀을 훔치며 절반도 차지 않은 바구니 속에서 문열이 고추를 몇 개 밭고랑에 던진다.

요즘 한양에서는 물이 좋아 진미로 꼽히는 맛깔스러운 순창 고추장을 좋아하는 사람들이 많다.

선왕이신 영조께서 잃으신 입맛을 순창 고추장으로 되찾으신 후 양반들이 고추장을 갑자기 애지중지하고 안 하던 고추장 타박을 하고 맛있는 고추장은 선물을 하기도 한다.

백성들은 조세를 바치느라 허리가 휘고 밥을 굶고 있건만 무위도식하는 양반들은 양념에 지나지 않는 고추장 타령이나 해 대고 있으니 참으로 한심하다는 생각이 든다.

순창 백성들은 고추만 따고 잎이나 줄기는 그냥 밭에 방치하여, 나는 어머니가 만들어 주시던 남초초 만드는 법을 만나는 사람마다 가르쳐주기로 한다. 남초초는 고추의 잎과 줄기를 데쳐 기름에 볶아 갖은 양념으로 만드는 요리다. 어머니께서 한여름에 남초초를 많이 먹으면 피부가 고와진다고 하시니 누이들이 부끄러워하면서도 서로 눈치를 보며 먹던 기억이 난다.

내가 남초초를 설명하자 이방이 "군수 나리 다 좋은데요. 몇 년째 깨도 흉년이라 고춧잎을 볶을 기름이 있는 집이 몇 집 없으니 내년에 풍년이 들면 하시지요."라고 한다.

한양 생활에 익숙하여 미처 그것까지 생각지 못한 나 자신이 부끄러웠고, 나도 백성들이 보기엔 다 똑같은 한심한 관리로 보일 것 같아 얼굴이 화끈거렸다.

210년 전 나보다 앞서 순창군수를 하셨던 고경명 선생이 떠오른다. 예순 살의 나이에 임란이 터지자 고향에서 후학을 가르치시다가 "국가가 존망의 위기에 있는데 어찌 제 몸을 아낄 수 있으리오. 오직 의로 돌아가리라!"는 마상격문을 남기고 의병을 일으켜 두 아들과 함께 왜병의 칼에 맞서 당당하게 싸우다 전사하셨다. 고경명 선생을 생각하니 이런저런 사념에서 벗어난다.

고경명 선생이라면 이 어려운 상황을 어찌 극복하셨을까?

내가 이론으로 알고 있던 백성들의 고통과 실제 현장에서 느끼는 백성들의 고통은 그 간극이 너무나 컸다. 하늘의 처분만을 바라는 농사를 짓는 한, 농업 제도의 개혁과 혁신이 없이는 이런 배고픔의 비극은 계속될 것이다.

청나라에는 많은 수확을 내고 가뭄에도 강한 다양한 종자들이 서역에서 들어오고 있고 백성들이 땡볕에서 굶주린 채 마소와 같이 일하지 않아도 논밭을 경작할 수 있는 다양한 농기계들이 있다. 농사의 중요성과 종자, 도구의 개량, 토지제도의 개혁을 외쳐도 양반들은 마치 남의 일인 양 관심조차 없으며 설사 개혁을 한다 하더라도 농민이나 백성에게 유리한 것이 아닌 기존의 자신들 이익을 포기하지 않는 개혁을 하고자 한다.

관아의 숙소로 돌아오는 길에 강천산 뒤로 해가 지는데 불꽃같은 구름이 일어나는 것이 당분간 비가 오기는 어려울 것 같다.

나는 잠을 못 이루고 이런저런 궁리를 하였다. 얼른 한양으로 올라가 정조를 알현하고 순창의 어려운 상황을 설명해 백성을 구제할 방안을 요청하여야겠다. 주상이 거절하신다면 용포라도 잡고 떼를 쓰고 그것도 안 된다면 눈물로 하소연할 것이다.

나의 이런 계획은 7개월 뒤인 규장각 원임 대교의 자격으로 한양에 올라왔을 때 이루어진다. 정조는 나의 뜻대로 곡식이 풍부한 호남의 곡창지대에서 순창에 곡식을 빌려주어 백성을 구휼하고 백성에게 이득이 되는 방안으로 시행하라고 하셨다.

내가 순창군수로 있을 때 비로소 학자로서, 또 백성의 녹을 먹는 한 사람으로서 내가 걸어가야 할 길이 무엇인지를 정확히 가슴에 새길 수 있었다. 백성들에게 죽을 먹이거나 서너 번 곡식을 빌려주는 임시방편이 아닌 근본 해결책을 제시하는 것이 우리 집안이 3대에 걸쳐 축적한 소중한 지식을 제대로 쓰는 길이다.

할아버지와 아버지의 뒤를 이어서 젊은 내가 지식을 더 명확하게 검증하고 새로운 지식을 구하기 위해 귀를 열고, 마음을 열고, 어떠한 수고도 감수해야 한다. 종이에 쓰인 죽은 지식이 아닌 살아서 날아다니는 산지식이 되어 백성들의 생활에 진실로 쓰여야 한다. 이것만이 중병에 걸려 신음하는 조선을 구하고 배곯는 백성을 살리는 길이다.

떨떠름함과 칼칼함의 어울림, 상자죽과 남초초

〰

단풍이 곱게 물들기 시작하는 산골짝에는 때굴때굴한 도토리들이 지천으로 흔하다. 도토리를 물에 담가 떫은맛을 빼내고 잘 말려 가루로 만들어 끓인 것이 상자죽이다. 도토리는 녹말이 많아서 고구마, 칡 등과 더불어 흉년에 백성을 살리는 구황 식품이다.
요즘은 넘치는 열량을 줄이는 식품으로 각광을 받는 건강식품이 예전에는 대부분 조상들이 먹고살기 위해 어쩔 수 없이 먹어야만 했던 구황 식품이었다. 떫고 씁쓸하여 단맛도 없는 도토리죽 맛을 좋아할 사람은 별로 없지만 죽을 수 없기에 먹었던 죽이 바로 상자죽이다.

요즘 우리는 너무 많이 먹어서 몸에 독이 쌓여 있으니 몸을 해독시켜야 한다고 한다. 외국 모델이 먹는다는 디톡스 주스의 레시피를 상품화한 전문 카페까지 등장하였다. 우리 몸에 독이 쌓여 있는 것은 사실이다. 각종 공해 속에서 살아야만 하는 현대인에게 공해는 피할 수 없는 운명 같은 것이다. 암이나 성인병이 늘어나고 먹거리가 오염되는 것도 모두 공해 때문이다.
옛날에는 배고픔이 재앙이었다면 요즘은 공해가 재앙인 셈이다. 예전에 배고픔으로 죽어가는 사람을 도토리가 구해 주었다면 지금은 도토리가 몸에 독이 쌓여 피로와 병에 시달리는 우리를 구해 준다. 도토리 속의 아콘산은 중금속을 배출시켜 우리 몸을 해독시키고 타닌은 소화가 잘되게 하고 지방 흡수를 억제한다.
도토리를 즐겨 먹으면 뼈가 튼튼해지고 골연화를 방지한다고 하는데 참나무

의 조직이 치밀하고 도토리도 단단한 것을 보면 뼈도 단단하게 해 줄 것 같다. 요즘 도토리가 건강에 좋다고 하니 산에서 도토리를 욕심껏 싹쓸이해 오는 사람들 때문에 다람쥐들이 제발 우리가 먹을 도토리를 좀 남겨두고 가라고 가을만 되면 아우성이다. 다람쥐 입장에서는 도토리가 건강식품으로 등극하면서 자신들의 생존이 위협받게 되었으니 기가 막힐 노릇일 것 같다. 도토리를 줍지 말라고 애걸복걸하는 것보다 '도토리를 너무 많이 먹으면 다람쥐처럼 큰 꼬리가 날 수도 있음'이라고 경고문을 붙이면 어떨까 하는 재미있는 생각도 해 본다.

도토리죽을 끓이는 방법은 도토리묵을 끓이는 방법과 같은데 좀 더 묽게 끓일 뿐이다. 도토리묵을 끓이다 실패하면 주눅들지 말고 〈정조지〉에 나오는 상자죽을 끓였다고 하면 된다.

그런데 도토리죽만 먹기에는 너무 심심하여 도토리죽과 어울리는 반찬으로 칼칼하고 담백하여 도토리의 떫고 심심한 맛을 상쇄시켜 줄 것 같은 남초초를 선택해 보았다.

싱싱한 고춧잎을 밭에서 따다가 아주 살짝 데쳐서 얼른 찬물에 담근 다음 천초와 참기름의 양념 그리고 석이버섯을 넣었더니 고급스러운 남초초가 만들어졌다.

남초초를 만들어 보기 전에는 고춧잎과 석이버섯이 잘 어울릴까 싶었지만 얇고 섬세한 검은 석이가 진녹색의 작고 얇은 고춧잎과 시각적으로도 잘 어울리고 튕겨 나가지 않아 조화를 이룬다. 표고나 목이버섯을 사용했다면 아마 잘 어우러지지 않았을 것 같다. 고춧잎을 살짝 볶으니 기름기가 자르르 돌면서 반짝거리며 생기가 돈다.

〈정조지〉에는 다른 고조리서들과 같은 요리가 등장하지만 한두 가지씩 재료가 더 들어가거나 조리 방법에서 정성이 더 들어가는 것이 특징이다. 그만큼 서유구 선생이 꼼꼼하게 요리 재료와 방법을 기록하였다는 생각이 든다.

요즘 석이버섯을 사기가 힘들어 이유를 물어보니 찾는 사람들이 거의 없어서 가져다 놓지 않는다고 한다. 몇 년 전만 해도 석이는 쉽게 구할 수 있었는데 양념도 먹는 것만 먹으니 자주 쓰이지 않는 양념들이 자꾸 사라져 가는 것 같아 안타깝다.

남초초는 현재의 고춧잎나물로 비타민 C와 엽록소가 풍부하다. 조금은 맹숭한 도토리죽과 같이 먹으니 죽이 물리지 않아 계속 먹을 수 있을 것 같다.

11장

사랑하는 사람을 보내며…
원기 보양죽과 건포도와 송자해라간

오늘은 평생을 근심 속에 살다가 젊은 나이에 세상을 떠난 아내 여산 송씨의 무덤을 파주의 선산으로 이장하는 날이다. 아내는 아버지가 돌아가시고 18일째 되는 날 세상을 떠나서 제대로 장례도 치르지 못하고 묘석조차 마련하지 못했다. 이제야 조상 곁에 눕히고 작은 묘석을 세워 주니 비로소 마음이 편안해진다.

여산 송씨에게 술을 올리고 생전에 좋아한 상앗빛 송자해라간과 자줏빛 건포도와 시건을 올려놓았다. 송자해라간은 당시에는 구하기도 힘든 버터와 설탕, 그리고 잣을 가지고 만든 것이고, 건포도는 여러 번 삶아 말려야 하기에 사람 손이 많이 가는 간식이다.

여산 송씨는 귀하고 유복하게 자란 터라 어릴 때부터 먹던 귀한 송자해라간과 시건, 건포도 등 달콤한 간식을 좋아했다. 층층시하 시집살이에서 귀한 군것질거리를 먹는 것이 눈치가 보이니 이 사정을 헤아리고 딱하게 생각한 할머니가 어머니 몰래 송자해라간과 시건을 챙겨 주셨다. 여산 송씨는 그것을 벽장 안에 숨겨 두고 몰래 꺼내 먹으며 좋아하곤 하였다. 내가 그리 맛있냐고 물어보면 그저 빙그레 웃으며 향기롭고 새콤하기도 하고 달콤하기까지 하니 마치 이 세상의 수고가 다 잊히고 비위가 가라앉으니 속이 편하고 어린 시절에 먹던 것이라 그저 좋다고 말하곤 하였다.

며느리와 머슴은 그저 안 아파야 제일 좋다고 하는데 여산 송씨는 늘 골골하였으니 어른들에게 미안하고 늘 마음이 편치 않았을 것이다. 내 성정이 원래 다정하지 못한 데다 나랏일로 바빠 여산 송씨를 위로조차 못 하며 살았는데 외롭게 누워 있는 모습을 보니 애달프기 짝이 없다. 시아버지 상에 치어 제대로 입혀 보내지도 못했으니 곧 들이닥치는 겨울에 춥지 않도록 조만간 뙤라도 풍성하게 해 주리라. 병석에서 박씨 할머니에게 우보를 부탁하던 여산 송씨의 간절한 큰 눈망울이 떠오른다. "천신만고 끝에 얻은 다섯 살 우보를 두고 저승으로 가는 길이 얼마나 고통스러웠겠소? 내가 새장가를 들어 우보가 천덕꾸러기가 되지는 않을지, 폐병 걸린 어미의 몸속에서 나왔으니 몸이 약하지는 않을지, 떨어지지 않는 발걸음을 저승사자가 자꾸 재촉하니 얼마나 저승길이 힘들었겠소? 이제 편히 쉬시구료. 당신의 전부인 귀한 아들 우보를 잘 키우겠으니 걱정 말고 저승에서 잘 지내시구료. 내가 당신 곁으로 가거들랑 다시 만나서 손을 맞잡고 손자 이야기랑 명재상이 되어 있는 우보 이야기를 잘 전해 주리다." 다정하게 여산 송씨에게 이야기를 건네니 억기가 눈물을 훔치며 "마님 살아 계실 적에 이리 다정히 말씀하셨으면 얼마나 좋아하셨을까요?"라며 훌쩍인다. 남의 아픈 곳을 콕 찌르는 억기가 얄밉기도 하고 여산 송씨를 생각하는 마음이 기특하기도 하여 별소리는 안 하고 그냥 산을 내려온다. 내려오는 길에 만난 적자색 꽃창포와 노란 원추리가 참 예쁘다. 꽃이 지고서야 비로소 그 시절이 아름다웠다는 것을 알게 되었다.

여산 송씨 산소를 다녀온 열흘 뒤, 주상께서 병환이 나신 지 보름만에 승하하셨다는 청천벽력 같은 소식을 들었다.

나는 충격으로 식음을 전폐하고 마치 미친 사람처럼 울부짖는다. 아버지와 23년을 함께한 여산 송씨 그리고 이어진 피를 나눈 여동생의 죽음이 바로 앞에 있었기에 주상의 승하는 나에게 하늘이 무너지고 땅이 꺼지는 듯한 충격을 주었다. 주상의 승하를 계기로 억누르고 있었던 앞선 세 번의 슬픔과 상심이 휘몰아쳐 왔다. 사랑하는 사람들을 지키지 못한 나에 대한 분노가 화산처럼 폭발하였고, 내 뜨거운 눈물은 용암처럼 뜨겁게 끈적이며 식을 줄을 몰랐다. 머리를 풀고 방에서 나오지 않고 소리 내어 울고 또 울어도 슬픔으로 달궈진 가슴은 식을 줄을 모르고 벌겋게 타기만 한다. 사랑하는 사람들을 잃어버리고 혼자가 되어 캄캄한 어둠 속을 헤매는 꿈을 꾸다가 울다가 자다가를 한동안 반복하였다. 아버지와 여산 송씨, 정조, 여동생의 이름을 애타게 부르다 깨어나기를 며칠째인지 헤아릴 수조차 없다.

혼미함 속에서 나를 부르는 애달픈 목소리가 들려 꿈인지 생시인지 눈을 떠보니 어머니의 근심스러운 얼굴이 눈앞에 있다. 어머니의 모습도 말이 아니다. "어린 우보를 생각하거라. 이게 무슨 짓이냐! 군자는 슬픔을 당해도 이런 처신을 해서는 안 된다. 네 아버지가 하늘에서 이 꼴을 보신다면 아들을 잘못 키웠다고 통탄하실 거다. 너는 네 생각만 하느냐? 아랫것들 보기가 부끄럽다. 심상규, 이만수가 소문을 듣고 다녀갔는데 내가 창피하여 몸 둘 바를 모르겠다. 어서 몸을 추스르고 강건하게 다시 일어나라! 나는 내 아들을 이렇게 키우지 않았다. 아비는 물이 높은 곳에서 낮은 곳으로 흐르듯 먼저 가신 거고, 네 처는 원래 몸이 병약하여 우보

를 낳고 위태하였으니 이 명이면 부족함
이 없고, 이제 새로운 주상 전하를 맞았거늘 선왕
의 은혜를 입은 네가 이런 꼴을 한다면 이것은 돌아가신
주상이나 새 주상께 모두 불충을 저지르는 것이다."라
고 나를 꾸짖으신다.
조용하지만 추상같은 어머니의 목소리에 비로소 눈물을
거두고 일어났다. 어머니 옆에는 작은 죽 상이 놓여 있다. 어머
니는 내 손에 수저를 들려 주신다. 나는 수저를 들었다. 오랜만에
곡기를 받아들인 내 위가 부드럽게 꿈틀댄다. 어머니가 손바닥이 닳도록
씻으셔서 죽의 보드랍기가 마치 늦여름의 농익은 수밀도 같고 정성을 다하여
고르게 죽 쌀을 볶으셔서 고소하기가 가마솥에서 막 긁은 누룽지 같다.
죽을 먹고 나니 신기하게도 마음을 덮고 있던 어두운 기운이 사라진다. 이
죽은 어머니가 어른들과 환자를 위하여 평생을 끓이시던 원기 보양죽이다.
이 죽에는 환자의 회복을 바라는 어머니의 간절한 기도와 희망 그리고 가족
을 보내야만 하는 슬픔과 아픔이 담겨 있다.
어머니가 끓여 주신 원기 보양죽을 먹으면서 가까스로 원기를 회복하여 몸
을 추스르고 마음을 가다듬는다. 주상이 승하하시고 어린 새 주상(순조)이
보위에 오르셨으나, 정국은 피바람이 휘몰아치고 있었다. 집권층은 오랫동
안 주상의 한편이 되어 새로운 문물을 도입하고 나라를 개혁하고자 애써 온
남인의 젊은 학자들을 필두로 서학을 신봉하는 수많은 백성들을 도륙하고
있었다.
어찌 처신해야 할 것인가? 생부의 상을 핑계로 조정에서 물러나 있지만, 조
만간에 필경 조정으로 복귀해야 할 처지이다. 저 칼바람 속에서 나는 무엇을
해야 한단 말인가?

5개월에 걸친 선왕의 장례 절차가 끝나고 선왕께서 영원한 안식처인 화성으로 떠나는 날이다. 평생을 미안함과 안타까움 속에 그리워하던 생부 사도세자의 곁을 지키며 효도를 하시려는 듯 아버지 옆에 눕게 되신다.

선왕께서 생전에 공덕이 높으시니 이를 기리는 백성들의 행렬이 구름처럼 몰려와 그 숫자가 마치 바닷가의 모래알만큼 셀 수가 없다. 선왕의 재궁이 빈전에서 나오자 새로운 주상과 문무백관, 궁녀와 내시들이 곡을 하며 슬퍼하는데 그 소리가 하늘에 닿고 땅을 움직이니 하늘도 땅도 그 빛을 잃고 영령들과 같이 슬퍼한다. 생전에 선왕이 신료들과 꽃구경을 하던 창덕궁 후원에 때 이른 매화꽃이 활짝 폈으니, 매화도 선왕의 남다른 사랑을 받았기에 가시는 길을 보고자 추위를 무릅쓰고 나왔을 것이다.

발인의가 시작되어 선왕의 재궁이 조심스럽게 대여에 모셔지고 움직이기 시작한다. 24년간 이 나라를 백성들이 잘 먹고 잘살게 하기 위해 고뇌하고 처절하게 몸 부림쳤던 선왕의 몸이 정든 이 넓고 화려한 궁궐을 떠나 어두운 저세상으로 가시려 한다. 열한 살 어린 나이에 아버지가 뒤주에 갇혀 죽는 것을 보셨으니 그 성정이 뒤틀어져 있을 법도 하련만, 주상은 마음은 고운 비단과 같았고 신하를 사랑하시기를 어미가 자식을 돌보듯 하셨으며 백성을 하늘과 같이 여기셨다. 조선을 살리려고 큰 뜻을 세우셨으나 너무나 황망하게 돌아가시니 분하고 억울한 사람이 어찌 한둘이겠는가?

곡소리와 울음소리가 더욱 커지고 혼절하는 궁녀와 내시들이 수도 없다. 대여를 메는 담배군의 끝이 보이지 않을 정도로 길어 사시에 시작된 행렬이 오시 무렵에 끝났다. 선왕의 넋을 하늘로 모실 희고 붉은 죽안마와 향정자, 명정이 앞선다. 뒤로는 선왕의 업적을 기리는 만장이 차가운 겨울 하늘을 목련꽃처럼 휘날리며 덮는데 그 행렬도 끝이 없다.

아버지의 삼년상 중이던 나는 궁궐의 한쪽 기둥에 서서 흐느끼며 나의 주군, 이제 영원히 나의 곁을 떠나시는 주군을 보낸다. 주상의 그 크셨던 꿈이 이제는 고스란히 내 어깨에 남겨졌으니 무너진 몸과 마음을 추스려 다음 길을 가야 한다는 각오가 슬픔을 뚫고 뭉클 올라온다.

"주상이시여, 부디 아버지 곁에서 못 나눈 부자의 정을 나누며 편안히 쉬소서! 당신의 영원한 신 서유구 비록 미천한 힘이지만 남기고 가신 그 큰 꿈을 이루는 데 신명을 다하겠습니다."

내 볼에 두 줄기의 뜨거운 눈물이 쉴 새 없이 흘러내려 주상의 마지막 가시는 길이 잘 보이지 않는다.

회복과 그리움을 담은 원기 보양죽과
건포도와 송자해라간

죽은 소화력이 떨어진 환자나 노인을 위하여 끓이는 경우가 많다. 식량이 부족하던 시절에는 양을 늘리기 위하여 끓이기도 하였다. 저녁 죽을 끓이는데 손님이 오면 물 한 바가지를 더 부었다고 한다. 묽은 죽이라도 나누어 먹고자 했던 조상들의 따뜻한 마음이 느껴진다.

많은 죽 중에서 가장 끓이기 어려운 죽이 바로 흰죽이다. 다른 부재료가 들어가는 죽은 잘못된 맛을 감출 수가 있지만 순수하게 흰쌀만을 사용하여 끓이는 죽은 그 죽 솜씨가 그대로 드러난다. 그래서 정성을 많이 들여야 한다.

원기 보양죽을 끓일 때는 죽 쌀을 정성스럽게 닦는 것이 중요하다. 손이 닳도록 죽 쌀을 씻으면 거친 부분은 씻겨 내려가고 아기의 살처럼 야들하고 부드러운 속만 남는다. 이 속살 부분과 정성 들여 골고루 고소하게 볶은 쌀을 합하여 끓이는 원기 보양죽은 그 맛이 담백하고 깔끔하면서도 고소하다. 또 찹쌀과 멥쌀을 합하여 끓이니 소화가 잘되고 끈기도 적당하다. 여기에 꿀을 더하여 먹으니 그 맛이 감미롭고, 고소하고, 은근하고, 깊다.

원기 보양죽에서는 쌀을 볶는 정성이 가장 중요하다. 쌀이 타지 않고 골고루 볶아지도록 부지런히 손을 놀리고 사각지대에 있는 쌀들도 잘 챙겨서 볶아주어야 한다. 그리고 물을 여러 번 나누어 넣는 것보다 한 번에 정확한 양을 계산하여 넣어 주어야 풀대죽 같지 않고 윤기가 자르르 나는 죽을 얻을 수 있다. 묵은쌀인지 햅쌀인지에 따라 물 양을 조절하고 쌀의 건조 상태에 따라서도 물 양을 달리해야 한다.

음식을 만들 때에는 좋은 재료와 솜씨도 중요하지만 사랑과 정성을 담아 만드는 것이 가장 중요하다. 원기 보양죽은 정성과 사랑을 담기에 가장 좋은 죽이다. 집에 있는 쌀에 볶는 정성이 더해지면 그냥 쌀죽이 아닌 사랑을 가득 담은 원기 보양죽이 된다.

원기 보양죽이므로 이 죽을 먹는 사람은 어떤 슬픔과 아픔에서도 원기를 보하여 자리를 탁 털고 일어날 것 같다. 아픈 나를 위하여 특별히 만들어진 원기 보양죽 한 그릇은 어떤 산해진미보다 더 낫다.

원기 보양죽을 먹고 힘을 얻었다면 이제 몸은 회복기로 접어들 것이며 당분이 많은 음식을 필요로 할 것이다. 그래서 달콤하면서 영양이 많은 두 가지 간식을 만들어 보기로 한다. 철분이 많은 건포도와 몸을 살찌우는 잣과 활력을 불어넣는 당로로 만든 송자해라간이다.

일단, 말린 건포도를 만들어 보았다. 건포도를 만들 때에는 꿀물에 포도를 너무 오래 끓여 포도알이 껍질에서 빠져나와도 안 되고 반대로 너무 조금 끓여도 안 된다. 건포도를 햇빛에 널어 말리면서 한 알 한 알 정성스럽게 뒤집어 준다. 너무 졸인 포도는 껍질과 알맹이가 분리되어 건포도가 되지 않고 너무 조금 졸인 포도는 몸집이 줄어들지 않고 계속 같은 크기로 버틴다. 적당히 졸인 건포도는 시간이 흐르면서 쪼글쪼글해지고 나날이 몸집이 줄어들면서 달콤해진다. 사서만 먹던 건포도가 만들어지는 것을 보니 당연하지만 신기하다.

건포도가 완성되자 흐뭇한 마음으로 송자해라간을 만들어 본다. 〈정조지〉에 나와 있는 요리법을 보았을 때는 잣강정과 비슷할 거라고 생각하였다. 송자해라간을 만들기 위해서는 설탕과 버터를 졸여 당로를 만들어야 한다.

설탕과 버터를 섞어 졸이다가 엿보다 조금 덜 끈끈해졌을 때 밀가루를 넣고 빠르게 1분 정도 휘저어 준 다음 잣을 넣었다. 고소한 잣이 달콤한 향을 내면서 끓고 있는 흰 설탕 거품과 합쳐진다. 굳기 전에 얼른 성형을 하여 칼로 잘라내었더니 마치 상앗빛 대리석처럼 품위가 있는 영양 간식이 탄생하였다. 맛을 보니 고소하고 달콤한 것이 상상 이상의 맛을 본 기쁨에 피로가 싹 가신다.

송자해라간은 하루에 두세 개만 먹어도 든든하고 포화지방산이 풍부하여 혈관 건강과 피부 미용에 좋다. 진보랏빛의 건포도와 상아 빛깔의 송자해라간을 나란히 보라색 꽃 접시에 담아 보았다.

3부

깊은 쓴맛 끝에 오는

단맛 같은 삶

12장

지향을 만나다
도행병과 포도차

의주의 겨울은 몹시 춥고, 특히 그 밤은 길어 마치 영원히 검은 천에 덮여 있을 것같이 답답하나 독서를 하기에는 긴 겨울밤만 한 시간도 없다. 의주에 부임할 적 내 짐은 대부분이 책이었다. 낮에는 부윤 일로 바빠서 책과 만나는 조용한 밤 시간이 나에겐 소중하다. 조부와 같이 공부하며 함께 집필한 농서 《본사》를 열어 몇 장을 넘기며 읽어 본다.

의주는 중국으로 가기 전 조선의 마지막 땅이니 선조가 의주로 피난을 와서 더 이상 갈 곳이 없구나 하며 눈물지었던 곳이다. 조부와 아버지가 청나라 연행사로 다니실 적에 압록강을 건너기 전 의주의 객사에서 고단한 몸을 눕히셨을 것이고, 아마 다음 날 새벽 동트기가 무섭게 피로가 채 가시지 않은 몸으로 매서운 칼바람을 맞으며 꽁꽁 언 압록강을 건너셨을 것이다. 내가 과거에 합격한 1790(정조 14)년 9월 중순경, 아버지 서호수는 이곳 의주에 계셨다. 청나라 연행에서 주상의 소망인 5020권의 장서를 가지고 오시는 쾌거를 이루고 한시라도 빨리 주상에게 이 기쁜 소식을 알리고자 의주 객사에서의 휴식 시간도 아까워하시며 일행을 재촉하여 서둘러 한양을 향해 말을 달리셨을 것이다. 이곳에서 아버지는 내가 과거에 합격했다는 소식을 전해 들으셨다고 하였다. 나는 마치 할아버지와 아버지가 내 곁에 계신 것 같아 그 두 분의 체취를 맡아보려 코를 킁킁거린다.

이런 상념에 잠겨 있다 보니 괜스레 마음이 싱숭생숭해지면서 울적해진다. 사랑하는 아들 우보는 어머니, 박씨 할머니와 잘 지내고 있을까? 어미 잃은 슬픔을 아는지 입이 짧은 것이 걱정이다. 여산 송씨를 잃은 슬픔도 크지만 아비의 덕이 부족하여 다른 아이들처럼 장성할 때까지 우보에게 어미가 없다는 것이 가장 고통스럽고 마음이 아프다. 내가 의주로 떠나올 때 대문 밖까지 나와 멀리 떠나는 아비를 배웅하는 우보의 하얀 얼굴을 차마 보지 못하고 우보와 눈도 맞추지 않고 황급히 길을 떠났다. 세심한 우보가 많이 섭섭하였을 터인데 아비의 이 아픈 마음을 우보에게 언젠가는 이야기할 날이 있을 것이다. 살아가면서 어미 없는 설움을 참으로 많이 느낄 터인데 소심하거나 너무 예민하지 않을까 걱정이다. 한양 집에서 전갈이 올 때마다 혹시 우보에게 무슨 변고가 있는 것은 아닌가 하여 가슴이 철렁하니 주상의 은혜를 입어 규장각의 한직이라도 맡아 한양에서 우보와 함께 지낼 날이 빨리 돌아오기를 손꼽아 기다릴 뿐이다.

장지문을 때리는 바람 소리가 집 떠난 홀아비의 가슴을 유난히 파고드니 나도 모르게 온몸이 부르르 떨린다. 부스럭하며 장지문 밖에 인기척이 느껴지더니 여인의 하얀 그림자가 비친다. 깜짝 놀라 방문을 열어보니 마루 끝에 관비 지향이 김이 모락모락 나는 접시에 흰 보를 덮어 들고 고개를 들지 못하고 서 있다. 마침 세차게 불어닥친 바람이 지향의 좁은 치마폭을 둘러 감싸 안고 사라진다.

나는 남의 이목이 두렵고 추운 바람 속에 서 있는 아직 어린 지향이 안쓰러워 방 안으로 들라 하여 연유를 묻고자 하였다. 찬바람 도는 마른 목소리에 지향은 겁을 먹고 떨리는 목소리로 "부윤 나리께서 항상 야심한 밤까지 책을 읽으신다 하여 시장하실까 봐 떡을 찌고 포도차를 달여 왔나이다."라고 말한다. "오늘 칼자(지방 관아에서 음식 만드는 일을 하던 하인)가 나리께서 무슨 걱정이 있으신지 저녁을 조금밖에 드시지 않았다 하여 나리가 좋아하실 만한 떡을 가져왔으니 이년의 주제 넘는 행동을 용서해 주십시오."라고 달뜬 목소리로 말한다. 아마, 내가 화를 내며 내치지 않은 것에 대해 안도하고 있는 것 같았다.

마침 시장기가 돌던 참이기도 하고 지향이 되바라지기는 하지만 가상하기도 하여 떡을 맛보길 원한다 하니 지향의 눈에 눈물이 잠깐 반짝인다. 지향이 동상 걸린 자줏빛 손으로 하얀 보를 걷어내자 의젓한 지향과는 달리 동그랗고 작은 떡이 앙증맞게 앉아 있다. 층층이 세 켜를 이룬 떡에서 새콤달콤한 농향이 칙칙한 홀아비 서재에 더해지자 춘삼월의 나른함이 기분 좋게 나를 덮친다.

지향은 의주는 추운 날씨 탓에 농작물이 찬바람과 추위를 이기고 자라기에 더디 자라지만 압록강이 넘쳐흘러 토지가 비옥하고 기름지니 곡식과 과일이 단단하고 야무지며 맛도 좋고 빛깔도 예쁘다고 한다. 지향의 얼굴이 추운 곳에 있다 와서 그런지 두견화처럼 붉어졌다.

"이년이 만든 떡은 도행병이라고 하는데, 선조 대왕께서 의주로 피신하셨을 때 대왕의 총애를 받던 귀인 김씨가 백

성을 지키지 못한 자신을 한탄하며 상심한 선조를 위로해 주기 위해 만든 떡입니다."라고 한다. 경계하고 근심하던 내 마음이 조금 풀린 것이 달콤한 복숭아와 살구꽃 향 덕분인지 젊은 관비 지향의 당돌한 용기 덕분인지 모르겠다.

아직 따뜻한 도행병을 집어 입안에 넣었다. 지향의 얼굴에 다시 근심이 어린다. 지난 여름의 뜨거운 태양과 구름 한 점 없는 파란 여름 하늘 그리고 시원하고 장하게 내리던 소나기가 내 입안에서 되살아난다.
눈을 감아 본다. 병약한 몸이지만 우보의 포대기나 옷만은 겨울에도 얼음물에 직접 빨아 입히며 행복해하던 여산 송씨의 미소와 병석에 누워 퇴근한 나를 일어나 맞이하지 못하고 힘겨워 간신히 눈만 뜬 채 우보를 부탁하던 여산 송씨의 애달픈 눈이 나를 간절하게 바라본다.
눈을 떴다. 지향이 모로 돌아서서 내 안색을 살피며 맛이 없으시냐고 조심스럽게 덧붙인다. 마치 형을 기다리는 죄수와 같은 표정이다. "부윤 나리! 살구는 나리처럼 책을 많이 읽으시는 선비의 눈에 좋아 100세까지 책을 읽을 수 있게 해 주고 복숭아는 폐에 좋다고 합니다. 나리의 방문 앞을 지날 때, 나리 기침 소리를 들었나이다."라고 한다. 나는 빙그레 미소를 지었다. "어찌 네가 이런 연유를 안단 말이냐? 어디서 배웠느냐?"라고 물으니, 지향은 의주 부윤의 음식을 담당했던 칼자인 아비에게 배웠다고 했다.
"송구스럽게도 제 도행병은 아비의 솜씨에 못 미칩니다. 이년의 아비가 지금은 돌아가시고 없으니 더 배울 길이 없어 안타까울 뿐입니다. 지금 제가 이 떡을 아는 것도 아비의 덕이요, 지금 이 떡이 나리의 입맛에 맞지 않는 것도 이년의 아비가 일찍 돌아가셨기 때문입니다."

다소 상기된 목소리다. 아마 돌아간 아비를 많이 그리워하고 있는 듯하다. 조금 전까지만 해도 지향은 주인이 시키지도 않은 일을 해 놓고 덜덜 떨고 있는 관비였다. 그랬던 그녀가 지금은 오빠에게 투정질하는 누이처럼 당당하고 자연스럽다.

나는 비로소 지향의 얼굴을 찬찬히 바라보았다. 지향은 마치 빚을 받으러 온 사람이라도 된 듯 나와 눈을 마주치며 떡 먹은 값을 하라는 듯 떡의 맛을 묻는다. 나는 웃으며 아주 향기롭고 연하며 맛있다고 칭찬을 한다. 비로소 지향의 얼굴이 도화처럼 환해지며 빙긋이 미소를 지으니 방 안에 복숭아꽃 향기가 더해지는 듯하다. 하지만 밖에는 아직도 겨울바람이 세차게 불고 있어 갑자기 맞이한 홀아비의 봄은 더 혼란스럽기만 하다.

여름에 만들어 겨울에 먹는 떡과 차, 도행병과 포도차

〈정조지〉에 도행병은 겨울에 먹는 떡이라고 계절을 지정하였으니 의아하였다. 아니! 여름에 나는 복숭아와 살구를 이용하여 만든 떡을 겨울에 만들어 먹으라니? 냉동 시설도 없던 조선 시대에 복숭아와 살구를 어찌 보관하였다가 겨울에 도행병을 만들어 먹었단 말인가?

복숭아나무와 살구나무가 두세 그루씩 집집마다 있어 봄이 되면 마당은 연분홍과 담홍으로 가득 찬다. 복숭아와 살구는 과일로서의 가치 이전에 화사한 꽃으로서 눈을 즐겁게 해 준다. 그래서 두 꽃은 여인 중에서도 젊고 요염하며 관능적인 여인을 상징하는 의미로 쓰인다.

여인들은 곱고 흰 피부를 얻기 위하여 복숭아와 살구를 즐겨 먹었는데 진짜 얻고자 하는 것은 요염함이었을 것이다.

결국 복숭아와 살구는 세대와 남녀를 불문하고 가장 듣고 싶은 단어인 '섹시함'의 상징이라고 할 수 있으니, 섹시 덩어리인 복숭아와 살구를 가지고, 〈정조지〉를 쓰신 선생의 이미지와는 거리가 먼 관능적인 떡을 만들어 보기로 한다. 복숭아는 아직 철이 넉넉하나 살구는 여인의 아름다움처럼 그 철이 짧으니 7월 중순인데 벌써 살구 농장에서는 구하기 어렵다고 한다. 그러니 애가 탄다. 서둘러 청과 시장을 둘러보니 아직 살구가 있어 반갑기 그지없다. 농익은 살구를 데리고 돌아오는 차 안이 살구의 달콤함으로 가득하다. 살구를 삶아 손으로 주물러 으깨서 체에 밭치니 살구색이라고밖에 표현이 안 되는 향기롭고 고운 즙이 받아진다. 선생의 말씀대로 미리 빻아 둔 쌀가루에 살구즙을 듬뿍 뿌려 뜨거운 태양 아래 말렸다. 다섯 시간 정도를 말리니 진한 빛

이 연해지고 돌처럼 딱딱해졌다. 그것을 거두어 냉동실에 보관하였다. 선생은 바짝 말려 기름종이에 거두었다가 필요할 때 꺼내어 빻아 쓰라 했지만 지금은 냉동실이 있으니 좀 덜 말려도 될 듯하다.

복숭아도 농익은 것을 쓰라 하셔서 단물이 줄줄 흐르는 수밀도를 구입하여 살구와 같은 방법으로 준비하였다. 겨울까지 기다릴 수 없어 냉동실에 있던 두 섹시 덩어리를 꺼냈다. 그리고 다시 살구즙과 복숭아즙을 더해 촉촉해지게 한 다음 체에 내리니 달콤새콤한 냄새에 입안에 침이 고인다. 체 아래로 떨어지는 고운 가루가 마치 꽃비가 내리는 듯하다. 이 색을 뭐라고 표현할까? 적절한 생각이 나지 않으니 그저 나의 둔함을 탓하기만 한다. 살구 가루는 연한 주황으로 살짝 봄볕에 그을린 건강한 여인의 피부색 같고 복숭아 가루는 진줏빛으로 안채에서 곱게 수놓고 바느질하며 신부 수업을 하는 여인의 얼굴색이니 두 색의 대조가 참으로 오묘하다.

두 가루를 합하여 꿀을 섞고 찌는데 새콤달콤한 향이 온 부엌에 진동한다. 시루의 김이 걷히고 시룻번을 뜯어내니 요란스러운 복숭아와 도화의 이미지와는 거리가 있는 고상하고 우아한 떡이 다소곳이 앉아 있다. 뜨거운 떡을 성급히 맛보았더니 새콤함과 뜨거움이 합쳐져 시큼한 맛이 나 아쉬웠다. 하지만 김이 나간 다음 맛을 보니 꽃의 아름다움과 과일의 맛이 잘 조화를 이룬 낭만 떡이 탄생하여 다소 흥분되었다. 길고 긴 겨울, 봄이 그리워 지칠 무렵 봄밤의 낭만과 여름의 열기를 담은 도행병은 우리 조상들의 멋을 가득 담은 아름다운 떡이다.

포도차는 포도즙에 생강과 배즙을 합하고 꿀을 더한 음료로 기관지와 기침에 좋은 음료다.

기침은 보통 몸이 허할 때 생기고 잘 그치지 않는데 포도는 몸에 열량을 공급하며, 꿀은 맛도 좋게 하지만 항균 작용을 하고, 생강은 몸을 따뜻하게 풀어 주며, 배는 기침을 잡아 주는 역할을 하니 사총사가 뭉치면 환절기나 겨울철 최고의 음료라 할 수 있겠다.

간간이 기침을 하시는 선생을 위한 지향의 따뜻한 마음이 포도차에 더해졌다. 사랑과 연정을 담는 것에는 음식만 한 것이 없다. 요즘에도 이성의 마음을 잡는 방법으로 도시락과 맛있는 음식이 활용되고 성공률이 높은 것을 보면 음식은 사랑의 메신저요, 사랑의 오작교라 할 수 있겠다.

13장

돌아올 수 없는 강
밀양시병과 설하멱방

그동안 적조하였는데 풍고 김조순으로부터 술이나 한잔하자는 전갈이 왔다. 풍고는 나이는 나보다 한 살 아래지만 약관에 과거에 급제하였고 딸이 순조의 비가 되어 주상의 총애를 받고 있으니 범 있고 용 있는 격으로 아무 근심 걱정이 없는 처지다. 불행에 싸여 김조순을 만난다는 것이 아직은 내키지 않고 몸도 회복이 되지 않았지만, 오랜만에 의관을 정제하고 풍고의 집에 갔다. 이제는 가을이라고는 하지만 햇빛이 강해 눈살을 찡그린다.

'이제 나는 굴대 부러진 수레요, 키가 없어진 배 신세니 나의 꿈과 아버지의 꿈 그리고 선왕의 꿈을 어디서 펼 수 있을까?' 이런저런 심란한 생각을 하며 풍고의 집에 도착하였다. 집 안에는 하인들과 시중드는 계집종이 몇인지 모르겠다.

풍고는 광택이 적은 푸른빛이 도는 옥사에 금박 무늬를 박은 옷을 입고 있어 차가운 그의 얼굴이 더욱 차갑게 보였다. 다리를 꼬고 앉은 풍고가 까닥하며 손짓을 하자 계집종이 익숙한 솜씨로 긴 장죽에 연초를 꽉꽉 눌러 채우고 수정으로 만든 불부리(장죽의 입에 무는 부분)를 조심스럽게 풍고의 입에 물려 준다. 주상께서 즐겨 피우시던 상등초의 향이 코를 자극하니 주상에 대한 그리움으로 가슴이 아련해진다. 풍고는 나의 어머니 건강과 우보에 대해서 묻고 아버지가 너무 일찍 가신 것에 대하여 안타까움을 표하며 세 번이나 영의정의 물망에 올랐으나 그 뜻을 이루지 못한 것은 어른께서 너무 공부에만 매진하시니 돌아가는 세상 이치를 잘 모르시고 순진하셨기 때문이라고 한다. 나는 뭐라 답하기가 딱하여 그저 긴 장죽에서 나오는 연기만 들이마시고 있었다.

곧이어 여종이 주안상을 올린다. 간단한 주안상이지만 정성과 기품이 넘치고 궁궐에서나 볼 수 있는 재료로 요리한 안주도 있다. 김조순은 약간 어색한 듯 그동안 마음고생이 심하셨으니 다 털어버리고 술 한잔 받으시라며 예를 갖춰 깍듯하다.
나는 술 한잔을 받아 한 모금 넘겼다. 정조가 규장각 각신들에게 하사하던 과하주이다. 잠시 마음에 파문이 일었지만 다시 마음을 바로 세운다. 풍고가 설렁줄을 느릿하게 당긴다. 계집종이 사랑방 앞마루에 화로를 가져와 숯불을 피운다. 꼬치에 꿴 소고기를 기름과 소금을 발라 숯불에 굽다가 찬물에

담갔다가 다시 굽기를 반복하며 정성을 다한다. 설하멱방이다. 풍고는 귀한 손님이 올 때만 내놓는다며 은근히 자랑을 하는데, 문장이 뛰어나고 대쪽같이 바른 천하의 선비 풍고가 먹을 것을 자랑질하는 모양새가 거북하고 낯설다.

하얀 잣가루가 솔솔 뿌려진 때깔 좋은 설하멱방이 주안상에 오르자 풍고는 나에게 서둘러 먹기를 청한다. 순창군수 시절, 시커먼 상자죽이 떠오른다. 배고픔에 지치고 지친 희망 없는 멍한 눈이 나와 마주친다. 나는 그들의 눈을 차마 바라보지 못하고 외면한 채 계집종이 꼬치에서 빼내 먹기 좋게 접시에 담은 설하멱방을 한 점 입안에 넣는다. 고기 맛이 좋다고 칭찬을 하며 우리 모친께서도 설하멱방을 좋아한다고 마음에도 없는 소리를 한다. 풍고가 기뻐하며 나중에 가실 때 어머니가 맛보실 수 있도록 선물하겠다며 계집종에게 넉넉하게 설하멱방을 싸고 다른 음식도 쌀 것을 지시한다.

풍고는 요즘 공께서는 어떤 서책을 읽으시냐며 마치 형에게 조언을 구하는 동생처럼 다정스럽게 묻는다. 나는 요즘 연암이 건강이 좋지 못하여 직접 문장 지도는 받지 못하고 연암의 책을 주로 읽으면서 문장을 가다듬는다고 하였다. 순간 풍고의 조각 같은 얼굴이 일그러졌다. 그러고는 이마에 주름을 잡으며 장죽을 내려놓고 고개를 갸우뚱한다.

"귀하디 귀한 가문에서 태어나 귀한 글을 익히신 공께서 천하디 천한 연암의 글을 본받으려 하신단 말이오? 연암은《맹자》를 읽어 보라고 하면 제대로 끊어 읽지도 못할 인간이오!"

나는 순간 핑그르르 머리가 돌아 천장과 바닥이 바뀌어 보인다. 아직 몸이 회복되지 않아서라며 애써 침착해지려고 한다.

"공께서는 무엇을 귀하다 하고 무엇을 천하다 하십니까?"

나도 모르게 스승을 모멸하는 자에 대한 분노로 목소리가 떨린다.

"이 세상에서 가장 천한 사람은 제 손으로 아무것도 생산하지 못하면서 입으로 백성을 위한다고 하며 그들의 골을 파먹고 호의호식하는 자들이오. 그리고 연암 어르신은 《맹자》를 몇 권 쓰시고도 남을 사람이오!"

순간 풍고의 얼굴에 나에 대한 적대감이 가감 없이 드러난다. 눈꼬리가 찢어져 위로 솟은 눈이 더 찢어져 올라가 천장에 붙을 것만 같았다. 그러고는 거만하고 차가운 목소리로 말하는데 마치 매처럼 굴었다.

"공의 문장 수준이 이 정도인 줄은 정말 몰랐소. 앞으로 내가 있는 한 공은 문원의 관직은 바라지도 마시오!" 겁박하듯 말하면서도 평소 입이 무거운 나의 반격에 당황한 듯 입술이 파르르 떨린다. 고기를 굽던 계집종이 놀란 듯 어쩔 줄 모르며 아무 잘못도 없는데 풍고 앞에서 머리를 조아린다.

나는 자리를 털고 벌떡 일어났다.

"당신의 손아귀에 놀아나며 문원의 관직이나 구걸하는 서유구가 아니오! 당신은 선왕의 은혜를 받은 집안으로 선왕의 꿈을 이뤄 주는 데 누구보다 앞장서야 할 사람이 이처럼 매관이나 하고 있으니 참으로 한심할 따름이외다! 이만 가겠소. 그리고 공과의 만남은 없던 일로 하겠소."

내가 마당으로 나오니 계집종이 노마님에게 드리는 선물을 싼 것이라며 큰 찬합 보따리를 억기에게 건넨다. 풍고와의 심상치 않은 논쟁을 알고 있는 억기는 내 눈치를 보며 찬합을 받지 못하고 엉거주춤한다. 나는 아무 말도 하지 않고 먼저 걸어 나왔다. 그러자 억기가 찬합을 들고 큰 마당을 가로질러 뛰어 중문에 먼저 와 있다.

억기는 풍고 영감님 집은 계집종도 얼굴이 빤질빤질하고 심지어는 개조차 털이 반지르르하다며 이것이 다 잘 먹어서 그런 것이라고 너스레를 떤다. 나는 억기에게 그럼 풍고 영감 댁으로 옮겨서 잘 얻어 먹으라고 핀잔을 준다. 억기는 움찔하며 이놈은 나리 같은 참선비 모시는 게 유일한 복인데 그런 말씀을 하시느냐며 말씀을 거둬 달라고 애걸복걸한다.

오는 길에 마음이 울적하여 일부러 돌아가고자 성 밖으로 나가니 마침 해까지 뉘엿뉘엿 기울고 있어 쓸쓸하기 짝이 없다. 그래도 큰비가 온지라 오물들이 씻겨 떠내려가 고약한 악취는 풍기지 않았으니 견딜 만하였다.

저녁 끼니때가 되었는데도 집으로 갈 생각을 않고 무너진 토담을 의지하여 차가운 땅바닥에 옹기종기 앉아 사이좋게 이를 잡아 주는 소녀들을 보았다. 머리는 헝클어져 말 갈기처럼 등짝까지 진득하게 엉겨 붙었고, 얼굴에는 버짐이 피고, 손에는 때가 퇴적층처럼 쌓이고, 천 조각을 기워 만든 땟국에 전 누더기는 그 길이조차 짧아 허리춤이 다 나왔다. 나는 억기의 손에 들려 있던 찬합을 소녀들 앞에 놓는다. 소녀들은 겁에 질린 짐승마냥 놀란 눈으로 나를 쳐다본다.

"이 음식을 너희들 부모 형제랑 같이 먹거라. 이 음식을 주신 분은 풍고 김조순이다. 나는 그저 심부름을 하는 사람이다. 그리고 배고픔과 추위 속에서도 죽지 말고 살아야 한다. 꼭 살아남아야 한다. 알았느냐?"

소녀들은 내 표정과 목소리가 무서운지 그저 나를 멍하니 바라본다. 제일 나이가 많아 보이는 소녀가 찬합을 바라보고 잠시 내 얼굴을 바라보더니 찬합을 들고 움막이 모여 있는 곳을 향하여 잽싸게 도망치듯 간다. 맨 뒤에 달리던 소녀가 뛰다가 등을 돌려 나를 바라본다. 그리고 환하게 웃고는 다시 일행을 쫓아 뛰어간다.

나는 석양빛을 등에 이고 뛰어가는 소녀들이 보이지 않을 때까지 한동안 소녀들을 바라보았다.

흰 눈을 보며 먹는 밀양시병과 설하멱방

〉〉〉

어린 시절, 설날에 먹을 수정과용 곶감을 하나둘씩 빼 먹는 재미가 쏠쏠하였다.

간식용 곶감보다 크고 더 달고 맛이 있으니 당연히 수정과용 곶감을 탐냈다. 처음엔 두세 개씩만 먹으라던 엄마도 큰 결단을 내린 듯 우리에게 곶감을 다 풀어 주고는 다시 사 오시곤 했다.

하지만 나이가 들면서는 곶감이 시들해졌다. 맛있는 과자가 주변에 넘쳐나니 굳이 곶감을 탐하지 않았고, 수정과 속에 든 곶감은 질퍼덕한 것이 영 마음에 들지 않았다. 대부분 사람들이 수정과를 먹을 때 물만 마시고 곶감은 버리는 것이 나처럼 수정과 속 곶감을 싫어하는 것 같다. 심지어는 곶감이 들어가지 않은 계피와 생강을 끓인 물에 곶감 대신 설탕을 더하여 수정과라고 하기도 한다.

수정과 속의 곶감을 버리지 않고 먹을 수는 없을까? 명절 때 쓰레기통으로 직행하는 풀대죽 곶감을 보면서 아까운 마음이 들곤 하였다.

나이가 들어 노안으로 자잘한 스트레스를 적잖이 받게 되면 누구나 눈에 좋은 식품을 찾게 된다. 인터넷 검색을 하면 눈에 좋은 음식은 황색을 띤 식품으로 당근이나 곶감이 대표적이라고 한다. 다시 곶감을 찾게 된다.

〈정조지〉에 나오는 밀양시병은 수정과와 비슷하지만 다른 점이 있다. 수정과에는 계피와 생강, 꿀과 잣이 들어가지만 밀양시병에는 계피 대신 후추가 들어간다. 〈정조지〉의 밀양시병 요리법에서는 후추와 생강 달인 물에 곶감을 담그고 항아리의 아가리를 꽉 봉하여 하룻밤이 지난 후, 꿀을 타고 잣을 더

하여 먹으라고 한다.

아가리를 꽉 봉하라는 요리법에서 힌트를 얻어 곶감이 적당히 촉촉하면서 풀대죽이 되지 않는 밀양시병을 생각했다. 흰 눈을 맞은 것처럼 흰 가루가 묻어 있는 달고 맛있는 곶감의 몸 아랫부분이 조금만 생강후추물에 담기도록 하였다. 아가리를 꽉 봉하여 수분이 밖으로 빠져나가지 못하게 하였다.

단지에 갇힌 생강후추물의 향기가 곶감을 적시지 않아도 향기가 배게 된다. 하룻밤을 보관하고 열어보니 적당히 촉촉한 것이 부드럽고 먹기에도 좋다. 후추와 생강의 향이 가볍고 산뜻하여 마치 곶감이 춤을 추는 듯하다. 생강과 후추가 몸을 덥히고 몸에 활력을 불어 넣어서 겨울철 음료로도 아주 좋다. 생강과 후추의 자극적인 맛이 곶감의 강한 단맛을 줄여서 맛의 균형도 잡아준다. 후식으로도 전혀 손색이 없다.

후식이 먼저 정해져서 순서가 바뀌었지만, 메인 요리로는 설하멱방을 추천한다. 설하멱방은 슬로푸드다. 설하멱방이라는 이름만으로도 백설 같은 흰 눈이 소복이 쌓인 날 친구들과 화롯가에 모여 앉아 고기를 구워 먹는 모습이 그려진다. 아마 고기 굽는 냄새와 연기로 마루에서 구워 먹었거나, 혹 방 안에서 굽는다면 방문을 활짝 열어 설경을 감상하며 설하멱방의 맛을 음미하며 먹었을 것이다.

요즘은 고기를 구울 때 달궈진 판 위에 몽땅 고기를 올리고 지지직 소리가 나게 고기를 급히 구워 쫓기는 사람들처럼 정신없이 배부르게 먹는다. 사람들이 성질도 급하고 참을성도 부족한 것이 조리 방법과 먹는 방법에도 많은 영향을 미친 것 같다. 설하멱방은 인내심이 있어야 먹을 수 있는 고기 요리다. 소고기를 꼬치에 꿰기 좋은 크기로 잘라 칼등으로 살살 두드려 연하게 한 다음 고기 맛을 살리기 위해 기름과 소금으로만 담백하게 양념을 한다. 기름이

고기 안으로 잘 스며들면 중불의 화롯불에서 살짝 구운 뒤 미리 준비해 둔 찬물에 잠깐 넣었다가 다시 기름을 바르고 굽기를 네다섯 번 반복한다. 이처럼 설하멱방은 보통 고기 굽는 시간의 대여섯 배를 들여야 한다. 정성을 들인 만큼 고기가 뻣뻣하지도 않고 부드러워 화로구이의 진면목을 느낄 수 있다. 제법 굵은 싱싱한 대나무 꼬치에 고기를 꿰었더니 대나무의 힘찬 향이 입으로도 느껴진다. 곶감처럼 술술 빼 먹다 보니 끝도 없이 먹게 된다. 토마토나 가지, 호박 등을 고기와 같이 꿰어 구우면 핑거 푸드로도 손색이 없을 것 같다.

설하멱방을 요리하고 사진에 담으면서 한 가지 시도해 보지 못해 아쉬운 점이 있다. 이탈리아 사람들이 '로즈메리 가지'로 양념을 고기에 발라 향이 자연스럽게 배게 하듯이 솔가지 붓으로 고기에 양념을 발라 설하멱방에 솔향을 더해보지 못한 점이다. 물론 더 맛이 좋지 않을 수도 있지만 요리의 원형을 돋보이게 하는 새로운 시도가 우리 한식을 발전시키는 원동력이라고 생각한다.

14장

스승 박지원
더덕 도라지구이와 과사두

억기에게 탑골 연암 스승 댁으로 가자고 한다. 나는 오늘 새벽 청량한 공기를 들이켜며 연암이 좋아하시는 과사두를 정성 들여 만들었다. 측실이 도와주려 부엌으로 나서는 것을 만류하였다. 밀가루를 여러 번 치대어 반죽하여 피를 만들고 철이 늦어 어렵게 구한 오이를 실처럼 채 썰어 마고, 석이버섯, 돼지고기를 합하여 참기름과 간장을 더하여 조물거려서 소를 만들었다. 그리고 만두를 빚어 대나무 그릇에 쪄내었다. 오이의 상큼한 향기와 참기름의 고소한 향기가 가을 바람을 타고 내 후각을 자극한다.

며칠 전 풍고 김조순과의 언쟁으로 스승에 대한 그리움이 더욱더 간절해졌을 뿐 아니라, 비로소 지금의 정국에서 내가 걸어야 할 길이 무엇인지가 분명해진 듯싶었다. 스승 연암은 이제 너무 쇠약하셔서 내가 가도 일어나시기도 힘들다. 일찍이 스승을 좇아 형 유본과 얼마나 떨리는 가슴으로 연암의 말씀을 가슴에 새기며 들었던가! 이제 그 스승도 내 곁을 떠나려 하고 있다. 그동안 시름에 잠겨 스승을 찾아뵙는 것에 게으름을 부린 것이 후회스러웠다.

스승과 나의 인연은 할아버지 서명응으로부터 시작되었다. 할아버지는 "문장도 세월 따라 변해야 하는 법이니, 시대마다 문체가 다르고 역사서가 다르다. 괜히 어렵게 쓰면 독자의 입에 재갈을 물리고 장독 덮개로 쓰일까 두렵다"며 "글을 쉽고 분명하게 쓰고 틀에 갇혀 표현하지 말라."고 하셨다. 옛것을 세워 새것을 만든다는 연암의 법고창신의 정신을 높이 평가하여, 단풍이 절정인 아름다운 어느 가을날 세검정 물가에서 벌어진 연암과의 술자리에 나와 형 유본을 데리고 가서 연암에게 손자들을 소개하셨다.

연암은 "창조까지는 아니더라도 적어도 남의 글을 베끼지 않고 내 생각을 내 글로 써야 할 것이 아닌가? 내 글인지 네 글인지 구별을 할 수 없으니 내 각시 남의 각시 구별 못하는 것과 무엇이 다른가?" 라며 "자신도 뭔 뜻인지 모르면서 무조건 어려운 문구나 한문을 인용하며 잘난 척하는 양반들 때문에 나라가 이 지경"이라고 개탄하신다.

나와 형은 연암의 말이 가슴에 닿아 절로 고개를 끄덕였다. 연암은 "서공 같은 혜안을 가진 대학자 부자가 실학을 앞장서 연구하고 젊은 학자들을 규장각에 넣어 밥걱정 없이 공부할 수 있게 해 주시니 조선이 망할 운명은 아닌 것 같아, 불평을 하다가도 서공 부자를 생각하면 힘이 불끈 솟는다"고 하며 주먹까지 쥐어 보이신다.

연암이 할아버지께 온갖 예를 다하여 술을 따르

는데 진심으로 할아버지를 존경하는 태도이다. 할아버지는 조선의 진산 백두산에서 상한의로 세 번이나 북극성의 고도를 측정한 일과 사슴이 뛰놀고 곰이 어슬렁거리는 천지 주변의 장관을 그린 듯이 말씀하시는데 내가 마치 천지에 와 있는 것과 다름이 없었다. 연암도 이에 질세라 금강산에 올랐던 감동을 이야기한다.

이미 가을이 깊어 계곡은 서늘한 기운이 가득하였으나 연암과의 열띤 이야기로 나와 형 유본의 가슴에는 벅찬 열정이 차올라 계곡은 열기로 가득하였다. 길어진 술자리로 준비한 안주가 떨어지자 스승은 하인에게 도라지와 더덕을 구해 오게 하여 계곡물에 씻고 돌로 대략 두드린 다음 불에 구웠다. 쌉싸름하면서 씁쓸한 향이 계곡을 진동한다. 연암은 먹기를 권하면서 "도라지와 더덕은 쓴맛이 강하지만 사람 몸에 아주 이롭다네! 대부분의 사람들은 귀에 달콤한 소리를 듣기 좋아하고 달콤한 맛을 즐기지."라고 하시며 자네들은 이 도라지와 더덕처럼 귀에 쓴 말을 즐거이 들으라고 하신다. 형과 나는 명심하겠노라고 말한다.

연암이 말을 잇는다. "무조건 우리 것이 좋다고 하는데 이는 삐뚤어진 우월감이라네. 이 세상이 공평하거늘 어찌 우리 것만 좋겠는가? 남의 것은 무조건 얕잡아 보면서 내 것이 최고라는 생각에 연구를 게을리한다면 이게 바로 나라가 망하는 징조라네. 우리 것에 부족한 점이 있다면 남의 것을 얼른 받아들여서 내 것으로 만들어야 하는 것 아닌가? 하물며 어리석은 아낙들도 기생을 천하다고 손가락질은 하면서 맵시 있는 기생 옷은 얼른 따라 만들어 입지 않는가?"라고 하신다.

"우리 조선은 지난 4백 년 동안 잠들어 있는 셈이지. 생각해 보게. 얼마나 긴 세월인가?" 우리는 연암의 말에 취하고 도라지와 더덕의 향기에 취해 어두워질 때까지 계곡에 있었다.

연암은 "서공의 두 손자를 만나 이처럼 뜻이 통하니 기쁘기가 금강산 여행하다가 총석정에 올라 구름 속에 발아래의 기암절벽을 보았을 때처럼 흥분된다"고 하신다. 할아버지는 연암에게 나와 형 유본의 스승이 되어 줄 것을 간곡히 부탁하였고, 연암은 마침내 "서공의 손자들을 맡는 것은 남원에 가서 소리 자랑하는 격이니 무척 마음에 짐이 되지만 두 손주 분의 명민한 눈빛을 보니 감히 뜻을 따르겠노라"고 겸손하게 말씀하셨다. 그러니 모두가 기뻐하며 스승과 제자의 연을 맺기로 하였다.

탑골에 있는 스승의 집은 조용하다. 선생이 상처하시고 1년 전 풍을 맞아 쓰러지신 후 거동을 못 하시나, 밥을 얻어먹기 위해 마음에도 없는 장가를 드는 것은 옳지 않다 하시며 장가를 들지 않으시니 병든 홀아비의 살림살이가 궁상맞기 그지없다. 스승의 작은 정원은 잡초가 무성하다. 잡초에 가려 정작 꽃들은 뒤로 물러서 있는 게 보기 싫어 스승을 기다리며 제일 억세게 보이는 잡초를 뽑아 멀리 던져 버린다.

어린 계집종 하나가 나와 우리를 맞이한다. 병석에 누워 계시던 선생은 나를 알아보시고 어린아이가 엄마를 보듯 반가워하신다. 장쾌하시던 기백은 다 사라지고 병든 노인이 되어 이 못난 제자를 이토록 반기시니 송구한 마음뿐이다. 한때 연암의 가르침을 받기 위해 몰려들었던 제자들로 계동의 벽돌집 총계서숙은 마당까지 신발이 가득 차 있을 지경이었는데, 지금은 면벽 수행하는 절간처럼 고요하다.

평소에 명랑하시던 스승인지라 병석에서도 밝은 모습이다. 나는 그저 스승의 야윈 손을 잡고 또 사랑하는 사람을 보내야 하는 고통에 나도 모르게 몸서리를 친다.

나는 스승이 고급스러운 문장을 쓰지 않는다 하여 스승을 비난하는 사람들이 많은 것이 가슴 아프다. 스승은 이 세상 누구보다 고급스럽고 격이 있는 문장을 지을 수 있는 분이나, 사람들이 이해하지 못하고 사람들을 감동시키고 변화시키지 못하는 죽은 글을 쓰시는 것을 거부할 뿐이다. 쉬운 글로 사람을 감화시키는 스승이야말로 학문이 높고 글이란 것이 어떤 역할을 해야 하는지를 알고 계신 분이다. 스승의 글에서는 사람 사는 향기가 느껴지니 이것이 진정한 문자 향이 아닌가?

몇 해 전 스승은 심한 불면증과 모든 세상살이가 싫고 사람들과 만나는 것을 두려워하시는 마음의 병을 앓으셨으면서도 아무에게도 내색하지 않고 혼자 이겨내셨다. 나는 스승께서 연민이 많고 마음이 약하셔서 그렇다며 이제부터는 본인을 위해 사시라는 말씀을 감히 올린 적이 있다. 스승은 목민관으로 계실 때 자신의 월급을 털어 어려운 백성을 구휼하고, 양로연을 열어 노인을 공경하고, 옥사를 따뜻하게 처리하셨으니, 백성들은 스승을 칭송하였다.

내가 만든 과사두와 몇 가지 더 준비한 음식으로 계집종이 상을 차려 왔다. 스승은 나의 부축을 받고 힘겹게 일어나셨으나 수저를 들 수가 없으시다. 달빛에 취하고 사람과 술에 취해 밤새 즐겁고 익살스러운 이야기로 날을 새우시던 커다란 체격의 스승은 이제 조그맣게 오그라지셔 좋아하시던 과사두를 보고도 드실 생각은 안 하시고 그저 바라만 보신다.

과사두는 성질이 찬 요리이기에 스승은 본인이 양기로만 가득 찬 사람이라 음기가 강한 오이를 먹어서 불같은 본인의 성질을 다스리고자 한다고 하셨다. 스승이 자신의 단점을 고치기 위해 얼마나 많은 노력을 하셨는지 알 수 있다.

나는 과사두를 간장을 찍어 수저에 받친

후 스승의 입에 넣어 드렸다. 스승은 한 입 베어 드시고 맛있다는 듯 고개를 끄덕이신다. 그러고는 다정한 눈빛으로 한동안 나를 바라보신다. 오랜 생활 병석에 계셨으나 해맑은 모습이 어린아이 같다. 순수한 스승은 악을 미워하고 아첨과 거짓으로 꾸미는 것을 극도로 싫어하여 선생을 따르는 자도 많지만 스승의 지나치게 올곧은 성정과 두 가지 얼굴을 가지지 않는 점을 두려워하고 미워하는 자도 많아 스승은 마음고생이 심하셨다.

스승의 등에 난 등창을 보고 나는 스승의 명이 얼마 남지 않았음을 알고 다시 한 번 스승의 얼굴을 찬찬히 바라본다. 스승은 과사두와 제자가 만족스러운 듯 빙그레 웃으신다. 나는 야윈 스승을 가만히 안아 드린다. 계집종이 상을 치우느라 달그락거리고 밖에선 때 이른 쓰르라미 소리가 들린다.

나는 '스승이 세검정에서 보시고 감동을 받은 젊은이는 금강산 총석정 아래의 절경처럼 스승과 세상에게 기쁨과 행복을 주지도 못하고 나 살기에도 바빠 전전긍긍하는 못난 사람이라고, 그래서 스승은 사람을 잘못 보셨다고, 부디 못난 제자를 용서하시라'고 마음으로 흐느낀다. 스승은 내 마음을 아시는지 야윈 손으로 내 어깨를 토닥여 주신다.

스승과 제자의 존경과 사랑을 담은
더덕 도라지 구이와 과사두

〰〰〰

도라지와 더덕은 서로 사촌지간이다. 모양새나 맛도 비슷하고 색깔도 흰색으로 같고 약성도 비슷하다. 도라지나 더덕은 쓴맛 때문에 요리에 한계가 있어 기름에 볶아 익힌 나물로 먹거나 초고추장에 무쳐서 생채로 먹는 정도다.
〈정조지〉에서는 어떻게 도라지와 더덕을 합하여 요리를 하라고 하였을까? 더덕과 도라지의 같은 듯 다른 맛의 차이를 합하여 요리하면 어떤 맛이 날까?
합하여 먹는 것이 좋을까? 아니면 도라지 따로, 더덕 따로 먹는 것이 좋을까?
도라지와 더덕을 따로 요리하는 것에 익숙한 나는, 일단 더덕과 도라지를 같이 요리한다는 것에 참신함을 느낀다. 왜 지금까지 더덕과 도라지는 따로 요리한다고만 생각했을까? 여러 가지 생각을 하면서 도라지와 더덕의 껍질을 벗긴다. 칼등으로 깨지지 않고 조직이 부드러워지도록 살살 두드린 다음, 차가운 물에 잠시 담가서 쓴맛을 뺀다.
〈정조지〉에서는 때때로 물을 갈아 주며 쓴맛을 빼라고 하였는데 지금 도라지와 더덕은 쓴맛이 약하므로 잠시만 물에 담갔다. 살짝 찐 도라지와 더덕에 참기름과 간장, 양념을 더하여 조물거린다. 그런 다음 석쇠에 올려 숯불에 굽는다.
숯불에 구운 도라지는 약간은 거칠지만 쓴쓸하면서도 달고 짭조름한 것이 비위를 가라앉힌다. 서명응에게는 존경과 감사를, 유구 형제에게는 사랑과

기대를 담아 정성껏 도라지 더덕구이를 요리하는 홀아비 연암의 유쾌한 모습이 떠올라 도라지 더덕구이가 더욱 향긋하고 향기롭다.

도라지와 더덕은 감사와 사랑의 마음을 담기에 효과적이다. 사포닌이 많아서 면역력을 높이고 노화를 지연시키는 항산화 효과가 뛰어나며 기침과 가래를 제거하는 데도 탁월하므로 다양하게 가공된 더덕과 도라지는 감사의 선물로 적합하다.

과사두는 오이를 가늘게 채 쳐서 참기름과 간장으로 재운 뒤 돼지고기, 소고기, 마고버섯, 석이버섯과 섞어 양념하여 밀가루 소 안에 넣어 쪄 먹는 여름용 만두다.

양념한 오이에서 물기가 많이 나와서 만두소로는 적합하지 않을 것 같아, 짜서 수분을 제거한 다음 양념을 조금 더하였다. 심심한 오이에 미리 간장과 참기름으로 양념을 하여 재워 두고 소고기와 돼지고기, 버섯도 각각 따로 양념하였다가 양념이 밴 뒤 합치고 맨 마지막으로 오이를 넣어 살살 버무렸다. 오이만두를 맛있게 만드는 비결은 오이와 고기 그리고 버섯을 참기름과 간장에 같이 양념하지 않고 각각 따로 양념하는 것인데, 그렇게 해야 약한 채소인 오이가 제맛과 모양을 잃지 않는다.

과사두는 주재료인 오이가 열을 식혀 주므로 여름용 만두다. 여름에 많이 나는 재료로 만두를 만들면 여름용이요, 가을에 많이 나오는 재료로 만두를 만들면 가을용 만두다. 호박만두, 숭채만두, 오리만두, 부추만두, 새우만두 등 다양한 만두를 보고 먹어 보기도 하였지만 오이만두는 정말 새롭고 참신하다.

오이라는 우리에게 친숙한 채소로 만두를 만들면 어떨까? 만들기 전에 맛을 상상해 보는 것도 재미있을 것 같아 친구들과 가족들에게 물어 보았다. 오이나물과 비슷할 것 같다. 오이 특유의 냄새 때문에 별로 맛이 없을 것 같다.

돼지고기와의 조합은 어울리지 않는다. 석이와 표고버섯과 오이도 어울리지 않는다. 대체로 맛이 없을 것 같다는 평가가 나왔다.

〈정조지〉에서는 조각병 모양으로 만들라고 하였으니 좀 더 예쁘게 만들어 보고 싶어 석류만두처럼 모양을 만들고 목에는 오이만두를 상징하는 녹색 스카프를 둘러 주었다. 그 모습이 꽤나 앙증맞고 귀엽다.

드디어 잘 쪄진 오이만두가 완성되었다. 한 입 먹어 보니 오이가 좀 많이 들어가서인지 오이 향이 강하게 느껴진다. 오이가 쪄지면서 힘을 잃었고, 고기는 상대적으로 줄어들지 않아 겉돈다.

만두피에 참기름을 바르고 잣가루를 뿌린 초장에 찍어 먹으니 오이 특유의 맛을 상쇄시켜 주어 만두만 먹었을 때보다 훨씬 더 낫다. 〈정조지〉의 요리법대로 오이의 수분을 제거해 주지 않았더니 좀 질척하다. 혹시 육즙이 터지는 만두를 의도한 것인지 알 수가 없지만 오이에서 나온 오이즙이 그리 맛있지는 않다. 다음에는 오이를 소금에 절여 꽉 짜고 수분을 없앤 다음 만들면 좀 더 나은 맛을 느낄 수 있을 것 같다. 고기도 좀 더 가늘게 채 쳐서 오이와 어우러지도록 해야겠다.

15장

숙부 서형수의 귀양과 나의 도피
산가지와 천리포

꿈자리가 뒤숭숭하여 자고 일어나도 머리가 맑지 못하니 온몸이 나른하다. 선왕의 꿈은 갈기갈기 찢겨져 버려지고 선왕의 총애를 받던 사람들도 비 오는 날의 가을 중 신세가 되거나 유배지에서 설움을 달래고 있다. 여유당도 신유년 때 천주교를 믿는다는 죄로 강진으로 귀양을 간 지 벌써 5년째다. 여유당 같은 천하의 인재는 귀양살이를 가서 시골에 처박혀 세월을 낚으며 살고 있고, 조정의 인물들은 영안부원군 김조순의 비위나 맞추면서 자리를 얻고 보전하기 위해 백성은 안중에도 없다. 45년 전에 돌아가신 사도세자 문제를 빌미로 서로 편을 만들어 죽고 죽이고, 내쫓고 내쫓김을 당하는 일을 계속하고 있다. 권력을 가진 자의 마음에 거슬리면 언제 모함을 받아 귀양을 가고 죽음을 당할지 모른다.

도대체 이런 일이 백성들의 삶에 어떤 이로움이 있는지 알 수가 없다. 나는 성격상 호불호를 분명히 드러내거나 급하게 처신을 하지 않기에 그저 조용히 책을 읽으며 홍문관 대제학으로서의 본분에 충실하고 우보가 가학을 이었으면 하는 마음에 퇴청 후에는 우보의 글공부를 봐주는 것이 유일한 낙이다.

섣달 찬 바람에 흔들리는 문풍지 소리가 스산한 것이 왠지 신경에 거슬린다. 마음이 불안하여 잠을 못 이루고 뒤척이다가 일어나 앉았는데 문밖이 시끌시끌하다. 급히 옷매무새를 고치고 나가 보니 경기관찰사로 있는 숙부 댁 집사의 황망한 얼굴이 차가운 겨울 달빛을 받고 푸릇한 게 불길한 예감이 들며 온몸에 소름이 끼친다.

"나리, 큰일 났습니다! 관찰사 나리께서 저녁 무렵 의금부로 끌려가셨습니다. 죄목은 역적모의라고 하는데 이를 어쩌면 좋습니까?"

순간 비틀하였으나 다행히 시렁 끈을 잡고 몸의 균형을 유지하였다.

'드디어 올 것이 왔구나. 정조의 사랑을 받던 우리 집안에도 시퍼런 칼날이 목줄을 향해 날아오고 있구나!'

의관을 정제하고 홍문관으로 나갔다. 겨울 찬바람이 매섭게 얼굴을 때리니 숨을 쉬기 힘들고 심장에 통증이 느껴진다. 누구라도 만나 어떤 연유인지 묻고 싶었다. 아무 소득도 없이 텅 빈 홍문관에 앉아 있으니 사경을 알리는 북소리가 들리고 곧 동이 트기 시작한다.

추위와 두려움에 굳은 나의 어깨에 누군가 부드럽게 손을 올려놓는다. 뒤를 보니 나의 친구 남공철이 심려되는 얼굴로 나를 바라본다. 나도 모르게 반가움에 뜨거운 눈물이 왈칵 솟는다. 정조의 실록을 편찬하는 일로 날을 새웠는지 매끈했던 얼굴에 윤기가 없고 꺼칠한 것이 며칠은 날을 새운 것 같다.

"어서 우리 집으로 가서 조반이라도 들고 출근을 하시게. 여기서 이러고 있는 것은 스스로 역적의 조카라는 것을 인정하는 셈이네. 이제 자네라도 살아남아야 하지 않겠는가? 일단 다음 일은 나하고 상의를 하세."

남공철의 집에서 조반을 먹는데 입안이 소태처럼 쓰

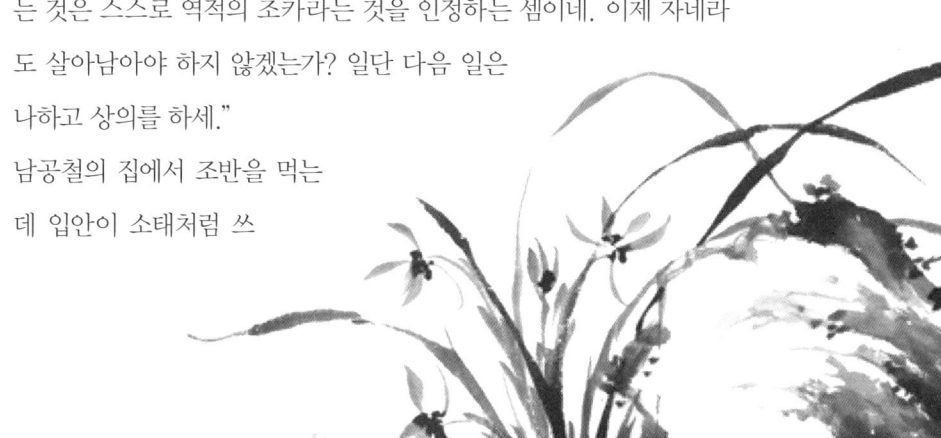

고 밥알이 모래알 같아 넘어가지를 않는다. 남공철은 내 앞으로 산가지 접시를 옮겨 주며 "마음이 불편할 때는 다른 반찬보다 이걸 먹으면 탈이 없소. 어서 드시오."라며 다정히 나를 바라본다. 서리를 맞은 작은 가지로 만들어서인지 향이 진하면서도 부드럽고 식초가 더해져 맛이 깔끔하고 청량하여 잠을 설치고 공포에 질려 있던 내 정신을 깨워 준다.

남공철도 산가지와 밥을 잘 넘기는 나를 보고 안심이 된다는 듯 "호랑이에게 물려가도 정신만 차리면 살 수 있다고 하지 않았소? 지금 조정을 농락하는 세력은 호랑이도 아닌 고양이나 여우 같은 것들인데 자네가 이를 두려워한다니 말도 되지 않네."라고 한다. 그 말에 비로소 마음이 놓이고 두려움이 가시는 것이 사람은 먹어야만 새로운 힘이 솟는 것 같다.

숙부 서형수는 내가 학문을 막 깨치던 열 살 남짓 무렵부터 지금까지 스승이자 형이요, 아버지께서 돌아가신 후에는 친부처럼 생각해 왔기에 내가 받은 충격은 컸다. 내 인생의 황금기를 같이하며 숙부에게 새로운 것을 깨닫는 기쁨에 날이 새도록 책을 읽었고, 숙부는 이런 나를 사랑하기가 마치 귀한 난을 대하듯 하였다. 공부를 마치고 나면 숙부는 주안상을 올리라 하시는데, 열다섯 살 차이의 숙질간임에도 마치 친구 대하듯 격의가 없으셨.

어린 시절 숙부의 서재인 필유당에서 형 유본과 서로수, 유금이 함께 모여 시문을 토론하니 숙부께서 흐뭇한 얼굴로 우리를 바라보며 엿, 강정, 약과, 곶감, 홍시 등을 내오시는 데 아낌이 없으셨.

숙부는 다행히 사사를 면해 목숨을 구하고 전라도 추자도로 귀양길에 오르게 된다.

"이제 죄인이 되어 이 엄동설한에 귀양을 가시니 먼 귀양길이 얼마나 힘드시겠소? 죄인이니 어디 눈보라를 피할 곳에서 몸이라도 녹이며 귀양지로 향하시겠소? 이제 좋아하시던 약주도 못 드시게 되었으니 귀양살이의 서러움과 고단함을 무엇으로 달래실 수 있겠소?"

숙부에 대한 안타까움과 내 앞으로 닥칠 일들에 대한 두려움으로 마음이 황망하기만 하다. 재종숙부 서매수도 관직에서 물러나니 이제 서씨 가문 사람들은 나를 제외하고는 아무도 관직에 없다. 며칠간 홍문관에 출근은 하지만 가슴이 뛰고 불안하여 조그만 소리에도 화들짝 놀라곤 한다. 포졸들이 오랏줄을 들고 나를 꽁꽁 엮으러 올 것 같아 아무것도 할 수가 없다.

이제 내가 관직에 계속 있는 것은 불가능해지고 있었다. 더 이상 머물다가는 집안에 더 큰 화를 부르고 내 일신도 안전하지 못하다고 판단하고 여러 차례에 걸쳐 사직 상소를 냈다.

흰 눈 속에 이른 매화꽃이 핀 어느 날, 친우 남공철이 인편으로 편지를 보내왔다. 편지에는 '조정에서 공을 바라보는 눈길이 곱지 않고 분위기가 좋지 않으니 당분간 피신을 하는 것이 좋겠다'는 내용이 적혀 있었다. 급하게 행장을 꾸린다.

어머니는 담담하게 집안일은 걱정 말고 급히 떠날 것을 재촉하며, 기름 봉투에 직접 만드신 천리포를 담아 주시며 인편이 되는 대로 더 보낼 터이니 아끼지 말고 먹으라고 하신다. 천리포는 할아버지와 아버지가 청나라 사행을 가실 때 할머니와 어머니가 정성을 들여 만들던 말린 고기 포인데, 이제 아들이 목숨을 구하고자 몸을 피하는 음식으로 사용하게 되었으니 이를 만드시면서 얼마나 힘들고 고통스러우셨을까? 할아버지는 청나라 사행길에 천리포

를 가지고 다니셨기에 지치지 않고 먼 길을 달려가실 수 있었다며 할머니와 며느리를 치하하셨다. 그러면 할머니는 "다 천리포의 공이지요."라고 멋쩍어하시며 공을 천리포에게 돌렸다.

말안장에 짐을 얹고 가족에게 급히 인사를 한 후 억기와 함께 마침 내리는 차가운 겨울비를 맞으며 도봉산을 향해 세차게 말을 달렸다.

저녁 무렵이 되면서 비는 진눈깨비로 바뀌었고 매서운 바람에 섞여 몰아치는 진눈깨비가 얼굴을 때리니 아파서 자꾸 눈물이 난다.

"아! 다행이다. 진눈깨비 때문에 울고 있어 다행이다! 어수선한 행장도 진눈깨비 때문에 울고 있고, 억기도 울고, 나도 울고, 말도 울고 있고, 하늘도 울고 있다. 모두 울고 있어서 다행이다."

멀리 떠나는 길에 벗이 되어 주는 요리,
산가지와 천리포

산가지는 생명력이 왕성한 시기의 물이 많고 크기가 큰 여름철 가지가 아닌 늦가을 찬 서리를 맞고 자란 작고 수분이 적은 가지로 만든다.
모든 생명이 태어날 때는 신비로움과 기쁨을 준다면 꺼져 갈 때는 엄숙함과 가슴시린 감동을 준다.
서리가 내리기 시작하는 상강은 만물이 마지막 가쁜 숨을 몰아쉴 때이다. 이제 긴 겨울잠을 준비해야 할 시기다. 사람들은 다가올 겨울 채비를 하느라 바쁘다. 여름내 실컷 따서 물리도록 가지를 먹은 탓에 늦가을 가지는 거들떠보지 않는다. 수확의 계절 가을에는 맛이라곤 대단하지 않은 가지를 먹지 않아도 먹거리가 풍부하다. 반찬이 없어도 맛있는 햅쌀밥, 입안에서 살살 녹는 홍시, 탱글하게 여문 밤과 열매들로 모든 것이 풍성하고 배부르다.
흰 서리가 소금을 뿌린 듯한 어느 늦가을 아침, 작은 텃밭으로 나가는 뒷문을 열고 뒤뜰을 바라본 나는 깜짝 놀랐다. 아무것도 없으리라고 생각했던 내 눈앞에 추상같은 서릿발 속에서도 주렁주렁 매달린 토마토와 작지만 탱글탱글한 가지들이 그동안 찾지도 않았던 나에 대한 원망도 없이 나를 반긴다.
농사 경험이 없던 나는 생명에 대한 경외감에 한동안 말을 잊었다. 유난히 덥고 긴 여름을 견디고 찬 서리를 맞아 가면서도 혼신의 힘을 다하여 이렇게 예쁘고 단단한 가지를 만들어냈구나! 미안함과 고마움이 교차해 가지를 바라본다. 서리 맞은 작은 가지를 보면서 갑자기 세상의 부모들이 떠오른다.
눈을 감는 순간까지 당신들이 가진 모든 힘을 쥐어짜서 자식들에게 하나라

도 더 주고자 하시는 부모들이 서리 맞은 늦가을 가지의 삶과 비슷하다.
텃밭 한 귀퉁이의 가지는 아무도 거들떠보지 않고 더 이상 관심과 사랑을 받지 못하지만 아랑곳하지 않는다.

나의 이런 늦가지에 얽힌 추억 때문에 가지는 시장에서 사고 싶지 않았다. 연구소의 주변 밭에도 늦가을 가지가 지천으로 널려 있지만 그냥 지나친다.

연구소에서 차로 30분 정도 떨어진 거리에 구순이 가까운 나이에 홀로 농사를 지으시면서 독서와 명상 그리고 집필 활동을 하시는 친구 아버지를 찾아뵈었다. '농사는 철학이요, 종합 예술이며 모든 일의 근본이다'라는 글이 걸려 있다. 마룻가에는 방금 따 오신 당신처럼 허리가 굽은 작은 가지들이 서너 개 있다. 음식을 만들어 드리고 청소를 하느라 정신없이 시간을 보내고 나오는데 이미 차에는 여러 개의 박스가 실려 있다. 집에 와서 풀어 보니 아까 마루에 놓여 있던 가지가 들어 있다. 미처 달라고 말씀도 못 드렸는데 내가 가지가 필요한지 어찌 아셨는지 고맙고 감사할 따름이다.

못난이 가지로 〈정조지〉의 산가지를 만들어 본다. 가지를 갈라 물에 삶자 보랏빛 물이 남는다. 여기에 식초와 소금을 타서 삶은 후 말린 가지에 섞어 마늘과 함께 사기 항아리에 담는다. 조금 삭힌 다음 맛을 보니 새콤하고 쫄깃한 것이 우리가 즐겨 먹는 피클이다. 다른 점이 있다면 설탕이 들어가지 않아 물리지 않고 먹을 수 있을 것 같다.

구순의 나이에도 홀로 농사를 지으시며 자식들과 친구들에게까지 나누어 주시는 부모의 마음이 내가 만든 산가지에 담겨 있다. 남공철은 어려움에 처한 마음 여린 친구 서유구가 밥을 먹고 용기를 내기를 바라면서 이 산가지를 권한다. 그리고 친구가 이 어려움을 꿋꿋하게 헤쳐갈 수 있도록 힘과 지혜를 달라고 기도한다. 우정은 산가지의 보랏빛처럼 깊고도 우아하고 아름답다.

천리포는 육포로, 천 리를 가도 상하지 않는다고 해서 붙여진 이름이다. 보통 육포는 양념한 생고기를 말려서 만들지만 천리포는 뭉근한 불에 삶아 부패 방지에 더 신경 쓴 육포다. 〈정조지〉에는 육포의 두께가 어느 정도였는지는 적혀 있지 않아 일반 육포보다 두툼하게 썰었다. 선생이 고기를 약한 불에 삶으라고 하신 것을 보면 좀 두툼한 것이 요리의 이치에 맞을 것 같다. 잘 썬 고기를 식초와 술, 그리고 소금, 회향에 하룻밤을 담갔다가 삶아서 햇빛에 건조시켰다. 3일을 말렸더니 고기가 바짝 말라서 나무토막같이 되어 너무 말렸나 하는 걱정이 되었다.

간장으로 만든 육포와 비교해서 어떤 맛이 날까? 소금으로 간을 하였으니 좀 더 담백하고 잡냄새가 없을 것이다. 또 식초가 연육 작용을 하여 두껍지만 부드러울 것 같다.

천리포를 칼로 어슷하게 잘라 석쇠로 불에 살짝 구웠더니 마치 구운 스테이크 같이 연하고 야들야들하게 보인다. 모두들 한입 먹더니 이구동성으로 "이제 육포는 천리포로 하는 게 좋겠네!"라며 간장 육포와의 이별을 선언한다. 낯선 향신료인 회향이 적절하게 시원하여 천리포가 고기를 말린 무거운 음식이라는 느낌이 하나도 들지 않는다. 가장 기본적인 양념인 소금의 진면목을 다시 한 번 느낀다. 천 리 길이라면 서울에서 부산 정도의 거리일 것이고 옛날에는 보름 이상을 걸어가야 하는 길이었을 것이다. 이 긴 여정, 천리포와 함께라면 얼마나 든든하였을까? 오다가다 만난 길동무와 나눠 먹고 다른 음식과 바꿔 먹기도 하고 때론 한 끼 식사로, 반찬으로, 또 술안주로도 먹다가 천리포가 떨어질 때쯤 목적지에 도착하였을 것이다.

16장

억기가 떠나가다
혼돈반과 완두콩 미숫가루

도봉산에서의 하루하루는 불안한 날의 연속이다. 남아 있는 가족들의 안위가 걱정되어 하루하루 피가 마를 지경이다. 내 마음은 온통 가족들 생각뿐이다. 황망하게 떠난 터라 준비도 부실해서 밤에는 산속의 추위로 심한 고생을 하고 있다. 꽁꽁 언 얼음을 녹여 세수하고 얼음물로 밥을 지으니 억기의 손은 동상에 걸려 손등이 터져 갈라지고 진물이 흐른다. 볼마저도 얼어 붉고 갈라진 게 꼭 거북이 등딱지같다. 햇빛이 드는 날은 양지바른 곳에서 책을 읽을 수 있으나, 해가 없는 날은 냉골에서 아무것도 하지 못하고 발이 시려 그저 발을 동동 구르면서 보낸다.

며칠 전에는 억기가 답답하다고 아랫마을에 내려갔다가, 색색의 곡물을 넣은 혼돈반을 얻어 왔다. 집을 떠난 이래 쌀을 아끼느라 조와 수수, 보리, 산나물을 섞어 밥을 먹었던지라 모처럼 붉은 적두와 밤, 그리고 대추가 섞인 찹쌀이 입안에 착 감기는 혼돈반을 먹으니 반찬이 없어도 맛이 난다.
억기는 마을 사람들이 천주학을 믿고 있는지 서로 부르는 이름이 요상스러워 기억도 할 수 없으며 방 안에는 상투를 푼 머리가 긴 남자의 얼굴과 여자의 상이 놓여 있고 그 상을 향해 기도를 하며 이상한 주문을 왼다고 한다. 남녀가 서로 섞여서 유별하지 않은 것으로 보아 상놈 중의 상놈들이 아니겠냐며 혀를 찬다. 그래도 이상한 것들이 자기를 형제라고 부르며 친절하고 먹을 것이 부족하면 언제든지 다시 오라고 하였다면서, 언제 봤다고 내가 자기네 형제냐며 돌아가신 형님이 일어나실 지경이라며 구시렁거린다.

나는 천주학이 나쁜 것만은 아니고 서양에서 온 새로운 기술을 가리키는 좋은 학문이니 너무 야박하게 말하지 말라고 억기를 나무랐다. 다음 날에도 억기는 마을에 내려가 천주교인들에게 먹을 것을 얻어 와 의기양양하다. 나는 억기에게 천주학을 믿을 것이 아니면 이제 음식은 그만 얻어 오라고 하였다. 그리고 여유당 집안의 일을 이야기하며 너와 한집에 사는 나에게도 좋지 않은 일이라 자꾸 심려가 된다고 하였다.

억기는 알았다면서 다음날도 그 다음날도 계속 천주교인들을 만나고 온다. 그리고 어느 날은 생닭 한 마리를 가져와서 천주쟁이들이 주었다기에 미안하니 다시 돌려주라고 하였다. 억기는 그 사람들이 나리랑 똑같이 나누어 먹으라고 했으니 반 마리는 자기 것이라 한다.

내가 그 사람들도 배가 고플 것이니 가져다주라고 다시 말하니 억기는 그 사람들이 자신들은 천주님의 말씀을 매일 먹으니 우리가 먹는 것이 더 행복하다고 했다면서 가져다주지 않아도 된다고 한다. 그리고 억기는 나에게 미안한 듯 "천주님은 모든 사람들이 다 똑같다고 해요. 머슴도 양반도 없고 다 똑같이 먹고산다네요. 그래서 남녀도 구분이 없고 다 같은 천주님의 자식이래요. 모두가 다 같은 사람이래요, 사람!"이라고 말하였다. "나라님도 못 하는 배고픔을 해결해 주니 나리들이나 나라님보다 천주쟁이들이 더 나은 것 같다"며 배 안 곯고 등짝 따시면 되지 뭐 대단한 것 있냐며 닭은 먹어야 한다면서 벌써 닭털을 뽑고 있다. 억기의 얼굴에는 묘한 쾌감이 돌고 있었고, 목소리에서는 당돌함과 자부심이 느껴졌다.

어느 날은 다녀오더니 "나리, 이제 저는 억기가 아니고 야곱이에요. 이름을 바꿨어요. 천주의 자식으로 다시 태어났어요. 나리야 제가 평생을 모시던 분이니 나리지만 다른 사람은 이제 억기 아니 야곱에게 함부로 말하고 대할 수 없어요."라고 하였다.

나는 이런 억기의 변화가 두렵기도 하였지만 내가 평생을 공부하던 농학, 천문학 등의 학문이나 천주학이나 사람에게 이롭게 하려는 그 정신이 같다고 생각하였기에 이런 억기의 변화를 받아 주기로 하였다. 어차피 인간은 정신적으로나 물질적으로 누구의 소유가 될 수 없는 존재이거늘 천주교를 통해서 자신의 가치를 인식해가는 억기가 자랑스럽기도 하다.

억기는 천주교인이 되어 기도를 하고 노래도 하였다. 나리의 집안이 잘되기를 바라는 기도를 천주님께 바쳤노라고 제법 교인다운 태도를 보였다. 또 어느 날은 "천주님과 함께하니 자신은 아무것도 바라지 않고, 아무것도 무서운 것이 없다"며 환한 미소를 짓기도 하였다.

도봉산에도 이제 봄다운 봄이 찾아왔다. 겨우내 추위에 웅크렸던 어깨가 저절로 펴진다. 종달새는 하늘 높이 떠 아름다운 봄을 노래하고 쑥꾹새는 쑥꾹거리며 내 노래도 좀 들어 보라고 한다. 올겨울은 유난히 눈이 많이 왔으니 올해는 보리 풍년이 들 것이다. 보리가 쌀보다 못할 것이 없으니 올해는 백성들이 배를 덜 주리고 살 수 있을 것 같다. 이틀 전 집에서 인편으로 음식과 옷을 보내면서 조정의 칼바람이 잦아들고 있는 듯하니 조금만 기다리면 될 것 같다는 전갈을 보내왔다. 그런 데다 날씨까지 화창해지니 내 힘들었던 마음은 여유를 찾게 되었다.

오늘은 모처럼 봄의 따뜻한 기운 탓인지 늦잠을 잔

터라 아침은 집에서 보내온 완두콩 미숫가루로 대신했다. 완두콩 미숫가루는 작년 초여름에 측실과 내가 만들어 장만해 두었던 것이다. 측실은 장마가 오기 전에 완두콩을 거두어 들여야 한다며 서둘러 완두콩을 수확하였고, 완두콩을 볶아서 체로 치는 측실이 힘들어 보여 돌절구에 빻는 것을 도와주었던 기억이 난다. 완두콩 미숫가루를 만들고 났더니 신기하게도 장마가 시작되었고, 측실은 완두콩 미숫가루를 꿀을 타서 식간에 내어 오면서 나리처럼 몸이 허약하고 책을 많이 읽어 머리가 쉴 틈 없는 분에게는 완두콩 미숫가루가 최고라며 먹기를 권하곤 하였다.

내가 잠시 책에서 눈을 떼고 장하게 내리는 장맛비를 바라보며 미숫가루를 마시면 측실은 흐뭇한 듯 달게 마시는 나를 지켜보곤 하였다. 그런데 지금은 도피 생활 중에 완두콩 미숫가루를 마시고 있으니, 역시 사람은 자신 앞에 닥칠 운명은 한 치 앞도 모른다는 생각이 든다.

점심엔 억기와 같이 산나물을 뜯어 밥이 끓을 때쯤 올려 산나물밥을 해 먹어야겠다. 그렇게라도 봄의 정취를 만끽하면서 잠시나마 시름에서 벗어나고 싶다. 그런데 여기저기를 찾아보아도 억기가 보이지 않는다. 뒷간을 갔는가 하여 기다리다 뒷간 앞에서 헛기침을 하여도 조용하다. 다시 부엌으로 와서 바람을 가리느라 둘러놓은 멍석을 젖혀 보아도 억기는 보이지 않는다. 이상한 생각이 들어 방 안으로 들어와 억기의 옷가지를 찾아보니 짚신짝 하나 보이지 않는다. 뭔가 집히는 바가 있어 얼마 전 산나물을 뜯으러 갔을 때 억기가 가르쳐 준 옴막한 곳에 파묻혀 숨어 있는 천주교인 마을을 향해 뛰었다. 마을은 개미 새끼 한 마리 없이 텅 비어 있었다. 방금까지 사람이 있었는지 방에는 따뜻한 사람의 온기가 남아 있다.

마당에서 눈을 들어 산길을 바라보니 마치 개미가 태풍을 피해 안전한 곳으로 옮기는 것처럼 줄을 지어 가는 사람들의 긴 행렬이 보이는데 길이 구불거려서 사람들이 사라졌다 나타나기를 반복한다. 한 사내가 일행과 뒤처져서 걸어가는데 팔자걸음새와 꾸부정한 등판을 보니 억기가 틀림없다. 40년을 같이한 억기의 뒷모습이다. 억기는 아니 내 오랜 친구 야곱은 이제 자유로운 세상을 향해 가고 있다.

가족들에게는 억기가 입맛을 잃은 나를 위해 봄나물을 뜯으러 높은 곳까지 갔다가 벼랑에서 떨어져 죽었다고 말해야겠다. 할 수 없는 일이다.

혼돈반과 완두콩 미숫가루

〰〰〰

혼돈이란 천지가 갈라지기 이전의 모두가 뒤섞여 하나가 되어 있는 상태를 말한다. 혼돈반이란 각기 다른 잡곡이나 견과류 등 밥에 어울릴 만한 다양한 재료들이 뒤섞여 하나의 밥이 된 것을 말하는데, 일종의 영양밥이다. 비빔밥을 혼돈반이라고 하기도 하는데 이것저것 뒤섞인 영양밥이라는 의미에서는 같다고 할 수 있다.

〈정조지〉에서는 맵쌀, 찹쌀, 익은 밤, 말린 대추를 서로 섞어 혼돈반을 지으라고 한다. 익히는 데 시간이 걸리는 적두는 미리 삶아 두었다가 나머지 재료와 섞어 시루에 쪘다. 찹쌀이 들어가서 재료들이 겉돌지 않고 잘 엉긴다. 좌르르 윤기가 흐르는 흰 쌀 위에 붉은 팥과 대추, 노르스름한 밤이 서로 잘 어울린다.

혼돈반에 소금과 설탕을 살짝 더하면 굳이 반찬이 없어도 먹을 수 있어 도시락으로도 적합하다.

여기에 참기름과 꿀, 간장을 넣으면 찹쌀만으로 한 약식보다 덜 느끼한 약식이 된다.

〈정조지〉에서 정해 놓은 재료 이외에도 녹두나 고구마, 감자, 단호박, 수수 등을 넣어도 혼돈반이라고 할 수 있다.

적두는 몸 안에 있는 불필요한 수분과 지방, 독을 제거하여 콜레스테롤 수치를 낮추며 다이어트에도 효과가 있다. 게다가 혈액순환을 촉진해 탈모를 예방하고 염증을 제거하는 효능도 있는 팔방미인이다.

말린 대추는 몸의 냉증을 치료하고 피부를 곱게 하며 노화를 방지하고 스트

레스를 해소하여 준다.

밤은 탄수화물, 단백질, 지방, 무기질, 비타민 등 영양소를 골고루 갖춘 균형 잡힌 견과류로 비타민 B1이 풍부하여 머리털과 피부를 매끄럽게 해 주며 비타민 C도 풍부하여 술안주로 먹으면 훨씬 덜 취한다.

우리가 늘 먹는 밥에 몸에 좋은 식재료를 더하는 것이 균형 잡힌 식사를 할 수 있는 가장 손쉬운 방법이다. 절기에 나오는 잡곡과 채소를 활용하여 자기만의 혼돈반을 개발하는 것도 재미있을 것 같다.

집안일을 돕는 데는 별 관심이 없었지만 완두콩을 까는 일은 숙제를 하다가도 달려들었다. 나는 완두콩을 세상에서 가장 귀엽고 사랑스러운 녀석이라고 나름 규정하였다. 완두의 풋풋한 향과 완두를 까서 그릇에 담을 때 좌르륵 하는 소리가 초여름 장맛비로 인해 더 진하고, 맑고, 운치 있게 느껴진다. 그 추억 때문인지 비가 오면 완두콩이 떠오르고 완두콩을 보면 비가 느껴진다.

녹색 지붕을 젖히면 완두 가족들이 갑작스러운 나의 출현에 놀란 듯 동그란 눈으로 나를 바라본다. 내가 마치 걸리버가 된 듯하다. 네모난 것도 아닌 동그란 것도 아닌 녀석들이 떼굴떼굴 굴러 도망을 가기도 하는데 하지만 얼마 가지 못해 그릇에 담겨진다.

완두콩을 다 까고 나면 흐뭇한 마음으로 완두콩을 만지기도 하고 들여다보기도 하면서 어쩌면 이렇게 색도 예쁘고 깜찍하게 생겼을까 감탄을 하곤 하였다.

그날 저녁 흰밥 위에 오똑하게 놓인 완두콩을 바라보며 완두콩밥의 아름다움과 오직 완두콩만이 낼 수 있는 달콤한 맛과 색감에 또 한 번 감동을 받곤 하였다.

엄마는 완두콩으로 죽을 끓여 내가 학교에서 돌아올 시간에 맞춰 같이 끓인 옥수수죽과 함께 올려놓으시곤 하였다. 녹색의 완두콩죽과 연노랑의 옥수수죽이 예뻐서 먹지 않고 바라만 보아도 마냥 행복했다.

내 어린 시절의 감동을 아이에게 전해 주고 싶어서 초여름마다 완두콩죽을 끓였는데 엄마처럼 예쁜 색으로 끓여지지 않아 나의 한계를 느꼈다. 여전히 초여름만 되면 혼자 완두콩을 까서 냉동실에 넣어 두고 밥에 넣는데, 아이는 완두콩밥이 싫다면서 넣지 말아달라고 요청한다. 나는 완두콩밥이 얼마나 맛이 있는 줄 아느냐며 완두콩 맛을 모르는 아이를 원망한다. 어떻게든 완두콩을 좋아하게 만들려고 아이가 좋아하는 카레에 완두콩을 몽땅 넣어 만들어 주면 아이의 접시에는 가려낸 완두콩이 노란 카레를 뒤집어쓴 채 패잔병처럼 모여 있다. 나는 아이가 완두콩의 가치를 모르는 것에 화가 난다.

하지만 이내 〈정조지〉에서 완두콩 미숫가루를 보고 '서유구 선생이 나처럼 완두콩을 좋아하셨구나' 생각하면서 아이에게 받은 배신감을 치유한다.

미숫가루라고 하면 보리를 기본으로 쌀, 찹쌀, 콩 등 여러 가지 곡물을 볶거나 쪄서 곱게 빻아 찬물에 꿀이나 설탕과 함께 섞어 마시는 혼합 곡물 음료를 말한다. 여러 가지 곡물을 섞어야만 미숫가루라고 생각했는데 한 가지 곡물로만 만들어도 미숫가루라고 한다는 사실을 알게 된다. 여러 가지 곡물을 한꺼번에 섞으면 각각의 맛을 알기가 어려운데 한 가지 재료만 먹으면 음식 각각의 고유의 맛을 알 수 있어 미각 발달과 지능 개발에 좋다.

〈정조지〉에서 미숫가루는 볶아서 만드는 것으로 식사에 불을 때는 수고를 하지 않아도 되고 휴대가 간편하여 산행이나 먼 길을 갈 때 빠트릴 수 없는 것이라고 한다. 완두콩을 약한 불에서 잘 빻아지도록 오래 볶아서 커터기에 넣어 갈았다. 체에 쳐서 고운 가루만을 거두어 내었다. 아쉬운 점이 있다면 완두의 초록 빛깔이 퇴색하여 누르스름한 녹색을 내는 것이다. 완두콩이 볶아지면서 생기는 고소함은 더해졌다. 냉수에 탔더니 말차와 같은 어둡고 짙은 녹색이 난다. 맛을 보니 무덤덤하면서도 고소한 볶은 콩의 맛이 깊다. 완두콩은 단백질이 풍부하여 성장기 어린이와 노약자에게 좋고 비타민 B군이 풍부하여 두뇌 활동을 활발하게 하는 정신노동자에게 좋다. 또한 현대인에게 부족한 식이섬유가 풍부하여 변비를 치유하고 대장암을 예방해 주며 습관성 설사에도 효과가 좋아서 약성으로만 보아도 콩 중의 콩이라 할 만하다. 완두콩은 밀과 섞이면 영양소가 잘 흡수된다. 그래서 완두콩 미숫가루에 밀가루를 더하여 빵을 굽거나 파전이나 부추전을 부치면 완두의 좋은 성분을 제대로 흡수할 수 있다.

17장

형과 형수
연방만두와 어부의 삼선

첫닭 우는 소리에 일어나 동호의 형님 댁으로 갈 채비를 서둔다. 내가 농사를 지어 얻은 풋콩과 고수 등의 푸성가리와 어제 우보랑 임진강에 나가 잡은 싱싱한 황하돈갱도 행장으로 꾸려진다. 우보랑 같이 가기로 하였으나 아이가 몸이 좋지 않아 혼자 길을 떠난다.

1806(순조 6)년 형 유본은 작은아버지 서형수가 유배되면서 함께 벼슬에서 물러나, 할아버지가 머물던 동호 근처로 이사하여 살고 있다. 형수 빙허각이 집 근처의 놀고 있던 자갈돌투성이인 불모지를 억척스럽게 일구어 차밭으로 만들어 차를 내다 팔아 집안을 일으키는 데 앞장을 섰다. 사람들은 이런 기후에는 차가 맞지 않는다고 빙허각이 무모하고 어리석다고 하였다. 그렇지만 빙허각은 "어찌 알아보지도 않고 포기한단 말입니까? 모든 차가 따뜻한 남쪽에서만 자라는 것은 아닙니다."라며 동호의 기후에 맞는 차의 종자와 묘목을 구해서 차밭을 일구었다. 형수의 말처럼 차가 생산되자 남의 말을 하기 좋아하는 사람들은 "서씨 집안에서 차 장사를 하다니……. 집안 망신은 빙허각이 다 시키네!"라며 형수를 비난하였다. 형수는 "날개 없이도 날고 발이 없어도

달리는 돈은 사람을 살리기도 하고 죽이기도 하며 천하게도 귀하게도 만들고 마치 산 사람도 죽은 사람을 만드는 것인데 어찌 돈을 우습게 본다는 말입니까?"라고 말하곤 하였다.

부지런히 서둘러 왔는데도 점심때가 지나 형님 댁에 도착하였다.

형님의 작은 집은 흰 뭉게구름을 머리에 이고 꼬박꼬박 졸고 있고, 수확을 마친 짙푸른 색의 찻잎들은 햇살을 받아 반짝거린다.

대문을 밀고 들어서니 툇마루에서 형수가 직접 길쌈하여 색을 낸 산호색 비단 천으로 옷을 만들어 형 유본에게 입혀 보고 있었다. 내가 헛기침을 하니 두 사람은 도화보다 더 화사한 얼굴로 나를 반기며 인사한다.

이런 형과 형수의 모습은 봄꽃보다 아름다워 봄꽃이 시샘을 할까 두려울 정도였다. 부부의 연을 맺은 이래 사십여 년 동안 두 사람의 모습은 부부를 넘어서 학문을 함께하는 금란지교로도 손색이 없으니 이러한 부부의 인연은 참으로 소털에서 바늘을 찾는 것과 같다. 나의 형 유본은 같은 어머니 몸에서 나왔지만 나와는 다른 점이 많다. 일단 외모를 보면 외탁을 한 나는 키가 좀 아담하고 마른 편이며 얼굴이 좁아 섬세하고 예민한 인상을 준다. 하지만

친탁을 한 형 유본은 큰 키에 적당히 살집이 있고 이목구비가 뚜렷하여 한눈에 보아도 남자다운 기상이 넘친다. 성격도 달라 나는 소심하고 침착하며 잘 나서지 않는 차분한 성격이지만, 형 유본은 활력과 재기가 넘치고 활쏘기와 말타기를 잘하며 사냥도 잘한다. 나는 집안에 틀어박혀 책만 보지만 형은 일정한 시간만 책을 읽고 나머지는 친구들과 어울려 여름엔 산수 좋은 곳으로 천렵을 가기도 하고 겨울에는 담비 가죽으로 만든 휘양을 휘날리며 꿩 사냥을 해 와 온 식구와 가솔들에게 꿩 고기로 호사를 시켜주곤 했다.

형제가 다른 만큼 동서지간인 형수 빙허각과 사별한 여산 송씨도 많이 달랐다. 여산 송씨가 달빛 아래 서글픈 배꽃 같은 여인이라면, 빙허각은 눈 속에서 피어난 매화나 굳은 절개를 나타내는 대나무, 강함을 나타내는 국화와 같은 여인이다. 여산 송씨와 빙허각은 한 살 차이로 서로 의지하며 잘 지냈으나, 성향이 달라 같이 시간을 보내는 일은 드물었다.

형수인 빙허각은 친정에서 아버지에게 《소학》과 《시경》을 배웠고 한 번만 보면 다 암기하였다. 형수의 학문이 높아 어린 시절 나는 빙허각에게 지도를 받기도 했는데, 그녀의 실력은 이미 경지에 도달하여 빙허각이 여자로 태어났다는 사실이 참으로 안타까웠던 적도 많았다.

형 유본과 빙허각은 서로를 사랑함에 남다름이 있었다. 부부가 서로 늘 같이 하며 글공부를 하고, 봄이 되면 형 유본은 빙허각과 함께 말을 타고 푸른 초원을 달리기도 하고, 여름이면 온 산을 누비며 이런저런 약초를 캐 오기도 했다. 이렇게 두 사람은 마치 오누이처럼 다정하게 지낸다. 밤이면 뜰에서 별 구경을 하고 주안상을 보아 서로 권하니 유쾌한 웃음소리가 끊이지 않았.

형수는 내가 가져온 황하돈(황복)을 날렵한 솜씨로 칼을 넣어 피를 뺀 뒤 살을 취했다. 그러고는 다진 살에 간장과 술을 넣어 형과 함께 쪄서 먹으려던 연방에 가득 밀어 넣었다. 그런 다음 그것을 가마솥 안에서 쪄 낸다. 나도 형수를 도와서 같이 연방만두를 만든다. 형수는 음식을 만들면 본인은 힘이 들어서 막상 음식을 먹지 못하니 먼 길을 온 나에게 형과 함께 차를 마시며 이야기나 나누라고 권한다.

형수는 막 쪄낸 향기로운 연방만두를 봄에 갖은 꽃을 더하여 만든 백화주와 함께 내어온다. 백화주를 한 모금 마시고 연방만두를 한 입 베어 무니 천하의 진미가 여기 있고 맛있고 향기로운 음식을 좇는 것이 내가 마치 꽃향기를 쫓아가는 벌 나비가 된 것 같다.

형수는 "꽃 가운데는 생물일 때에 향기가 좋더라도 술이 된 후에는 향기가 가시는 것이 대부분인데, 장미나 라일락과 같이 향기가 그대로 남아 있는 꽃을 주장으로 삼고 복숭아꽃, 살구꽃, 매화, 연꽃, 구기자꽃, 냉이꽃, 싸리꽃 등은 약효가 인정되는 꽃이므로 그 양을 넉넉히 넣으면 좋은 백화주를 만들 수 있다"며 백화주 담그는 요령을 설명해 준다. 나는 형수에게서 자세한 담금법을 받아 적는다. 내년에는 나도 백화주를 담가 우보랑 한잔 마셔보리라 생각한다.

형수가 형 유본의 시라며 들어볼 것을 청하는데 시를 낭송하는 형수의 모습이 마치 봄의 여왕처럼 당당하고 아름다웠다. 하늘의 쪽 구름, 부드러운 명주바람, 다투어 핀 도화와 두견화, 살구꽃…… 이 모든 것이 빙허각을 빛내기 위해 존재하는 것 같았다.

　　봄빛이 완연한 푸른 대지는 벌써 하늘처럼 빛나네.
　　때마다 양잠을 하니 청빈한 3후요
　　술맛은 백 가지 꽃이 무르익은 향기라네.
　　가난한 규방이라 괴롭다고 탄식하지 마오.
　　깨끗한 마음이야말로 진정한 신선의 것이오.

낭송을 마친 빙허각의 얼굴이 백화주 탓인지 아니면 사랑하는 이의 마음을 남에게 드러내는 것이 부끄러워서인지 마치 수줍은 소녀처럼 발그스름해진다.

형 유본이 형수 빙허각의 아름다운 덕을 묘사한 시였지만, 그 속에는 우리 가문이 처한 안타까운 상황도 담겨 있어 가슴이 아파 왔다.

형수는 "밥 짓고 반찬을 만드는 틈틈이 사랑방에 나가서 산야에 묻혀 있는 글까지 찾아 읽었지만, 머릿속에 담는 것도 한계가 있고 아무리 머리가 좋아도 기록하는 것보다 못하다는 말이 생각나서 살아가는 데 가장 요긴한 글을 추려 정리하고 여기에 나의 의견을 더하여 사람들에게 도움을 주고 싶다"고 말하였다.

특히 집안일과 아이 키우는 일, 생산 활동 등으로 고생하며 사는 여자들에게 도움을 주고 싶다며 아무도 여자의 삶에 관심조차 갖지 않는다고 한탄한다. 그러면서 형수는 누구나 쉽게 읽을 수 있도록 한문이 아닌 언문으로 책을 쓰겠다며, 그 책의 제목으로는 《규합총서》를 생각하고 있다고 한다.

여자이기에 과거에 나갈 수 없고, 더욱이 지금은 몰락한 집안 형편으로 직접 차밭을 일구며 집안 살림을 해야 하는 딱한 처지임에도 용기를 잃지 않고, 세상에 도움이 될 책을 쓰겠다 하니 세상의 어느 선비보다 형수가 더 위대해 보였다. 서로를 바라보는 형수와 형의 눈빛에는 신뢰와 사랑이 가득하였다.

형과 형수에게 나 역시 지금 계획 중인 《임원경제지》 저술에 대한 계획을 이야기하였다. 형과 형수 모두 무척 기뻐하며 우리 집안이 비록 조정에서 내몰려 지금은 어려운 처지이지만, 그에 낙담하지 않고 마음을 다잡아 이 난국을 헤쳐 나간다면 기울어진 가문을 다시 일으키고 할아버지와 아버지의 뜻을 잇고 세울 날이 반드시 올 것이라고 서로를 격려한다.

형 유본은 형수가 쓴 《규합총서》의 서문을 써 놓았다면서 초야에 묻혀 사는 허전한 마음을 빙허각의 책으로 위로받는다고 한다. 다음날 형과 형수와 아쉬운 이별을 하고 집으로 돌아오는데 형과 형수는 높은 차밭에 올라 내가 보이지 않을 때까지 나를 향해 손을 흔든다.

이로부터 10여 년 뒤, 형 유본이 예순 살의 나이로 죽자 형수는 초상의 모든 절차를 마무리하고 남편과 즐기던 백화주와 연방만두를 가지고 평생 뜻을 같이한 남편의 산소에 올랐다. 그곳에서 하루 종일 지낸 다음 어둑해질 무렵 내려와 모든 신발을 불태우고 형 유본에게 시집올 때 신었던 꽃신 한 켤레만을 가슴에 안고 방으로 들어갔다.

빙허각은 그 길로 곡기를 끊고, 머리도 빗지 않고, 세수도 하지 않고, 방 안에서만 지내다가 〈절명사〉를 남기고 꽃신을 신고 나비처럼 훨훨 날아 저편 강 너머에 있을 짝을 찾아 떠나갔다.

사는 것은 취한 것이요 죽는 것 또한 꿈이리니
생사는 본래 참이 아니라네
몸을 부모께 받았거늘 무슨 이유로 티끌처럼 여기는가?
태산과 홍해는 의를 따라 변하는 것이라네
내 혼인할 적 마음 생각하니 시속에 비할 바가 아니었네
아름다운 우리 짝 금란지교 겸한 지 이미 오십 년을 가꾸었네
나를 좋아해 주는 이를 위해 단장함은 알지 못하나
지기의 은혜는 보답할 수 있으리
이제 죽을 자리를 얻었으니 일편단심 신에게 질정 받으리
생을 버려 지우에게 사례하리니 어찌 내 몸을 온전히 하리오

- 〈절명사〉

미지의 세계를 담은 연방만두와 어부의 삼선

〣

청초하고 신비스러운 연이 조금은 투박한 만두와 만나서 탄생한 것이 하련두자, 즉 연방만두이다. 연과 만두의 만남이 미녀와 야수의 만남처럼 어울리지는 않지만 맛은 좋다. 야수가 인물은 추하지만 사람 됨됨이는 진실하고 미녀에 대한 사랑이 깊은 것이 만두의 속성과 같고 미녀는 연처럼 청순하고 아름답고 착하다.

연은 다양한 명칭으로 불리는데 그만큼 여러 민족, 여러 시대에 걸쳐 다양한 관점에서 많은 사랑을 받았다는 뜻이다. 〈정조지〉에는 연을 활용한 요리들이 다양하게 실려 있는데 연은 버릴 것이 하나도 없다는 말이 실감난다. 연잎, 연실, 연뿌리 등 연을 이용한 여러 요리 중에서 가장 기발하고 아름다운 요리가 바로 연방만두다. 연방 중에서도 어린 연방을 사용하는데, 연방을 손질하다 보면 왜 서유구 선생이 어린 연방을 사용하라고 했는지 바로 알 수가 있다. 기존에 복원된 연방만두를 찾아보니 내가 〈정조지〉를 보고 마음으로 상상한 연방만두의 모습과는 확연히 달라 당황하였다. 이런 궁금증을 해결하고자 저녁 시간이었지만 그 전날 주인을 수소문해 두었던 연방죽을 어렵게 다시 찾았다. 하지만 한참을 기다려도 주인이 돌아오지 않아 다음에 사정을 이야기하기로 하고 어둠 속 논 한가운데에 있는 캄캄한 연방죽으로 잠입하여 연방 몇 개와 연잎 두 장을 서리하여 왔다.

연방은 꽃이 지고 나면 드러나는 물뿌리개 모양의 씨방으로 여자의 자궁과 같은 곳이니 생명이 자라는 신성한 장소다. 물뿌리개의 물구멍에 해당하는 부분에 연씨가 송송히 박혀 있고 씨를 파내고 난 구멍은 연방 속과 통하지 않는다. 어린 연방은 씨가 안에 들어 있으니 연씨는 자라면서 구멍을 통하여 밖으로 밀려 나가 독립된 작은 방을 이루고 그 안에 연실이 꼭꼭 박혀 있다는 것을 알게 되었다. 마치 미지의 세계를 탐험하고 그 안의 비밀을 밝혀낸 것처럼 마음이 들뜬다.

연방은 수만 년을 같은 모습으로 살아왔는데 호기심 많은 여자가 오밤중에 자기 몸을 구경하며 신기해하고 있을 뿐이라는 듯 무심한 표정이다.

선생의 말대로 연방의 밑을 잘라 스펀지 같은 속을 파내고 그 속에 잘 다져서 간장 양념을 한 가자미 살을 채웠다. 그러고는 김이 폭폭 오르는 작은 시루에 쪄 내어 뚜껑을 열어보니 감탄이 절로 나온다.

마치 운무 속에 떠 있는 신선이 사는 동네를 본 것과 같으니 김에 서려 나오는 연의 신비로운 향기와 노랑과 연두색 옷을 입은 연방만두의 자태가 대단하였다. 따뜻한 연방만두에서 나오는 연 향기가 요리를 통하여 더 진해지니 이보다 더 호사스러운 요리가 어디 있겠는가?

연은 여름에만 피는 꽃이니 연방만두는 일 년, 사시사철 먹을 수 있는 요리가 아니기에 더 귀하고 소중하다. 〈정조지〉 재료 편에서 서유구 선생은 '연이 맛은 달고 성질이 차갑고 독이 없다' 하였으니 여름에 적합한 요리다. 하지만 많이 먹으면 설사를 한다고 한다. 그러니 적당히 먹으면 다이어트와 변비에 좋아 비만을 잡기에 아주 좋은 식재료이다. 연은 심장을 튼튼하게 하고 신경을 안정시키는 효과가 있어 불면증에도 좋다. 연방만두 속으로 이용되는 흰 살 생선은 고단백 식품으로 섬유질이 풍부한 연과 결합하여 영양학적으로도 손색이 없다. 선생은 어부의 삼선인 전복, 대하, 해삼을 곁들여 같이 먹으라고 하셨으나 그냥 연방만두 하나로도 족하다.

만두를 먹을 때 단백질이 주성분인 만두소만 빼 먹고 탄수화물인 만두피는 안 먹는 사람도 있는데 연방만두는 이런 수고로움을 덜어 준다. 연방만두는 비만을 방지하고 고운 피부를 유지시키며 안정된 마음 상태를 유지하여 주니 이보다 착한 만두가 어디 있겠는가? 다만, 늘 먹을 수 없다는 것이 아쉬울 뿐이다.

18장

우보의 생일날
참새알심국과 붕어찜

온 세상이 초록빛으로 뒤덮이고 집 앞의 작은 둠벙에도 둥그런 초록 수련 잎 사이로 하얗고 노랗고 분홍빛 수련들이 수줍은 얼굴을 내밀고 있다. 오늘은 우보의 스무 번째 생일이다.

우보의 돌 잔칫날 규장각에서 책을 교정하는 일로 바빠 퇴근을 하지 못하고 우물쭈물하고 있는 나를 딱하게 여긴 동료 각신이 이를 왕께 아뢰자 정조께서 웃으시며 돌상을 내어 주셨다. 그리고 "이제 꽃구경 같이할 사람이 하나 더 늘었구나!" 하시며 우보의 돌을 축하해 주셨는데, 지금은 변변한 생일상도 차려 주지 못하게 되었으니 아비로서 미안한 마음을 금할 길이 없다.

고맙고 다행스럽게도 서증조모이신 밀양 박씨 할머니께서 우보를 금쪽같이 아끼시고, 우보도 서증조모를 잘 따르고 의지했다. 서증조모 밀양 박씨는 나의 할아버지가 평안도 관찰사로 평양에 가서 인연을 맺은 노비의 딸로 할아버지가 한양으로 올 때 같이 와 할아버지를 돌보며 마지막 가시는 길까지 지키신 분이다. 할아버지가 돌아가신 이후로 주변 사람들이 후사도 없고 나이도 젊은데 평양으로 돌아가시기를 권하면 할머니는 "돌아가신 공께서 손자를 보시기를 농부가 풍년을 바라듯 하셨는데 증손이 태어나는 것을 기다려 보고 공께 전하려 합니다."라고 말씀하시곤 한다. 밀양 박씨 할머니가 존재하는 모든 이유는 우보가 존재하고 있기 때문이다.

다섯 살 때 굴건 위에 수질을 두르고 오동나무 지팡이를 끌며 어미의 상여를 따르던 우보는 할머니와 증조모 박씨 할머니의 각별한 사랑을 듬뿍 받으며 인물이 수려하고 인품이 우아한 소년으로 성장하였다.

우보는 이를 갈기 시작할 무렵부터 글공부를 좋아하여 문밖에 나가 노는 일이 없어서 걱정을 끼쳤는데 이제 우리 서씨 집안이 몰락하여 우보의 글공부 뒷바라지를 제대로 해 줄 수 없으니 참으로 가슴이 아플 뿐이다.

오늘 우보의 생일상도 서증조모의 정성으로 마련되었다. 누름산적과 붕어찜, 간장게장, 새우전, 참새알심국에 미역을 더한 특별한 미역국도 김을 모락모락 낸다. 참새알심국은 우보가 어릴 적부터 찹쌀 새알을 먹고 참새를 많이 잡아먹었다고 깔깔 웃던 음식이다. 사태나 양지로 국물을 만들고, 그 국물이 팔팔 끓을 때 고기소를 넣어 미리 만들어 둔 참새 알 크기의 새알을 넣는데 익으면 뽀얀 참새 알이 동동 뜨는 것이 사랑스러워 절로 입가에 미소가 도는 것이 참새알심국이다.

이도 나가고 금도 간 볼품없는 그릇들이지만 정성스러운 음식들이 예쁘게 담겨 있어 할머니의 지극한 사랑이 느껴진다.

난호로 이사 온 뒤부터 붕어찜을 자주 먹게 된다. 처음엔 우보가 흙냄새가 난다고 먹지 않았으나 서증조모 할머니가 비늘을 긁지 않은 붕어의 배 속에 쑥과 칡을 넣어 장작에 구우니 비늘과 붕어 냄새가 가셨다. 그렇게 한 다음 마근, 귤피, 시라, 천초, 식초를 더하여 댓잎을 깔고 조려 밥상에 올리니 우보도 점점 붕어찜을 좋아하게 되었다. 아마 난호를 떠나면 나와 우보는 난호의 향기로운 붕어찜을 그리워하는 날이 올 것이다.

우보는 흰 피부와 생각에 잠긴 듯한 눈, 오똑한 콧날, 붉은 입술을 가지고 있고 성정까지 소심하여 흡사 계집아이 같다. 방폐의 세월이 자꾸 길어지니 우보가 교류의 폭이 좁아지는 것이 염려되던 차에 조카 치익이 나에게 사서를 배우러 오게 되었다. 젊은 시절 참으로 나와 가까웠고 그 재주가 뛰어났으나 일찍 명을 다한 로수 형의 하나뿐인 아들이자 내 조카인 유긍이도 이 시절부터 우리 집에 함께 기거하면서 나에게 학문 지도를 받았다.

우보의 호연지기를 기르기 위해 남승도(명승지를 유람하는 도표)를 놓고 주사위를 던져 술 마시는 벌칙이나 시를 읊는 벌을 벌칙으로 내려 주면 시 짓기를 좋아하는 우보는 술 마시는 벌칙보다는 시를 짓는 벌칙을 받겠다고 고집을 부리곤 하였다.

박씨 할머니는 공부가 끝나고 주연을 가질 때면 꼭 임진강에서 잡은 하돈으로 술상을 차려 내오시곤 했다. 평양이 고향이신 박씨 할머니의 음식은 담백하고 깔끔하여 모두 좋아하였다. 하돈갱(복국)은 맛은 천하의 진미이지만 독이 있기에 먹고 죽는 사람이 간간이 있었다. 박씨 할머니가 날렵한 칼로 하돈의 내장과 피를 빼고 탕을 만들면 술을 먹어도 취하지 않는 것이 참 묘하다.

내가 1806(순조 6)년 벼슬을 그만두고 스스로 방폐 생활을 시작한 이후, 우리 집은 죽도 먹기가 힘든 형편이었다. 김치와 소금도 없을 정도였으니 어머니와 서증조모이신 밀양 박씨의 끼니도 말할 수 없었다.

서증조모께서는 서씨 집안의 영광을 보았기에 몰락한 서씨 집안의 후계자로 고생하는 우보가 안타까워 우보의 반찬만큼은 옆집에 가서 빌리거나 집안의 돈이 좀 될 만한 것을 잡혀서라도 꼭 맛있고 연한 것을 올려 주시곤 하였다. 나도 내 옷은 정강이와 목덜미를 가리지 못할 정도였지만 우보만큼은 겨울에 따뜻한 옷을 입히고 여름엔 제대로 풀을 먹여 갖춰 입게 하여 반드시 우보의 마음에 들게 하였다.

나는 방폐된 후 집 없는 민달팽이 신세와 같이 거처를 아홉 번이나 옮겼으니 가족들의 생활은 불안정하고 끼니를 잇기도 힘들었다. 이렇듯 정처 없는 떠돌이 생활을 9년 가까이 하다 우리는 서씨의 세거지 장단에서 멀지 않은 임진강 난호에 집을 지었다.

우보는 이때 "저잣거리와는 멀리 떨어져 손의 발길이 드문 곳에 새로 지은 서너 칸 집을 보니 마음에 쏙 드네. 이만하면 자취를 감추어도 되겠네!"라는 시를 지어 새집에 대한 기쁨을 표현하였다.

임진강에 집을 지은 후 나와 우보는 농업보다는 어업에 더 중심을 두기로 하였다. 물고기를 잡아 생계를 꾸리는 것이 더 쉬울 것 같았다. 아직은 농사가 서툴러 아무리 잘 지어도 하늘의 처분에 맡겨야지만 강은 한결같이 민물 생선을 그득히 내어 주기 때문이다.

우보와 나는 그물을 들고 배를 저어서 강의 중간까지 나갔다. 배를 젓는 아이의 손이 약해 보이는 것이 봄에 나온 새순 같다. 우보의 야윈 어깻죽지를 보니 애처로운 마음에 가슴이 뭉클하다.

물때도 모르고 무작정 나섰는데 지나가던 어부가 우리 부자가 엉성해 보였는지 목 좋은 곳이며 그물 던지는 법까지 상세히 알려 준다.

우보와 나는 배운 대로 힘껏 그물을 던지며 오랜만에 즐거운 시간을 보냈다.

밤이 되면 나는 호롱불 아래 눈병 때문에 흐려진 시력으로 《임원경제지》를 집필하였고, 우보는 틈틈이 교정을 보았다. 우리가 그동안 책으로 배웠던 것 그리고 임원에서 직접 농사를 지으면서 경험한 것을 농부, 어부, 집 짓는 사람, 나무 가꾸는 사람들을 만나 묻고 의견을 나누고 새로운 책을 구해다가 읽고 또 읽었다. 그러다 앞에 쓴 내용이 잘못된 것이 있으면 다시 쓰는 일도 허다하였다. 밖을 다닐 때에도 새로 농사짓는 법이나 가축 키우는 법을 들으면 잊어버리거나 혼란스러워질까 두려워 붓과 종이를 들고 다니며 논에서든 밭에서든 강가에서든 바로 듣고 기록하였다. 우보는 나와 같이 도롱이를 입고 낮에는 논밭을 갈고 나무하여 가족을 봉양하고 밤이면 열심히 쇠락한 집안을 일으키기 위해 과거 공부를 하였다. 우보는 집안이 쇠락해 온 세월이 너무 길어지고 자신의 젊음이 가고 있음을 슬퍼한다. 우보의 얼굴이 가끔씩 수심에 가득 차고 갈 곳을 잃은 것 같은 눈을 한다. 그런 모습을 보면 가슴이 아프지만 이렇게 해서라도 서씨 집안을 지탱하고 있는 것을 나는 감사히 여긴다.

참새알심국과 붕어찜

우보의 생일날이다. 서증조모 할머니의 사랑을 듬뿍 받는 우보의 생일이니 특별한 상이 차려진다.

서증조모 할머니는 우보의 생일상을 차리기 며칠 전부터 이런저런 궁리를 하신다. 어른께서 주신 상아빗이나 노리개도 만지작거리며 내다 팔 연구를 하신다.

당신의 모든 것을 주어도 아깝지 않은 증손자 우보의 생일이니 그 무엇이 아까울 것인가? 자신에게 은혜를 베푼 어른에게 다소라도 빚을 갚는 길이기도 할 것이다.

고기도 넉넉히 사고 참기름도 사고 닭도 한 마리 산다. 집에 붕어와 푸성가리는 넉넉하니 다행이다.

나도 서증조모 할머니처럼 우보의 생일상을 정성스럽게 차린다.

새알 속에 들어갈 기름기 없는 부위의 소고기도 사고 국물을 낼 양지도 산다. 재래시장에 가서 붕어도 세 마리 사고 근처 산에서 쑥도 뜯고 칡도 캔다. 붕어의 등을 갈라서 부레 등의 내장을 빼낸 다음 칡과 쑥을 집어넣고 숯불에 구우니 붕어 비늘이 저절로 떨어져 나간다. 진한 쑥 향이 붕어의 몸에 배여 살짝 구웠을 뿐인데도 붕어의 흙내가 감쪽같이 사라진다. 더 이상 요리를 하지 않아도 충분할 정도다.

숯불에 굽는 과정에서 붕어의 거친 비늘도 떨어지니 굳이 비늘을 긁지 않아도 되는 이유를 알게 된다. 그리고 여기에 우리에게는 낯선 시라, 마근, 천초를 넣어 붕어에 고루 섞이도록 한다. 시라는 생선의 비린내를 가시게 하면서도 생선 고유의 맛을 살리는 향신료다. 간은 간장으로 하고 식초를 더하여 붕어의 뼈가 연해지도록 한다.

솥바닥에는 댓잎을 깔고 붕어를 앉히고 다시 댓잎을 덮어 불에 익힌다. 쑥 향과 칡 향 그리고 더하여진 귤피와 천초의 상쾌한 향과 시라의 시큼한 향이 마음을 가라앉히며 편안해진다. 아마 시라가 진정 작용을 하기 때문인 것 같다.

은근한 불에 조리하였더니 붕어가 타지 않고 완성되었다. 댓잎을 걷고 완성된 붕어찜을 보니 반찬이라기보다는 그 자체가 하나의 훌륭한 약선 요리가 된다.

우보가 좋아하는 참새알심국을 만들 차례다. 양지를 푹 고아서 국물을 만들어 둔 다음 찹쌀가루를 반죽하고 갖은 양념을 하여 다진 소고기에 생강과 후추를 넣은 소를 만든다. 소를 넣지 않고 그냥 새알로도 충분하다.

양지를 먹기 좋게 얄팍하게 썰고 간장으로 간을 맞춘 다음, 장물이 팔팔 끓기 시작하면 참새알을 집어넣는다. 바닥으로 가라앉았던 뽀얀 참새알들이 머리를 삐죽 내밀며 동동 떠오른다.

미역국은 따로 끓이지 않고 우보가 좋아하는 참새알심국에 미역을 넣었더니 색다른 미역국이 되었다. 새알을 씹으니 고기소가 부드럽게 씹히면서 생강과 후추가 들어가 느끼하지 않고 적당하다. 찹쌀 새알만으로는 느끼기 어려운 감동이다.

참새 알을 냉동실에 보관했다가 미역국, 떡국, 만둣국, 전골에 몇 알 넣는 것만으로도 색다른 음식이 될 것 같다.

4부

덧없는 삶을 견디게 한

애민정신

19장

우보의 죽음
가수저라와 자하해

우보가 밥상 앞에서 수저도 들기 힘들어하고, 새가 모이를 쪼듯 밥을 먹는다. "왜 그리 식사를 제대로 하지 못하느냐?" 묻는 나에게 우보는 "과거에 낙방하니 식욕이 없다"고 답한다.

지난 계미년, 내가 18년간의 방폐기를 마치고 관직에 복귀할 때 우보는 뛸 듯이 기뻐하였다. 우보는 아버지의 관직 복귀에 분발하여 과거 준비에 전념하였다. 그러나 쉽게 급제할 줄 알았던 것과는 달리 과거에서 연거푸 낙방하면서 우보는 매우 낙담을 하고 세상을 한탄하며 본인의 인생을 근심한다. 상심이 컸는지 우보는 원래 많지도 않은 말수가 점점 줄고 하루를 살기도 어려운 사람처럼 행동한다.

파리한 얼굴로 소화가 안 된다며 미음을 홀짝이며 밤낮을 가리지 않고 책과 씨름하는 우보가 안타깝다. 우보의 식욕을 돋우어 무너진 아이의 몸과 마음을 잡아 주기 위해 이른 새벽 강화 포구로 달려가서 잔새우, 바다 소라, 전복 등을 사다가 간수가 빠진 묵은 소금으로 자하해를 담는다. 칼자가 도와주려 하나 나는 사사로운 일에 나라의 녹을 먹는 칼자를 쓰는 것이 도리에 맞지 않을 뿐만 아니라 우보의 입맛을 가장 잘 아는 내가 요리하는 것이 좋을 것 같아 거절을 한다.

관청 일을 서둘러 마친 후 옷을 갈아입고 마침 한철인 가시가 세지 않은 까나리로는 탕을 끓이고 기름기 잘잘 흐르는 밴댕이는 회를 치고 게는 먹기 좋게 살을 발라 양념과 함께 기름에 볶으니 한 상이 차려진다.

우보가 떡 벌어진 저녁상을 보고 놀란 듯 토끼 눈이 된다.

밥 먹기를 권하니, 우보는 음식을 만든 내가 보아도 입맛이 절로 나는, 아직 채 익지는 않았지만 맛깔스러운 자하해를 먹어 본다. 아이가 뭐라고 할지 궁금하여 아이가 먹는 모습을 바라본다.

우보는 "자하해의 간이 딱 맞아 짜지도 않고 깊은 맛이 우러나니 아버지의 솜씨가 어느 여인의 손에서 나온 요리보다 낫다"고 하며 "이제 관직에서 물러나시면 약봉 할머니처럼 음식을 내다 파는 게 어떠냐"고 모처럼 농을 한다. 나도 장단을 맞추어 "젊은 네가 전국을 다니며 장을 봐 와야 하니 과거는 그만두고 우리 같이하자"고 한다.

갑자기 우보가 정색을 하며 "부족한 소자에게 부드럽고 정한 음식과 추위와 더위를 가리는 옷을 주시니 참으로 부끄러울 따름"이라고 자책한다. 며느리 윤씨와의 사이에 자식이 없음도 한탄하며 고개를 떨군다. 우보에게 모든 일을 너무 서두르지 말라고 위로하였지만 우보는 눈물이 글썽하여 나를 바라보기만 한다.

며칠째 병석에 누운 우보가 걱정이 되어 퇴근을 하자마자 관아의 안채로 찾아가 우보를 보니 얼굴에 병색이 완연하다. 아이의 이마를 짚어보니 관자놀이가 팔짝팔짝 뛰는 것이 심상치가 않다. 우보는 갈라진 목소리로 "지난밤 꿈에 옷을 잘 차려입고 사당에 들어가 신주를 옮겨 자리를 정돈하고 그 아래에 앉았는데, 아마 제가 죽을 것 같습니다."라고 말한다. 나는 가슴이 미어지고 찢어지는 듯하지만 얼른 마음을 추스르고 아무렇지도 않은 듯 "네가 7~8세 되었을 때 관상 보는 사람이 네가 일흔을 넘겨서도 재상으로 있을 거라고 하였던 말을 잊었느냐?"라고 말하였다. 우보는 이 말에는 답도 없이 깊은 한숨을 쉬는데 우보에게서 이미 생명의 냄새가 느껴지지 않는다. 눈에는 총기가 빠지고, 머리털은 푸석하며, 손톱은 갈라져 있고, 목소리에는 힘이 없고, 붉었던 입술은 저승사자와 입맞춤이라도 한 듯 거무죽죽하다.

급히 부엌으로 가서 방폐 시절 난호로 나를 찾아온 심상규가 준 설탕을 꺼내 우보가 가장 좋아하는 가수저라를 만들어 본다. 가수저라는 일본에서 온 밀가루 떡 종류인데 맛과 향이 부드럽고 달콤하여 마치 구름을 나는 듯하고 조금만 먹어도 피로를 가시게 하고 힘이 나게 한다. 나는 모처럼 계란을 아낌없이 사용하고 백옥 같은 밀가루와 설탕을 잘 섞어 미리 달군 무쇠솥에 굽는다. 달콤한 향이 천 리 밖까지 퍼질 듯하니, 병석의 우보도 가수저라 냄새를 맡고 언제 다 구워지나 기다리고 있을 것이다.

막 구워진 따끈따끈한 황금빛 가수저라를 들고 급히 우보 방으로 가자 우보는 간신히 몸을 일으켜 한입 먹어 보고는 아주 잘 구워졌다며 찡그리며 미소 짓는다. 가수저라를 멍하니 쳐다보던 우보가 고개를 들어 나를 다정히 바라보며 "아버님! 소자가 여러 생을 산다 하여도 길이 아버지의 아들로 있을 것이니 죽어도 유감은 없습니다."라고 말하며 내 손을 잡는데 아무런 힘이 느껴지지 않고 땀이 축축하다.

이 작고 가냘픈 손으로 나무를 하고 험한 농사일을 한 것을 생각하니 가슴이 미어진다. 가슴이 덜컥 내려앉아서 "아비 앞에서 별 불효막심한 소리를 한다"

고 나무란다. 우보는 힘없이 웃으며 "제가 죽으면 어머니, 할아버지, 박씨 할머니를 다 만나겠지요? 어머니를 만나면 큰절부터 올리고 손을 꽉 잡고 어머니랑 같이 꽃길을 산책하며 어머니가 떠나서 얼마나 외롭고 슬펐는지 말씀드릴 거예요."라고 말한다. 우보의 눈에서 눈물이 줄줄 흘러내려 말라서 갈라진 입술까지 적셔 준다. 나는 마음속으로 피눈물을 삼키면서 우보에게 식기 전에 먹으라며 가수저라를 권한다. 우보는 한입 더 먹고는 힘이 들어 나중에 먹겠다며 말하고는 꽃가지가 꺾어지듯 자리에 눕는다.

그날이 6월 기망일이었으니 우보는 4일을 혼수상태로 있다가 6월 20일 한 많은 세상을 떠났다. 우보의 죽음 앞에 나는 소리 내어 울 수도 없다. 부모 앞에 먼저 간 우보는 강물이 낮은 곳에서 높은 곳으로 흐른 것과 같으니 세상의 이치를 거스른 것이다.

나는 살아가면서 많은 죽음을 보았고 죽음과 익숙한 사람이다. 그러나 우보의 죽음이 가져다준 고통은 앞서 경험한 모든 이의 죽음으로 받았던 고통과 한꺼번에 다 맞바꿀 만큼 컸다.

내 사랑하는 아들 우보는 열두 살부터 18년 동안 인생의 가장 아름다운 시기를 떠돌이 생활과 약한 몸에 겨운 힘든 노동을 하며 친구와도 단절된 채 고독하고 외롭게 살며 집안의 몰락이 마치 자신의 잘못인 양 속죄하며 처절하게 살았다.

어느 곳에도 우보와 함께한 추억이 묻어 있지 않은 곳이 없다. 눈 돌리는 곳마다 우보가 "아버지!" 하고 부르며 웃고 서 있을 것 같았고, 고통을 잊고자 책을 읽다가 눈을 들면 피곤에 전 우보가 교정을 보기 위해 내 방문 앞에 들어서며 나를 찾는다.

모든 것이 다 무의미했다. 할아버지, 아버지 그리고 내가 그토록 이루고자 했던 가학의 꿈도, 주린 배를 안고 찬물을 마셔가며 쓴 《임원경제지》도 다 헛되고 헛된 것이 되었다. 이제 다시 풍족해져서 누리는 음식과 옷, 좋은 집이 다 무슨 의미가 있단 말인가?

'살아야 할 네가 죽고 죽어야 할 내가 살아서 울고 있으니 이게 무슨 황당한 일이란 말인가! 우보야, 너는 이제 어디로 갔느냐? 내가 《임원경제지》만 쓰지 않았어도 몸에 맞지 않는 힘든 농사일로 고단했던 아이가 밤에 잠이라도 잘 잤더라면 병을 얻지 않았을 것이고 죽지 않았을 것'이라는 생각까지 들자 갑자기 뻔뻔스러운 《임원경제지》를 불태워 버리고 싶었다. 《임원경제지》가 마치 우보의 잠을 빼앗고 살을 갉아먹고 피를 빨아 먹은 귀신처럼 보였다. 이제 완성할 일도 없으니 내가 죽으면 장독 덮개로 쓰이며 굴러다닐 텐데 차라리 지금 내 손으로 없애버리고 싶은 마음이었다.

나는 서가에 꽂혀 있는 《임원경제지》를 다 뽑아서 방바닥에 내동이치면서 "네놈이 우리 우보를 죽였지? 내 너를 가만두지 않으리라. 너를 불쏘시개로 쓰리라!"라고 울부짖는다. 우보와 같이했던 추억들이 《임원경제지》와 함께 내던져지는 것 같아 어찌할 바를 모르겠다.

《임원경제지》를 쓰면서 우보와 나는 얼마나 많은 밤을 지새웠던가? 책이 더해질수록 내게 욕심이 생긴 것이 화근이었다. 처음엔 농사짓는 법이나 정리하고자 했던 것이 〈정조지〉, 〈보양지〉, 〈인제지〉, 〈섬용지〉로 늘어나면서 내가 갈무리를 할 수 없을 만큼 일은 커져 있었고, 우보는 묵묵히 내 곁에서 밝은 눈으로 교정을 보며 나의 말동무가 되어 주었다. 밤을 지새우고도 다음 날이

면 어김없이 논밭을 가는 우보를 이 어리석고 욕심 덩어리인 아비가 챙기지 못하였으니 너의 삶이 참으로 가련하구나!

'내가 이러고도 사람을 위한 학문을 하는 사람이라 할 수 있단 말인가?' 자식이 힘에 겨운 노동과 책 편찬으로 몸을 갉아먹히고 있었는데도 몰라본 독한 아비가 무슨 백성을 구한다는 것인지 참으로 부끄럽다.

내팽개쳐진 《임원경제지》 더미 위에 쓰러져 절규하며 짐승 같은 소리를 내며 울었다. 우보와 같이했던 시간들이 죽 지나간다. 마지막으로 우보가 웃고 있다. 여산 송씨의 손을 잡은 우보가 꽃길을 걸어가며 나를 향해 흰 손을 흔든다. 할아버지도, 할머니도, 아버지도, 어머니도, 박씨 할머니도, 여동생도 모두 우보를 바라보며 행복하게 웃는다. 나도 웃는다. 울다가 웃는다.

누군가 나의 등에 따뜻한 손을 얹는다. 측실 지향과 칠보가 걱정스러운 얼굴로 나를 바라보다가 내 눈치를 보며, 나뒹굴고 있는 《임원경제지》를 다시 서가에 꽂는다. 우보가 나를 향해 이승에서 꿈도 한도 없었다는 듯 활짝 웃으며 사라진다.

농축된 맛의 향연, 가수저라와 자하해

자하는 아주 작은 새우를 말하는데 곤쟁이라고도 한다. 해는 소금에 절이는 것을 말하니 자하해란 소금에 절인 새우젓을 말한다. 자하해는 새우뿐만 아니라 전복과 소라, 오이와 무를 더한 젓갈로 김치와도 비슷하다.

해물이 들어가 상하는 것을 방지하기 위해서 김치보다 더 짭짤하게 간하다 보니 젓갈이라는 이름을 갖게 된 것 같다. 자하해라고 새우를 앞세운 이름을 지은 것은 잔새우의 고소한 감칠맛이 다소 무덤덤한 맛을 가지고 있는 전복과 소라 살의 맛을 내는 중요한 역할을 하기 때문이다. 먼저 오이와 무를 소금에 절여서 나온 물을 제거한다. 그런 다음 자하, 전복, 소라와 더해 소금을 뿌리고 옹기 항아리에 보관하였다.

아직 바깥 날씨가 더워서 3일 뒤에 열어보니 벌써 잘 익은 바다 향과 맛이 확 풍긴다. 한 가지로 담근 젓갈과는 다르게 비린내가 나지 않는 것이 식욕을 불러일으킨다. 당장 밥 한 공기를 가져다가 맛보고 싶은 충동이 일어난다. 그것을 꺼내어 접시에 담아보니 새우는 맛을 더해주고 전복과 소라 속으로 살짝 숨어 있다. 흰 무와 푸른 껍질의 쓴 오이가 전복, 소라와 어우러져 멋진 요리로 손색이 없다.

자하해의 맛을 보니 아삭하고 꼬들꼬들한 오이와 무, 쫄깃쫄깃한 전복과 소라 그리고 아직은 덜 삭아서 살짝 거친 달짝지근한 잔새우의 맛이 너무도 잘 어우러진다. 여기에 무와 오이가 짠맛을 상쇄시켜 주고 질긴 전복 살과 소라 살에 짠맛이 깊이 들어가지 않아서 간도 적당한 것이 요즘 우리 반찬으로도 손색이 없다. 아버지와 함께 방폐의 길을 걸은 우보는 임진강에서 민물 새우

로 만든 자하해를 자주 먹었고, 아버지가 관직에 복귀한 뒤 강화도에서 함께 살 때는 바다 새우와 전복 그리고 소라를 더하였을 것이다.
밥을 먹지 못하는 병약한 우보를 위하여 강화 포구로 달려가 싱싱한 새우와 전복, 소라를 사는 선생의 애잔한 뒷모습이 자하해와 어우러진다.

가수저라는 지금의 카스텔라로 일본에서 온 간식이다. 가수저라라는 이름이 정답고 재미있어 앞으로 카스텔라를 가수저라라고 불러야겠다. 선생이 사시던 당시는 설탕과 밀가루와 계란이 귀한 대접을 받던 시절이라 아주 귀한 음식이었다.
일반적인 카스텔라는 계란의 노른자는 설탕과 함께 잘 녹이고 여기에 거품을 낸 계란 흰자가 팽창제 역할을 하며 빵을 부풀어 일으켜 부드럽게 한다. 선생의 부정이 가득 담긴 가수저라는 계란의 노른자만을 사용한다. 마법에 가까운 흰자 거품의 위력을 익히 알고 있던 나는 회의에 잠겼다. 계란 흰자만을 사용하는 머랭이나 마들렌이 있고 노른자만을 사용하는 빵이 있긴 하지만 부드러움이 없는 가수저라는 상상도 하고 싶지 않았다.
일본 유학파 제빵사에게 조언을 구하니 계란 노른자만으로도 멋진 가수저라를 만드는 비결은 노른자와 설탕을 따뜻한 온도에서 녹이는 것이라고 한다. 따뜻한 물에 중탕을 하며 노른자와 설탕을 녹이니 설탕 결정체가 부드럽게 잘 녹고 부드러운 것이 느낌이 좋다. 체질을 한 박력분을 합하여 미리 달구어 놓은 노구솥에 구웠다. 10분이 지나니 향기로운 냄새가 가득하여 마음마저 가수저라처럼 폭신해진다. 가수저라가 마치 꽃이고 향기에 취한 벌들이 윙윙거리며 날아들것 같다.
다 구워진 노란 가수저라는 개나리가 흐드러지게 핀 봄 언덕을 연상시킨다. 한 김 나간 후 맛을 보니 마치 꿀을 넣은 듯 끈적이면서도 부드럽고 달고 맛이 있다.

일반 가수저라보다 다소 투박하고 농축된 맛이 진한 선생의 가수저라는 우보를 향한 간절한 애끓는 부정을 담기에 충분하다. 죽음을 앞둔 아들에게 영양이 농축된 끈적한 가수저라가 병에 시달리느라 먹지 못한 아들에게 힘을 줄까, 달콤함이 혹시 아픔을 잊게 해 주지 않을까 하며 조심스럽게 우보의 손에 가수저라를 쥐어 주는 선생의 안타까운 얼굴이 한가위 보름달 같은 가수저라에 그려진다.

20장

효명세자와 박규수
대합구이와 미나리김치 그리고 메추라기구이

이경을 알리는 종소리가 살퀴 같은 겨울 공기를 가르며 들린다. 마침 초이레라 달빛마저 희미한데 그마저 구름이 가리니 칠흑같이 캄캄하다. 도마에 대합을 세워서 칼로 꽉 다문 대합의 입을 열면 물과 함께 대합 껍데기가 좌우로 짝 벌어진다. 뽀얀 속살을 떼어내 씹는 맛을 위하여 약간 거칠게 다져서 간장과 기름 그리고 계란을 더하여 찐다. 그리고 광으로 가서 미리 담가 익혀 둔 미나리김치를 꺼내서 찬합에 담는데 상큼한 미나리 향이 나는 것이 제대로 익은 것 같아 마음이 놓인다.

손뼉을 치는 소리가 세 번 들려 문을 열어보니, 어둠 속에서 박규수가 조심스레 나의 방을 향해 서 있다. 나는 박규수를 따라 조용히 집을 나선다. 순라군들의 목소리와 개 짖는 소리가 오늘따라 유난히 크게 들린다.

집 밖에는 가마가 대기하고 있어 나는 가마를 타고 음식이 담긴 찬합을 조심스럽게 무릎에 올린다. 박규수는 가마와 보조를 맞추며 빠른 걸음으로 걸어서 계동의 자기 집으로 향한다. 찬 공기를 가르며 몰아쉬는 가마꾼의 거친 숨소리와 덜그럭거리는 규수의 나막신 소리를 편치 않은 마음으로 들으며 이런저런 생각을 한다.

자존심 강하고 바른말 잘하여 돈과는 인연이 없는 연암을 할아버지로 둔 탓에 규수의 생활은 넉넉하지 못하였으니, 그 행색은 초라하였으나 외모에서 뿜어져 나오는 당당한 기상은 범상치 않았다. 길을 가던 이들이 발길을 멈춰 규수를 한 번 더 돌아볼 정도였다.

규수의 집에 도착하여 차가운 마루를 지나 방에 들어서자 갓을 쓴 젊은이들이 내가 들어오는 기척에 서둘러 일어나 나를 맞이한다.

내가 상석에 자리를 잡고 앉으니 세자(효명)가 첫새벽에 대사헌을 오시게 하여 죄송스럽기 그지없다며 예를 갖춰 인사를 한다. 이마가 반듯하고 광대가 높고 용의 눈을 가진 것이 젊은 날의 정조를 보는 듯하다. 세자는 "일찍이 대사헌 집안의 대를 이은 충정을 잘 알고 있다"며 "대사헌께서는 이제 이 비밀 모임의 우두머리"라며 웃는다. 비록 복숭아나무 아래는 아니지만 엄숙하게 도원의 결의를 다지니 유비, 관우, 장비가 따로 없다.

다과상을 겸한 술상에는 미리 준비해 둔 나물과 장아찌 등 소박한 음식이 정갈하게 담겨 있다. 내가 가져온 대합찜과 미나리김치를 내놓으니 모두들 어린아이처럼 좋아한다. 식은 대합찜을 화로에 얹어 구우니 짭조름한 바다 향기가 퍼지는 것이 겨울 술안주로 제격이다. 무와 파를 더해 담근 미나리김치는 더도 덜도 아니게 딱 잘 익어 상큼함으로 입맛을 돋운다. 효명은 대사헌 서공의 음식이 궁궐의 음식보다 맛있다고 칭찬하며 진실로 고마워하고 소탈하게 잘 먹는다.

"음식에는 마음이 담겨 있어야 하는데 궁 안의 음식 만드는 자들조차 안동 김씨에게 잘 보이기 위해 식재를 빼돌려 안동 김씨에게 바치고 빈 마음으로 음식을 만드니 음식에 무슨 맛이 있겠느냐"며 우울한 얼굴을 짓는다. 모두들 추락한 왕권과 백성을 살리기 위해 대사헌 어른을 모시고 그 방안을 강구하고자 함이 아니겠느냐며 세자를 위로한다. 긴 장마에 나온 햇빛처럼 금방 환해지는 모습이 새침한 소녀와도 같다. 토라지기 잘했던 선왕의 모습 같아 웃음이 나왔다. 이처럼 순진하고 여린 스무 살의 세자가 망해가는 조선의 국운을 어깨에 얹고 대리청정 나흘째 외할아버지 김조순 측근들의 벼슬을 강등시키거나 관직에서 축출하여 유배를 보내니 그 마음이 얼마나 불안하고 두려울 것인가. 최근 효명세자의 행보가 떠오르자 갑자기 가슴이 턱 하고 막혀 오며 잠시 숨을 쉴 수가 없다.

중간 연배인 김영작이 모두를 돌아보며 강희제부터 손자인 건륭제 시절까지의 청과 같이 우리 조선의 왕권이 안정되고 백성들이 잘살 수 있겠는지 각자의 생각을 말해보라고 한다.

규수는 청이 비단, 차, 도자기 등 별스럽지 않은 물건을 서방에 보내 은을 많이 벌고 이 교류를 통해 서양의 발전된 문물이 자연스럽게 청에 유입되니 꿩 먹고 알 먹는 격이라며 우리 조선의 제품도 이에 못지않지만 다만 생산량이 적고 제품의 품질 관리에 문제가 있어 쓸 만한 것은 얼마 되지 않고 이조차도 일부 양반들이 독식하여 나라의 재산이 되지 못하고 있어 이에 대한 대책이 시급하다고 했다. 모두들 이 의견에 뜻을 같이했다.

김노겸은 노동력의 부족을 해결하기 위해 양반들도 일정 시간 비단을 짜거나 도자기를 굽는 일에 참여시키는 방안을 내놓는다.

일찍이 할아버지와 아버지, 유금, 연암 등에게 듣던 이야기들인데 아직도 이런 논의가 계속되는 것이 젊은이들에게 미안한 마음이 든다. 효명세자는 자세를 바로 세우고 단정한 모습으로 이들의 말을 경청하며 붓으로 기록한다. 나는 이들의 의견을 집약하여 조목조목 현실에서의 문제점을 지적하고 다시 의견을 듣고 읽어야 할 책들을 정하여 준다. 우수한 인재 등용을 위해 과거를 자주 치르고 과거 시험의 비리를 없앨 것을 세자에게 건의한다.

한창때의 젊은이들이라 식욕이 왕성하여 음식이 다하니 규수가 직접 종이로 싸서 부엌 아궁이에 구운 메추라기구이를 대여섯 마리 내놓는다. 모두들 즐거워하며 메추라기구이를 서로 권하며 먹기 좋게 잘라주기도 하는 양이 격의 없는 오랜 친구 같다. 효명세자도 이런 자유로운 분위기와 궁궐 밖의 친구들이 편안하다 한다. 그러면서 이 모임이 끝나면 자신은 새장 안에 다시 갇혀야 한다며 씁쓸하게 웃는다. 사경이 넘어 집으로 돌아와 잠을 청했다. 하나 잠이 오지 않아 책을 펴고 뒤척이다 그대로 출근을 한다.

봄이 왔다고는 하지만 아직 잔설이 남아 있는 궁궐 안은 세자의 명을 받아 각 도에서 뽑혀 온 젊고 아름다운 기녀들의 분향으로 가득하다. 주의를 받았음에도 경망스럽게 터지는 자유로운 그녀들의 웃음소리는 엄숙한 궁궐 안을 울린다. 신료들은 혀를 차며 세자가 순조의 보령 40세 축하연을 빙자하여 기녀를 불러 직접 춤을 지도하는 것은 마음에 방탕함이 있는 것이라며 이를 비방하였다.

나는 일부러 바쁜 업무 시간을 쪼개어 세자가 기녀들에게 춤을 지도하는 모습을 보러 갔다. 팔도의 춤 솜씨가 뛰어난 기녀들이 효명이 직접 만든 정재에 맞추어 가운데 큰 붉은 목단꽃을 두고 손에는 작은 목단꽃을 들고 춤을 추고, 그 한가운데 왕세자 효명이 기녀들과 춤을 추고 있었다. 누가 여인의 춤사위가 아름답다고 하였는가?

효명의 춤은 날카로운 비수와 같으면서도 우아하다. 나는 그 칼에 심장에 치명상을 입은 듯 가슴을 손으로 누르며 효명의 춤을 보았다. 효명의 날씬한 몸매와 가는 허리는 여인보다 더 유연하고 손끝과 버선발 끝에서 나오는 우아함은 마치 백로와 같고 얇은 갑사를 입은 뒤태는 꽃 그림자같이 아름다우면서도 엄숙함을 담고 있다. 팔도의 기녀들이 제아무리 아름답고 춤 솜씨가 뛰어나다 하지만 효명의 품격을 갖춘 춤 솜씨를 따라올 수는 없었다.

춤이 끝났지만 세자가 자신의 손끝에 시선을 두고 얼음이 된 듯 멈추는데 창백한 얼굴에 땀방울이 흐르고 있다. 내관이 이를 닦아주려 하니 이를 물리치고 옷소매에서 손수건을 꺼내어 직접 닦는다. 춤을 마친 기녀들은 한마음이 되어 춤을 춘 효명에게 머리를 조아리고 물러서서 예를 갖춘다.

모름지기 나라가 바로 서기 위해서는 예악이 바로 서야 하니 모든 대소 신료들은 악기를 직접 연주하고 공부를 하는 데 게으르지 말라던 선왕의 깊은 뜻을 새겨 스물을 갓 넘긴 효명이 왕실의 잔치를 통해 왕실의 권위를 보이고 군신 간의 위계질서를 바로잡아 이 나라를 세우기 위해 혼신을 다하고 있는 것이다.

갑자기 눈물이 솟구쳐 흘러 서둘러 그 자리를 벗어나는데 나를 알아본 효명이 환하게 웃음 짓는다. 나는 머리를 숙여 화답하는데 효명의 흰 백지장 같은 얼굴이 자꾸 마음에 걸린다.

추운 겨울의 낭만을 가득 담은 대합구이와
미나리김치 그리고 메추라기구이

겨울에 제맛을 내는 채소 가운데는 미나리가 으뜸이다. 어린 시절에만 해도 미나리꽝을 쉽게 볼 수 있었다. 나락을 벤 빈 논에 물을 대면 질척한 미나리꽝이 만들어진다. 미나리는 얼음 속에서도 푸르게 푸르게 잘도 자란다. 겨울 찬바람을 맞으며 허벅지까지 빠지는 물웅덩이 속에서 미나리를 캐는 모습은 어린 내 눈에도 세상살이가 녹록지 않음을 보여 주었다.

미나리가 온몸으로 찬바람과 추위를 견디며 자라서인지 특유의 향긋하고 상쾌한 향과 아삭아삭한 식감은 다른 채소가 감히 따라올 수 없다. 미나리는 해독 작용이 뛰어나 중금속을 배출시키고 혈관을 청소하고 피를 맑게 한다. 숙취를 해소하는 효능도 뛰어나 많은 애주가들의 사랑을 받기도 한다.

미나리는 겨울 김치의 부재료로 사용되지만 미나리만을 김치로 담가도 맛이 있다. 요즘 담그는 미나리김치는 일반 김치처럼 고춧가루를 사용하여 담그지만 〈정조지〉의 미나리김치는 고춧가루와 양념을 사용하지 않는 소금에 절인 형태의 김치다. 미나리만으로도 맛있지만 여기에 살짝 말린 파와 하얀 빛깔 무를 더하였더니 색감도 서로 살아나는 것이 산뜻하며 먹지 않고 보기만 해도 상큼함이 느껴진다.

대합구이용 대합은 서해에서만 생산되는 백합을 사용하였다. 큰 백합을 반으로 갈라 살만 취하여 적당히 곱게 다진 다음 생강과 참기름을 더하여 조물

조물해 두었다. 반은 계란 흰자를 섞고 반은 계란 노른자를 섞어 대합 껍데기에 넣어서 살짝 찐 다음 구웠다. 선생은 바로 구우라고 하였지만 바로 구우면 맛있는 국물이 새어 나와 대합구이의 맛을 감하므로 살짝 찐 다음 굽는 것이 요령이다. 살짝 쪄 냈더니 흰자와 노른자가 각각 대합 살과 적당히 어우러진 것이 보기에 좋았다. 그런 다음 석쇠에 대합을 얹어 살살 구우면 노릇노릇한 것이 시각적으로 맛의 깊이를 더해 준다. 햇생강이 들어가서인지 생강 향에 가려 특유의 대합 향이 덜한 것이 좀 아쉬웠다. 물론 비린내는 전혀 나지 않았고, 짭조름한 바다 향과 조개 특유의 감칠 맛이 진하게 느껴졌다.

동화책에 자주 나오는 덤불 속에 사는 방정맞은 메추라기는 요리해 보고 싶은 식재료 중 하나지만 구하기가 어려워 포기하고 있었다. 메추라기는 고기보다는 작고 예쁜 얼룩돌 같은 비타민 B1, B2가 풍부한 메추라기알로 더 익숙하다. 한때 메추라기알이 강장 식품으로 이름을 날린 적도 있는데, 이는 아마도 여걸로 유명한 당나라의 측천무후가 매일 메추라기국을 먹고 여든두 살까지 장수하였고 정열적으로 일을 했다는 데서 유래하지 않았나 싶다. 측천무후는 메추라기 요리의 효능에 힘입어 나중에는 메추라기로 술까지 담가 먹었는데 그 술을 무후주라고 부른다. 메추라기는 뼈와 근육을 강화시키기 때문에 다리가 튼튼하지 못하여 잘 걷지 못하는 사람에게 먹였고, 오장을 보호하기 때문에 쇠약한 사람에게도 좋다.

〈정조지〉에 메추라기구이를 만드는 방법이 나와 그 음식에 도전하고 싶던 중, 연구소 근처의 식품점에서 메추라기를 발견하였다. 기쁜 마음에 당장 메추라기를 다섯 마리 구입하였다. 메추라기는 큰 닭이나 오리에 비해 작아서 다루기는 편하지만 살이 적어 보인다.

기름소금을 메추라기의 몸에 발라서 재운 다음 축축한 한지로 싸서 숯불에 굽는다. 그런 다음 반절쯤 익었을 때 한지를 벗기고 직화로 굽는 조리법이다.

숯불을 사용할 수 없는 상황이라 기름소금에 재워 한지에 싼 메추라기를 오븐에 구웠다. 그리고 한지를 벗겨 무쇠솥을 달군 다음 메추라기를 넣고 노릇노릇 먹음직스러운 황금색이 날 때까지 약한 불에서 30분 정도 구웠다.

덩치가 작아서 조리하기도 편하고 조리 시간이 짧아서 좋다. 눈에 가장 맛있어 보일 때 꺼내 먹음직스러운 메추라기 고기를 먹어 보았다. 모두들 처음 먹어 보는 메추라기구이에 대한 평가는 이구동성으로 "맛있네!"였다. 쫄깃쫄깃 담백하고 감칠맛이 나면서 풍미가 있어 기대 이상의 맛을 냈다.

가금류 특유의 냄새가 전혀 나지 않아 처음 먹어 봤음에도 이물감이나 거부감이 전혀 생기지 않는다. 메추라기가 꿩과라서 맛이 꿩과 비슷하면서도 너무 담백하지만 않은 것이 닭의 풍부한 풍미를 합한 것 같다. 가슴살이 닭 가슴살처럼 퍽퍽하지 않고 쫄깃하면서 그 맛이 깊다.

그동안 메추라기 고기가 왜 일반적인 요리가 되지 않았는지 이해가 되지 않는다. 메추라기알을 흔하게 구입할 수 있는 것을 보면 분명 메추라기는 많은데 그 많은 메추라기들이 어디로 가는지 궁금해진다. 살이 많지 않으니 사람 수에 맞춰 제공하면 이 요리는 온전히 내 것이고 통째로 먹는다는 기쁨까지 느낄 수 있을 것 같다. 특히 유럽에서는 메추라기가 인기 있는 고급 식재료다. 메추라기에 기름소금을 바른 다음 오븐에 구워 오렌지 소스를 더하여 먹거나 메추라기 배 안에 버섯이나 양파 등을 채워서 소스를 뿌려 먹는다.

우리도 〈정조지〉의 메추라기구이를 기본으로 다양한 요리가 가능하다. 다양한 식문화를 즐기는 것은 우리의 인생을 풍요롭게 하고 말할 거리와 즐거움을 더하여 준다. 굳이 전 세계를 여행하지 않아도 먼 나라의 낯선 메추라기 요리법을 통하여 그 나라의 식문화와 소통하면서 이해의 폭을 넓히고 배우는 것, 그것이 서유구 선생의 정신을 이어받는 일이 아닐까 생각해 본다.

21장

기로소에서
열구자탕

요즘은 기로소의 장미밭을 거닐며 향기에 취해 시간 가는 줄도 잘 모른다. 술도 반쯤 취한 것이 추하지 않고 꽃도 반쯤 핀 것이 아름답다더니, 반쯤 핀 장미가 특히 그러한 것 같다. 편하게 있는 그대로의 아름다움을 느끼는 것이 얼마 만인가?

나는 늘 모든 사물을 보면 본질을 보기 위해 해체하고 분석하면서 원인과 결과를 밝히고자 하였다. 다른 사람이 아름다운 꽃을 보고 그대로 즐기고 기쁨을 느끼며 꽃의 아름다움을 시로 노래할 때 나는 꽃수술은 어찌 되는지, 꽃이 너무 많이 달리면 열매가 실하지 않다는 생각을 하며 이런저런 궁리를 했고, 바람, 천둥, 비 등의 자연 현상조차 나에게는 풀어야 할 시험문제 같았다. 그동안 평생을 편하게 즐기면서 살 줄을 몰랐다가 일흔이 넘어서면서부터 왠지 휑하고 허전한 게 다 이리 각박하게 살아서인가 하여 좀 다르게 살고자 한다.

나는 우보가 간 이후로 한동안 말을 잃었다. 사람들은 "지향의 소생인 칠보와 팔보가 있으니 다행이지 않냐"고 하지만 우보는 우보이기 때문에 두 아이가 우보를 대신할 수는 없다. 우보와 함께 육신과 정신의 고통 속에서도 잠깐씩이나마 느꼈던 무지개 같은 임원에서의 기쁨과 추억을 칠보나 팔보가 주지 못하기 때문에 나는 대신할 수 없다고 생각한다. 우보가 꿩도 아니었고 칠보나 팔보가 닭도 아닌 것을, 사람들은 내 마음을 헤아리지 못하고 마치 꿩과 닭처럼 이야기를 한다. 나의 학문에 대한 욕심과 가학에 대한 의무감, 공명심이 나를 강박하였고, 가장 가까운 아들인 우보가 희생됐다는 생각을 지울 길이 없어 주변 사람들을 위해서라도 좀 느슨하게 살기 위해 노력한다. 이것이 칠순의 노인이 할 수 있는 최고의 미덕이 아니겠는가?

걷다 보니 기로소의 사옹원이 있는 근처까지 왔다. 오늘은 기로소에서 주상께서 내리시는 연회가 있는 날이라 그릇 부딪히는 소리, 맛있는 음식 냄새, 사람들의 분주한 목소리로 활기가 넘친다. 이 연회는 기로소의 원로들의 생일을 계절마다 한 번에 묶어 베푸는 생일 축하연이면서 주상이 원로들에게 국정에 대한 의견을 구하는 시간이기도 하다.

잔치에 오신 주상은 이제 겨우 불혹 중반의 나이인데 얼굴빛이 푸르죽죽하고 눈빛에 힘이 없는 것이 건강을 많이 해친 듯하다. 증조할머니의 광풍의 치맛바람과 처족의 휘둘림에서 겨우 벗어나는가 싶더니 안동 김씨 세도 속에서 허수아비 노릇을 하고 계신 세월이 얼마이던가? 게다가 아들이신 효명세자께서 대리청정을 하며 왕권 회복을 위해 노력하던 차에 스물두 살의 나이로 홍서하시니 건강이 좋으실 리가 없다. 우보의 죽음을 겪은 나는 주상이 아비로서 자식을 잃은 마음과 함께 뜻을 합해 어려움을 헤쳐 나가던 동지를 잃은 마음을 너무나 잘 알기에 주상이 측은하기 짝이 없다.

백성의 생활이 만신창이이거늘 연회에 나온 음식은 화려하기 그지없다. 목에 가시가 걸린 것 같아 음식이 잘 넘어가지 않는다. 이 모든 것이 백성의 눈물이요, 피와 땀이요, 목숨이 아닌가. 많은 요리 중에서도 30가지 이상의 재료로 만드는 열구자탕이 가장 압권이었다. 열구자탕은 네발 달린 짐승인 소와 돼지의 살코기와 내장, 밭에서 나오는 부추, 배추, 미나리 등의 채소와 두 발 달린 닭과 꿩, 민물에 사는 붕어와 송어, 바다의 해삼과 전복 그리고 나무에서 딴 열매인 대추와 잣 등이 참기름과 천초, 후추와 어우러져 맛의 균형을 이루어야 하는 어렵고 정성스러운 요리다. 나는 열구자탕에 들어간 재료를 세어 보다가 헷갈려서 다시 세어 보기를 반복한다.

기로소의 원로들은 술을 서로 권하고 받고 하면서 대접을 받는 이로서의 역할을 잘하고 있다. 모두들 열구자탕을 좋아하며 먹는데 입이 즐거워 보인다. 임원에서의 농사 경험을 통해서 밥 한 수저, 나물 한 젓가락이 내 입에 들어오기까지 얼마나 많은 이의 노고가 들어가는지 알게 되었다. 내가 임원에서 어머니를 봉양하면서 살 때, 내 손은 험한 농사와 노동으로 거칠기가 멍석보다 더했고, 밭에 거름을 주다가 똥독이 올라 죽을 뻔한 적도 있다. 어머니가 좋아하시는 반찬을 만들기 위해 아침저녁으로 채소밭에 나가 푸성귀를 뜯어 씻고 보드랍게 데쳐 그 나물을 밥상에 올렸다. 그런 내 손을 잡으며 어머니는 "귀한 공이 이처럼 고생을 하시는구려. 손이란 것이 먹을 것을 만들어내지 못한다면 무슨 소용이 있단 말이오. 이 거친 손이 정말로 귀한 손이오."라며 내 마음을 위로해 주시곤 하였다.

〈정조지〉를 쓸 때는 직접 부엌에 들어가 지향과 함께 요리를 해 보면서 책에 써진 것과 부엌에서 실제 만들어지는 것의 차이점을 연구하였고, 양념에 따라서 맛과 보관 기간이 확연히 달라지는 요리에 재미를 느껴 부엌에 머무는 시간이 자꾸 길어지곤 하였다. 처음엔 서툰 부엌일에 불에 데기도 하고 칼에 베이기도 하여 어머니의 걱정을 사기도 하였다.

어머니는 그때마다 "이 어미가 보기에 공의 재주 중에 요리가 가장 뛰어난 것 같습니다. 공이 만드는 요리는 어찌나 간이 잘 맞고 담백한지 이 늙은 어미의 입맛에 잘 맞아 잘 먹고 있습니다. 음식은 비싼 재료를 쓴다고 잘하는 것이 아니고 정성이 제일 중요하지요. 내 한양에 살 때 맛있는 재료로 음식도 많이 만들고 먹어 봤지만 여기서 공이 만들어 주는 음식이 제일이요. 내가 공을 대제학으로 키운 줄 알았더니 요리사로 키웠군요." 하며 빙그레 웃으신다.

기로소 연회 음식을 보면서 어떤 재료를 썼는지, 어떤 요리법인지 습관처럼 분석하기 시작한다. 없던 새로운 요리가 생기기도 하고, 이미 있던 요리를 더 만들기 편하고 맛있게 변형하기도 했다. 중국 요리와 일본 요리를 변화시켜 우리 입맛에 맞추어 우리 방식으로 만들어지고 우리의 음식이 중국이나 일본의 역관들을 통해서 전해지고 그 나라의 풍토와 환경, 입맛에 맞는 요리로 변화된다. 이처럼 한 나라의 요리법도 그 나라의 풍토에 맞게 변화하면서 발

전하거늘 어찌하여 국정을 운영하는 자들이 편을 갈라 싸우는 것은 바뀌지 않아 나라의 기강이 이 지경이니 결국 인간의 간사한 입맛보다도 못 하다는 생각이 들자 마음이 아프다.

봄날 아침 나뭇가지에서 노래하는 꾀꼬리를 표현한다는 춘앵전이 시작되었다. 꾀꼬리 같은 노란 옷을 입고 오색 한삼을 옷소매에 낀 무녀가 꽃 화문석에서 미려한 춤사위를 자랑한다.

돌아가신 효명세자께서는 아악과 춤에 뛰어난 재주가 있으셔서 장중한 아악과 화려한 춤을 통하여 효심을 표하며 흔들리는 왕가의 위엄을 보이고자 하셨는데, 저 화려한 춘앵전의 춤사위도 세자의 뛰어난 안목이 더해져서 봄날 꾀꼬리가 나뭇가지에 앉아 자신의 목소리와 자태를 뽐내며 봄을 노래하는 듯 황홀하기 그지없다.

세자의 뜻을 아는지 모르는지 그저 아름다운 춤에 매료된 기로소의 회원들이 일어나 덩실덩실 춤을 추며 하해와 같은 은혜를 베풀어 주셔서 감사하다며 주상과 신료들 간에 서로 만수무강을 비는 축원을 하니 마치 태평성대라도 맞이한 것 같다.

산해진미가 총출동한 열구자탕

〈정조지〉에 소개된 열구자탕의 재료를 세어 보았더니 서른세 가지나 된다. 소의 고기와 내장, 돼지의 내장, 말린 전복, 해삼, 닭고기, 꿩고기, 붕어, 송어, 대추, 잣, 배추, 미나리, 오이 등이니 재료를 갖추는 것만으로도 숨이 찰 지경이다.

열구자탕은 여러 가지 성질을 가진 요리의 향연이므로 무엇보다도 맛의 조화와 균형이 중요하다. 서른세 가지 이상의 재료가 한 그릇 안에서 내는 맛과 향기는 과연 어떨까? 열구자탕을 먹어 보기는 했지만 이렇게 많은 재료가 들어간 열구자탕은 처음이다. 마치 내가 오케스트라의 지휘자가 된 것 같다. 하나의 재료에 문제가 생기면 열구자탕 전체에 영향을 미치게 된다. 일단, 다른 재료에 폐를 끼치지 않으려면 좋은 재료를 선별하는 것이 아주 중요할 것 같다.

현대의 열구자탕은 재료가 단출해지는 바람에 열구자탕에서 가장 중요한 신선로만 준비되어 있다면 누구나 어렵지 않게 만들 수 있는 요리다. 물자가 귀하고 냉장 시설이 없던 시절, 열구자탕을 제작할 때는 긴장감까지 감돌았을 것 같다. 특히 천엽이나 소, 돼지의 내장 기관은 살코기에 비해서 잘 상하기 때문에 재료를 관리하는 것부터 보통 정성이 들어가는 요리가 아니다.

전복을 사서 말리고, 말린 해삼, 게, 붕어, 송어, 닭고기, 꿩고기, 돼지 내장, 소의 양과 염통, 간, 허파 등의 내장과 대추, 잣 등 〈정조지〉에 나와 있는 식재료를 모두 구비하였으나 안타깝게도 천엽을 구하지 못하였다.

재료를 불리고, 전을 부치고, 포를 뜨고, 국물을 내고, 삶고, 자르고, 밀고 온갖 조리법이 다 동원되지만 재료가 갖추어지고 정성스러운 마음만 있다면 어려운 요리는 아니다.

재료를 사는 정성과 손질하는 정성이 들어간 다음 마지막으로 담는 세 가지의 정성이 들어가야 비로소 열구자탕이 완성된다. 재료로만 있을 때는 완전히 다른 육류였던 것들이 조리를 해 놓고 보니 구분이 안될 정도로 비슷하다. 신선로의 바닥에는 삶은 고기를 깐 다음, 비슷해 보이면서도 다른 고기의 색상과 재료의 성질을 고려하며 신선로를 채워갔다. 드디어 잣이 얹어지고 천엽만 빠진 〈정조지〉의 신선로가 완성되었다. 안에 숯불을 장착하기로 하여 모든 준비를 완료하였으나 누군가 불편한 방법보다는 알코올을 이용하

는 것이 더 쾌적하게 먹을 수 있다고 제안한다. 현대인의 생활에서 숯을 피운다는 것은 현실적으로 어려움이 있다. 그래서 알코올을 사용하였더니 금방 신선로에서 김이 오르기 시작한다.

사진 속 열구자탕은 눈길을 끌게 하려는지 화려한 이미지로만 전해져 진한 화장을 한 여자를 보는 듯하다면 〈정조지〉의 방법 그대로 복원한 열구자탕은 화려하지 않고 다소곳한 데다 수수해 보이기까지 한다. 특히 계란을 사용할 때 노른자를 빼고 흰자만 사용했더니 색상이 튀지 않는다. 계란 흰자로 지단을 부칠 때에는 게살을 더하는 것이 밋밋한 지단의 맛을 고급스럽게 만들어 준다.

붕어는 복숭앗빛, 숭어는 뜨물색, 그리고 소의 대창은 크림빛, 사기가는 술지게미 색, 소고기는 커피색, 게살을 넣은 계란 흰자는 상앗빛, 게황이 들어간 쪽은 호박색, 전복은 노르스름한 노을빛, 말린 해삼은 코코아색, 대추는 와인색으로 '오방색의 화려함보다는 은근한 것이 도리어 깊은 맛이 나겠구나' 하는 기대감을 품게 한다.

열구자탕이 끓기 시작하자 세 가지 정성이 합해진 아름다운 열구자탕을 과감하게 허물어서 먹기 시작한다. 소고기 양지의 시원한 육수와 다양한 재료, 조리 방법에서 나오는 맛의 조화가 입안을 압도한다. 쫄깃하다가도 부드럽고 고소하다가 매콤하며 상큼하면서도 무던한 맛이 혼재되었지만 결코 각 재료의 개성을 잃어버리지 않았다.

열구자탕을 대접받는 사람은 열구자탕을 만든 그 정성스러움과 고급스러움에 큰 감동을 받는다고 한다. 열구자탕은 신선로만 있다면 누구나 만들 수 있는 쉬운 요리다. 다양한 재료가 들어가기 때문에 소량의 재료만 있으면 된다. 평소 전복을 살 때 한두 마리를 말리고 고기를 살 때 조금씩 냉장고에 넣어 보관해 두면 큰돈을 들이지 않고 만들 수 있을 것 같다. 누군가에게 감동을 주고 싶을 때 열구자탕에 도전해 보기를 바란다.

살기에 빠듯한 세상이다. 모두들 사는 것이 힘들다고 아우성이다. 이럴 때 힘이 빠져 있는 사랑하는 사람에게 열구자탕을 대접한다면 입만 즐거워지는 것이 아니라 사랑과 관심, 그리고 응원의 마음이 열구자탕을 통해 뜨겁게 전달되어 마음까지 즐거워질 것 같다.

22장

전라관찰사 부임

골동반과 막걸리

독서를 하다가 장미밭에 나가려 하는데 주상 전하께서 찾으신다는 전갈이 왔다. 신발을 고쳐 신고 주상을 알현하니, 이 늙은이에게 전라관찰사로 갈 것을 명하신다. 전라도는 조선 최대의 곡창지대로 농업이 가장 번창한 풍요의 땅이다. '중앙에서 기로소나 다니면서 장미 구경이나 하는 것보다는 전라관찰사로 직접 민생을 챙기고 현실에서 실천할 수 없었던 꿈에 도전해 보고 싶다'는 생각이 들었다.

우보가 죽은 뒤, 혼자 바위에 계란 치는 격이라 지쳐 잠시 접어 두었던 서씨 가문의 꿈을 떠올렸다. 《임원경제지》를 편찬하면서 습득한 농업 지식을 실제 현장에서 적용해 볼 수 있는 절호의 기회가 아닌가? 나는 가겠다고 하였고 주상은 경의 과감한 결단에 감사드린다고 치하하시면서 "경이 연로하니 전라관찰사로 가는 길은 각 지방 수령에게 연락하여 최대한의 편의를 제공하도록 하겠노라"고 하신다.

천안, 공주, 논산을 거쳐 여산으로 가는데 아침 안개가 자욱하여 한 치 앞도 보이지 않는다. 봄 안개는 죽 안개요, 가을 안개는 쌀 안개라는데 걱정이 앞선다. 안개가 걷힌 논은 모내기가 코앞에 닥쳤는데 논바닥이 동상 걸린 손처럼 쩍쩍 갈라져 있다.

여산의 황화정에 도착하여 전임 관찰사 이규현을 만나, 관인과 병부를 인수받는 교인식을 하고 나니 해가 기웃하다. 여산 동헌에서 하룻밤을 묵었는데 동헌지기의 말로는 인심 좋던 이 지역이 몇 년의 가뭄으로 이제 서로 이웃 간에 싸우고 도둑질이 성행해서 이러다간 풍년이 들어도 서로 틀어져 얼굴도 안 볼 것 같아 걱정이라고 한다. 배고픔이 서로 간의 반목을 낳고 백성들 사이에 씻을 수 없는 상처를 주고 있다.

저녁을 먹고 높은 언덕에 위치한 동헌에서 여산의 드넓은 들판을 바라본다. 그 들판을 비추던 해가 병풍같이 둘러진 산에 걸려 하늘을 붉게 물들이니 아름답기 그지없다. 그 바람에 잠시 시름을 잊어버린다.

다음 날 태조의 넷째 아들이신 회안대군 이방간이 살고 있어 사람들이 이곳을 지날 때면 세 번의 예를 갖추었다는 그래서 교육의 도장으로 적기인 삼례를 지나 호남평야의 젖줄인 만경강을 따라 35년 전 순창군수 시절 두 번 방문하였던 전주부 오리정에 도착하니 감회가 남다르다. 중군, 중영장 등이 영접을 나와 있었다. 조경묘 개복소에 가서 공복을 갖추고 묘정에 숙배한 후, 서둘러 태조의 어진이 봉헌된 경기전으로 가자고 했다. 태조의 어진을 바라보며 인사를 올린다.

조선이 세워지고 450년 동안 너무 참담하여 기록조차 하고 싶지 않은 사건들과 종묘사직을 위한다는 명분 아래 죽어간 수많은 얼굴들이 떠오른다. 이런 고통스러운 대가를 치른 뒤에도 계속되고 있는 백성의 눈물과 한숨이 들린다. 백성들이 잘사는 날, 그날까지 자신과 함께 가자고 하던 선왕(정조)의 용안이 태조의 어진 위에 겹쳐진다. "이 못난 서유구가 선왕의 유지를 받들어 열심히 일하지 않고 게으름만 부리다가 다 늙어빠진 당나귀 몰골이 되어 전라 관찰사로 왔습니다."라고 말씀드린다. 그리고 "하늘에서도 쥐꼬리만큼도 쓸 곳이 없는 신을 하해와 같이 사랑하시어 현 주상을 통해서 이런 중책을 맡게 하시니 성은에 보답하겠습니다."라고 선왕께 약속을 한다.

선왕은 "경의 그 깊은 마음을 잘 알았으니 이제부터라도 제대로 잘하도록 하라며 노구를 이끌고 전주까지 오느라 피곤할 텐데 편히 쉬라고 하시고는 잠시 망설이시다 눈이 어두울 텐데 밤길을 잘 살펴서 가라"고 당부하신다. 나는 "내가 눈이 좋지 않은 것은 늙어서가 아니고 주상 때문"이라고 고쳐 말하자 주상은 "그것은 정말로 미안하게 됐다"며 허허 웃으신다.

내가 초계문신 시절, 주상은 젊은 학자들이 당파에 빠지지 않고 학문에 전념하게 하기 위해서 혹독할 정도로 공부를 시키셨다. 공붓벌레 중의 공붓벌레인 초계문신들이 혀를 내두를 정도였으니 하루가 멀다 하고 주상이 직접 주관하는 시험과 언제 쏟아질 줄 모르고 언제 멈출 줄 모르는 주상의 질문 세례에 답하기 위해서 정신 나간 사람처럼 공부를 하고 또 하였다. 주상께서는 바쁘신 국무 중에도 직접 채점을 하셔서 일부러 남의 눈에 띄게 하려는 듯 붉은색으로 점수를 크게 매기셨는데, 때문에 동료 초계문신 앞에서 난감한 일이 한두 번이 아니었다. 궁궐로 공부하러 갈 때마다 근심이 가득하여 차라리 오뉴월 염천에 뜨거운 불 앞에서 풀무질하는 대장장이와 고요히 인생을 정리하는 노인의 한가로움이 부러웠다. 그들과 초계문신 자리를 맞바꾸고 싶을 정도였다. 이런 한심한 생각을 하다가 규장각에 출근하여 동료들의 당당하고 자신감 있는 얼굴을 볼 때면 괜스레 나 자신이 초라해지며 자책을 한 적이 적지 않다.

전라감영의 연신당에 행장을 풀고 저녁상 앞에 앉았다. 오랜만에 시장기가 느껴지는 것이 괜스레 기분을 들뜨게 한다.

전라도는 동고서저의 지형으로 동쪽으로는 사람이 오를 만한 산이 많고 서쪽으로는 기름진 호남평야가 가없이 펼쳐져 있고 생명을 키우는 잿빛 갯벌을 바다가 품고 있으니 동해나 남해보다 더 다양한 바다의 맛을 제공한다. 먹기 좋은 산채와 기름진 쌀 그리고 해산물이 풍성하여서인지 내가 여러 지역을 많이 다녀봤지만 음식은 전라도 음식을 따를 곳이 없다.

저녁 식사는 정갈한 놋쇠 그릇에 담긴 골동반과 반주로는 목을 축이기에 적당한 시원한 부의주가 나와 독한 술을 즐기지 않는 늙은 관찰사의 초하 여독을 풀기에 적당하다.

골동반에는 고사리, 도라지, 표고버섯, 미나리, 계란, 잣, 은행이 색색으로 담겨 있고 물에 불려 다져서 양념한 홍합이 골동반을 색다르고 돋보이게 해 준다. "관찰사 나리께서 단출한 음식을 좋아한다 하셔서 홍합골동반을 준비하였습니다." 하며 감영의 칼자가 얼굴에 미안함을 가득 담는다.

골동반은 사일에 먹는 사반과 거의 비슷하니 사반은 고기를 다양하게 채소는 적게 사용하고 골동반은 고기를 한 종류, 채소를 많이 사용한 것이 다를 뿐이다.

색동옷처럼 밥을 곱게 덮은 색색의 나물과 홍합을 골고루 잘 섞어 한 수저를 들었다. 먼 길을 달려 객고에 지친 늙은이의 입안에 침이 고이고 입맛이 돌며 기운이 난다. 달콤하면서도 새콤한 꽃향기를 내는 부의주가 시원하게 탁 쏘는 것이 속이 다 시원하다. 인조 때 문신 계곡 장유가 김대비가 저승길에 들어 맛있는 사반을 못 드시는 것을 안타까워하며 쓴 글이 있는데, 오늘 전주에서 골동반을 먹으니 그 심경이 헤아려진다. 장유는 〈김대비만장(金大妃挽章)〉에 "인간 세상에 돌아와 사반을 드시고, 지하에서 다시 구슬 옷을 입으시리"라고 썼다.

성종 14(1483)년 6월 12일 정희왕후의 애책문과 묘지문에도 사반이 나온다. 이 내용의 일부분을 보면 "아아, 슬프다! 용곤이 비통하게도 최의로 변하였으니, 말명을 따르며 울부짖도다. 조관들은 슬퍼하여 벽용하고 사반을 생각하며 놀라 부르짖네"라고 했다. 이 사반이 얼마나 맛있었으면 장유가 대비의 만장에 썼으며, 정희왕후의 애책문에 썼을까 싶다.

성질이 각기 다른 재료가 한데 어우러져 조화를 이루어 천하의 진미가 부럽지 않구나. 하물며 음식도 이러하거늘 사람도 서로 마음과 힘을 합하면 얼마나 살기 좋은 세상이 되겠는가?

저녁 식사를 마친 후 양어머니에게 문안 인사를 드리기 위해 내아로 가는데 설렘을 담은 부드러운 봄바람이 늙은이의 저승꽃 핀 마른 볼을 부드럽게 어루만져 준다. 잠시 멈추어서 밤 하늘을 바라보는데 여러 힘들이 나를 감싸주는 것 같았다. 그 힘에 응답이라도 하는 듯 가슴이 벅차오르는 것이 마치 처음 관직을 받았을 때와 같은 열정이 되살아난다.

전라관찰사로서 매일매일의 행장과 출납을 꼼꼼히 기록하여 스스로를 경계하고 백성을 철저히 돌보자는 각오를 새롭게 하는 뜻에서 '전라관찰사 일기'를 쓰기로 하고 그 제목을 《완영일록》이라고 짓는다. 내친김에 아직 정리되지 않은 궤짝에서 붓과 벼루를 꺼내어 《완영일록》이라고 표지를 쓴다.

늦게까지 책을 들추다가 잠을 청한다. 《완영일록》은 어떤 내용으로 시작될지 전라관찰로서의 내일이 기다려진다. 오랫동안 객지를 떠돌다가 고향 집에 돌아와 그립던 고향의 음식을 배불리 먹고 따뜻한 어머니의 품에 안긴 것처럼 마음이 평안하다.

시작은 서민의 음식이었던 골동반과 막걸리

〉〉〉

골동이란 오래된 물건이란 뜻도 있지만 여러 가지가 자질구레하게 섞였다는 뜻이다. 결국 여러 가지를 자질구레하게 뒤섞어 먹는 밥이라는 뜻이니 골동반의 시작이 격이 있거나 우아하지는 않았다.

골동반의 유래는 새해를 새 마음으로 맞이하면서 묵은 음식을 치워 버리기 위한 것이라고 하는데, 지금은 여자들이 남은 반찬이 아까워 냉장고 속 재료 이것저것을 모두 비벼서 먹는 것으로 그 의미가 옮겨졌다. 하지만 우리는 음식을 치우기 위해 할 수 없이 이런 방식으로 골동반을 먹는다고 생각하지 말고 항상 새로운 마음가짐으로 살기 위해서 골동반을 먹는다고 생각하고 즐겁게 먹으면 되겠다.

서유구 선생은 〈정조지〉에서 입춘과 입추 후 다섯 번째 되는 날, 토지 신에게 제사를 지내고 고기와 채소를 덮어 먹었던 사반이 골동반의 시작이라고 한다. 골동반은 고기를 한 가지만 사용하고 사반은 여러 가지 고기를 사용하는 것이 다른 점이다.

우리나라의 초기 골동반은 고추장으로 비비지 않고 간장이나 장국을 넣어 비볐는데, 이후 고추장이 본격적으로 쓰이면서 고추장으로 비볐을 것으로 추정한다.

전주는 물맛이 좋아 장맛이 좋다. 조선 후기에 고추장이 널리 쓰이면서 전주의 십미인 콩나물, 무, 미나리, 호박, 청포묵과 함께 비벼지면서 유명해졌다. 나는 전라관찰사로 오신 서유구 선생에게 색다른 비빔밥을 대접하고 싶었다.

육수와 표고버섯 물로 밥을 짓고 고추장이 아닌 담백한 간장을 사용하고 콩나물 대신 깔끔한 숙주를 사용했다. 그렇게 지금의 붉은색 중심의 화려한 비빔밥에서 중간색 위주의 수수한 비빔밥을 만들어 봤다. 녹색과 검은색을 기조로 중간중간 무색을 넣으니 한결 무게감 있는 비빔밥이 만들어졌다. 고기 대신 마른 홍합을 물에 불려 거칠게 다진 다음 갖은 양념을 하여 웃기로 썼다. 치자색 홍합이 수수한 골동반과 잘 어울린다.

백성을 유난히 사랑한 서유구 선생은 절제와 겸손이 몸에 밴 분이다. 고기가 올라간 골동반을 받았다면 몇 년째 가뭄에 시달리는 백성들을 생각하면서 그 골동반을 차마 드시지 못하였을 것이다. 기본적인 오방색의 틀은 벗어났지만 현안을 고민하는 어진 목민관의 고민을 비빔밥에 담아 보고 싶었다.

전주는 물이 맑고 근교에서 좋은 쌀이 많이 생산되는 덕분에 예로부터 술맛이 좋기로 유명하다. 먼 길을 달려 부임지 전주에 온 늙은 목민관 서유구 선생은 정성이 가득 담긴 골동반에 톡 쏘는 시원한 부의주 한잔을 마시고 전라관찰사로서 새로운 각오를 다졌을 것이다.

부의주는 낯선 술이 아니라 우리에게 친근한 술인 동동주다.

부의주는 청주와 막걸리의 중간에 해당하는 술로, 술을 만들 때 밥알이 동동 뜨는 것이 마치 개미가 뜬 것 같다고 하여 뜰 부(浮), 개미 의(蟻) 자를 써서 부의주라고 한다. 누군가는 밥알이 동동 떠 있으니 그냥 동동주라고 하였던 것인데 부의주나 동동주나 다 동동 뜬 밥알을 형상화하여 술 이름을 지었다는 것이 재미있다.

술을 만들 때 용수(싸리나 대오리로 만든 둥글고 긴 통)를 박아서 그 안에 고인 맑은 술을 떠내면 청주요, 그다음 떠낸 술이 동동주(부의주)고, 두 술을 걸러낸 뒤 남은 술지게미에 물을 더하여 막 걸러서 만든 탁하고 흐린 술이 막걸리다. 고급스러운 맑은 술 청주는 양반들이 즐기고, 적당한 동동주는 평민들이 마

시고, 물을 타서 막 거른 막걸리는 머슴이나 농민들이 노동의 고통을 녹이고 굶주린 배를 채우던 술이다. 청주나 부의주(동동주), 그리고 막걸리 모두 결국은 한 독에서 나오는 술이지만 마지막 공정이 달라지면서 그 술의 격도 크게 달라지는 셈이다.

막걸리는 그 태생이 격이 있거나 우아하지 않지만 지금은 우리나라를 대표하는 술로 자리매김을 하였으니 사람 팔자나 음식 팔자나 다 알 수가 없는 것이다.

〈정조지〉에서는 급수청, 사절주 등 청주를 만들 때 탁주가 같이 나온다고 한다. 특히 사절주는 청주보다는 탁주가 더 많이 나오는 탓에 사절주를 탁하고 걸쭉한 술인 앙로류로 분류한다고 한다.

이 탁주는 부의주와 막걸리를 말한다. 탁주는 덤으로 얻어지는 술이기에 만드는 술의 종류에 따라서 아주 다양한 맛을 냈을 것 같다.

부의주는 깨끗하고 도수가 높은 고급술인 청주처럼 깔끔하고 담백한 맛은 없지만 곡물과 누룩의 진한 맛을 느낄 수 있어 좋다. 게다가 특유의 청량감이 시원한 맛을 주어 마치 청량음료를 마신 것처럼 막혔던 가슴이 탁 터진다. 잘 만든 부의주는 달콤하고 시큼한 맛이 향기와 잘 어우러져 부의주 특유의 오묘한 맛을 느낄 수 있다.

부의주 만드는 방법을 읽어 보니 식혜를 만드는 것과 똑같아 처음 만드는 부의주였지만 어렵게 느껴지지 않았다. 발효의 기준을 동동 떠오른 밥알로 삼는 점이 특히 식혜와 같아 친근하였다. 청주를 뜨지 않으니 덤으로 생기는 부의주에 비해 훨씬 더 맛이 진하고 향기로울 것 같다.

끓여서 식힌 물에 누룩가루를 섞어서 하룻저녁을 재운다. 그런 다음 오래 불린 찹쌀을 고두밥으로 찌고 누룩 물과 같이 섞어서 손으로 일일이 밥알을 떼어 비벼 주었다. 그런데 항아리에 넣어 실온에 두고 만 3일이 경과한 후에도 밥알이 떠 있지 않아 낙담을 하였다. '개미가 떠 있지 않으니 이건 부의주가 아니야' 하며 발효 시간을 더 길게 두어야 하는지 혼란스러워 술맛을 보니 신맛이 강해 더 두면 식초가 되는 것이 아닌가 걱정이 되어 걸러 내었다.

밥알이 떠오르지 않은 이유를 찾아보니 밥알이 계속 떠올라 있는 것이 아니고 발효 과정 중 다시 가라앉는다고 한다.

부의주를 걸러서 냉장고에 넣고 시원하게 한 다음 밥알을 동동 띄워 부의주 맛을 보았다. 첫맛이 부드럽고 향이 은은하며 달콤한 게 과일 향이 살짝 느껴진다. 부의주는 독하고 강하지 않아서 목 넘김까지 잘 이끌어 준 다음, 온몸을 따뜻하게 해 줬다. 다만 신맛이 강하여 조금 일찍 항아리를 열어 보았어도 좋았을 것 같다는 아쉬움이 남았다.

밀가루, 물, 이스트, 소금으로만 만드는 바게트가 프랑스 빵의 기본이듯이 부의주를 만들어 보니 누룩, 물, 찹쌀밥으로만 만드는 부의주가 모든 술의 가장 기본이라는 생각이 든다. 부의주만 잘 만들어도 다른 술을 어렵지 않게 만들 수 있을 것 같다.

다음에는 급수청이나 사절주를 만들면서 부의주를 얻어볼 생각이다. 좀 더 다른 맛의 부의주를 얻고, 막걸리도 같이 얻을 수 있으니 일거삼득이다.

23장

바짓가랑이를 걷고 논밭을 누비며
행주두부와 감저주

전라관찰사로 부임한 첫 여름에는 끊임없는 송사와 민원 속에서도 농서를 틈틈이 읽으며 논으로 달려 나가 농민들과 농사에 대해서 의견을 나누었다. 직접 바짓가랑이를 걷고 논두렁을 누비면서 수리 시설의 상황을 점검하고 개보수할 곳과 새로 설치할 곳을 점검하였다. 농민들에게는 군역 대신 수리 시설 개보수와 신설에 참여하도록 하였다.

농사짓기 좋은 도구를 만들기 위해 중국 서적을 찾아보거나 신기술을 가지고 있는 자를 먼 거리도 마다하지 않고 초청하였다. 그리고 그들의 의견을 듣고 직접 제작하게 하여 마을에 보급하였다.

쌀을 대신할 수 있는 고구마 종자를 급히 구해 각 고을에 나누어 주어 백성들이 굶어 죽는 것을 막고자 한 다음, 고구마 농사를 잘 지을 수 있는 기술을 담은 《종저보》를 편찬하여 나누어 주기도 하였다. 고구마는 척박한 땅에서도 잘 자라는 작물이긴 하나 따뜻한 곳을 좋아하는데, 우리나라는 겨울이 춥고 길어서 고구마가 얼어 죽는 경우가 많았다. 그래서인지 구황작물로서 제 역할을 못 하고 있었다.

그해 전라도는 거듭된 흉년으로 창고의 물품이 모두 바닥나 백성은 쇠약하고 병이 들어 그것을 바로잡을 길이 없을 정도였다. 가는 곳마다 유리걸식하는 백성들이 넘쳐나고 이들이 좀도둑질을 하여 유랑민과 백성들 사이의 갈등이 너무나 심각하였다. 마치 고슴도치의 털이 곤두서는 것처럼 엉클어져 있어 어디서부터 풀어야 할지 고통스럽기만 했다. 삼십오 년 전 순창군수 시절보다 백성들의 생활은 더 참혹했고, 고통 속에서 헤어나야겠다는 생각조차 할 의욕이 없는 상태였다.

나는 간곡한 상소를 보내 진휼곡과 환곡의 탕감을 요청하였고, 주상(순조)께서는 이를 허락하셨는데 역대 관찰사 중 내가 가장 많은 중앙의 지원을 받았다. 나는 먼저 가장 큰 고통을 받고 있는 해안가 지역과 섬마을에 진휼곡을 내려서 유랑민이 되는 것을 막았고, 봄이 되면 어업에 종사하여 진휼곡을 갚게 하였다. 굶주린 백성의 배를 채워서 죽어 가는 것을 막는 일이 가장 중요하여 진휼곡을 만드는 데 온갖 노력을 다하였다. 어렵게 만들어진 진휼곡이 관리자의 농간 없이 제대로 쓰이는지도 엄격하게 관리하였다.

또한 논과 밭을 개간하는 데 중요한 소를 도살하는 것을 금지하여 만약 이를 어길 때에는 큰 벌금을 물게 하고 그 벌금은 진휼을 하는 데 쓰도록 하였다.

전주는 우리 서씨 집안과는 5대에 걸쳐서 긴 인연을 맺고 있는 곳이다. 나의 4대조인 정간공 문유, 3대조인 문민공 종옥, 아버지인 정헌공 호수가 전라관찰사를 지냈고, 할아버지인 보만재 명응은 문민공이 전라관찰사를 할 때 전주에 머물면서 문민공의 가르침을 받았다. 이제 일흔이 넘은 내가 전라관찰사로 전주에 내려오니 마치 끊어졌던 인연의 끈이 다시 이어진 것 같아 감회가 남다르다.

전라도의 어디를 가도 어른들의 흔적이 생생하게 남아 있다. 며칠 전에는 아버지 정헌공 호수가 중건한 완동문(동문)에 올랐다가 소름이 돋고 힘이 빠지면서 내 영혼이 아득한 소용돌이 속으로 빨려 들어가는 것 같아 당황스러웠다.

추석을 나흘 앞둔 날, 제례를 주관하고 활쏘기 대회를 마친 후 용머리고개에 올랐다. 용머리고개는 전주천 물을 다 들이켠 용이 승천하려다 실패하고 떨어졌다는 전설이 서려 있는 곳이다.

용머리고개에 올라 추수를 앞둔 논의 상황을 살핀다. 황금물결로 춤을 추어야 할 들판이 염병 앓고 간신히 살아난 김 서방 머리 꼴 같아서 마음이 답답하다. 백성들에게 수확할 때 나락 한 알이라도 허실이 없도록 주의를 해 달라고 당부한다.

내년의 풍년을 위해서 해야 할 일이 태산과 같다. 급한 마음에 걸음을 돌리는데 이방이 어떤 처사가 나리를 위해 만든 것이라며 술병을 보여 준다. "나리가 주신 고구마 종자로 배고픔을 막아 우리 식구들이 죽음을 면했으니 생명의 은인"이시라며 "그 고구마 종자로 만든 감저주"라며 주고 갔다고 한다.

논두렁에서 농부들과 어울려 감저주 맛을 보았다. 달콤하고 향긋하다. 게다가 부드럽기까지 해 부담이 없었다. 누군가가 행주 두부를 가져왔다. 두부에 간장과 생강을 넣고 삶은 간단한 안주지만 간이 잘 맞아 달콤한 감저주와 아주 잘 어울린다.

전주 음식은 겉보기엔 소박하지만 정성이 많이 들어가서인지 어떤 음식을 먹어 보아도 맛이 있다. 한양 음식이 너무 심심하고 남쪽 해안가 음식이 너무 진하다면 전주 음식은 맛이 깊으면서 은은한 것이 마치 수묵화와 같다.

감저주를 먹은 우리들의 얼굴이 변산의 월명낙조만큼이나 붉고 예쁘다. 술 한잔에도 이렇게 감사하고 행복해하는 민초들이 있어 나라가 있고, 임금이 있고, 관리가 있다. 나는 본시 밥은 굶지 않는 집안에서 났기에 걱정 없이 글공부를 할 수 있었다. 그래서 관리가 되었고 이들 앞에 서서 나리라는 호칭을 들으며 평생 대접을 받고 살았다. 농부, 어부, 베 짜는 사람, 집 짓는 사람들의 피와 땀, 그리고 눈물을 먹으며 평생 무위도식하는 무리 중 하나에 불과하였다. 졸음을 쫓아가며 외워대던 공자, 맹자도 배고픔과 추위, 병 앞에 서는 소경 앞에 놓인 책과 같이 아무런 쓸모가 없었다.

무리 중에서 누군가가 나리의 높은 덕과 마음을 칭송하고자 귀에 거슬리시겠지만 창을 한 가락 뽑을 수 있도록 부디 허락해 달라고 한다.

나는 흔쾌히 허락하였고 사람들은 "아이고, 오늘은 배 속만 호사하는 것이 아니고 귀까지 호사하는 날이네!"라고 기뻐하며 좋아한다. 아마 사내가 창을 제법 잘하고, 사람들은 그의 창을 듣는 것이 큰 낙인 듯하다.

사내는 앞으로 나와 〈심청가〉 중 심 봉사가 눈을 뜨는 장면을 부르겠다면서 "관찰사 나리로부터 새로운 농사법을 하나하나 깨치는 것이 마치 심 봉사가 눈을 뜨는 것과 같았다"면서 "이 마음을 창에 담았노라"고 하니 사람들이 맞장구를 치며 어서 부르기를 청한다.

앞으로 나온 사내는 옷이 땀에 절고 허리는 곱사등처럼 구부정하나 눈빛은 형형하다. 앞에 선 그는 뽐내듯 헛기침을 몇 번 하고 심 봉사가 세상을 보는 기쁨을 비 갠 후 폭포수가 떨어지듯 토해내기 시작한다.

"심 봉사는 눈을 떠서 아름다운 세상을 보았고, 우리는 나리가 농사법의 지혜를 나누어 주시니 비로소 제대로 농사짓는 법과 제대로 백성으로 사는 법을 보았네!"

환희의 노래가 청명한 가을 공기와 만나 가을 들판에 줄달음친다.

사내의 주름진 얼굴에 땀이 흘러 그가 몸 사위를 크게 할 때마다 메마른 땅에 비가 되어 떨어진다. 사내의 헝클어진 상투는 상모처럼 덩실거리며 신이 나 있다.

신명이 난 우리는 "얼쑤, 얼쑤, 잘한다!"라며 누구 할 것 없이 고수가 되어 추임새를 넣어 준다. 낫과 도리깨가 북채가 되고 땅이 북이 된다.

내년엔 가을바람에 맞춰 군무를 추는 황금 들판을 구경하며 맛있는 새참에 배부르고 감저주에 취해 풍년가를 목 터지게 불러 보리라.

전천후로 만드는 쉬운 행주두부와 감저주

〉〉〉

두부는 가격 대비 효용 가치가 가장 높은 식품 중의 하나로 우리에게 참 친숙한 식품이다. 팔팔 끓는 구수한 된장찌개와 매콤한 김치찌개에 또 고소한 두부조림과 시원한 북엇국에 그리고 만두소로도 정말 다양하게 이용되며 하루도 두부를 안 먹는 날이 없어 두부 없는 식탁은 상상도 할 수 없을 정도이다. 특히 금방 만들어진 따끈따끈한 두부를 김치로 싸 막걸리를 한잔 곁들이면 세상 그 어떤 술과 안주도 부럽지 않다.

이처럼 술안주나 밥반찬이었던 두부를 요즘에는 다이어트에 좋다고 하여 주스를 만들어 채소, 과일과 함께 갈아서 마시기도 한다.

두부의 발상지인 중국에서는 두부를 액체로 된 것이 모여서 고체가 된 것, 액체도 아니고 고체도 아닌 것 같은 상태를 가리킨다고 한다. 조선, 중국, 일본이 모두 두부를 만들어 먹었지만 그중에서도 조선 여인의 두부 만드는 솜씨가 가장 뛰어나 명나라 황제가 공식적으로 두부 만드는 여인들을 보내 달라고 조선에 요청했다는 기록이 《세종실록》에 있다. 이를 보면 이미 조선 초에 조선의 두부 만드는 기술이 중국을 압도했음을 알 수 있다.

진주를 거르고 눈을 갈아 질퍽해지면, 걸쭉한 액체를 정제하여 소복을 입히네. 상자에 함께 담겨진 근심은 네모난 옥으로 부서져, 근심은 흰 구름으로 날아가네. 푸성귀 그릇은 치즈와 함께 섞이는 게 습관이라, 모양은 진한 비계보다 고르기 어렵다. 도리어 젖을 그리워한 맘이 우습구나. 백색의 넌 잘게 자르지 않은 크림 같은 태양일세.

청나라의 장소가 지은 〈두부〉라는 시로, 두부를 만드는 과정과 두부의 모양을 아름답게 묘사하였다.

두부는 당연히 우리나라 사람들만 먹는 음식인 줄 알았다. 그러다 마파두부를 알게 되고 중국 사람들도 많이 먹는다는 사실과 우리보다 먼저 두부를 만들었다는 사실을 알게 되었다.

왜 행주두부일까? '행주'란 임금이 행차할 때 임금의 음식을 만들던 임시 주방을 뜻한다. 이로 미루어 보건대, 조리 기구가 모두 갖추어진 정식 주방이 아니더라도 어느 곳에서나 간단하게 해 먹을 수 있는 두부라는 뜻에서 이런 이름이 붙은 듯하다. 〈정조지〉에도 행주두부는 길을 가다가도 만들 수 있다고 했으니 '언제 어디서나 쉽게 만들 수 있는 두부'라는 뜻이 담겨 있는 게 분명해 보인다.

보통 두부는 불린 콩을 갈아 끓여서 찌꺼기를 받친 다음 간수를 넣어 굳히는데 행주두부는 콩가루를 가지고 만드는 두부다. 콩을 쪄서 말려 빻은 후 그 가루를 물에 타서 고운 체로 받친 다음 간수를 넣어 굳혀서 잘라 쓴다.

〈정조지〉의 행주두부를 만드는 방법은 일본의 부드럽고 수분 함유량이 많은 기누고시 두부나 우리나라의 비단 두부와 비슷하다. 기누고시 두부는 두부를 만들 때 고운 명주를 사용하여 거르고 압착을 하지 않고 그냥 굳히기 때문에 입자가 부드럽고 수분이 많다.

〈정조지〉에는 행주두부를 만드는 정확한 용량은 적혀 있지 않다.

묽은 죽처럼 하라고 하였으나 세 가지 농도로 콩물을 만든 다음 간수를 넣어 농도에 따른 반응을 보기로 한다. 물을 타서 거른 콩가루를 베보자기에 걸렀는데 콩가루가 고와서 찌꺼기가 나오지 않는다.

세 가지 농도의 콩죽을 끓여 간수를 부었더니 세 가지가 다 몽글몽글해지면서 응고가 되기 시작한다. 손가락으로 문질러보니 입자가 고와서 비단처럼 매끈하다. 두부 틀에 넣어 누르지 않고 물기를 빼기 시작한다. 모양이 곱지는 않지만 그런대로 먹음직스러운 크림빛 두부가 만들어진다. "진주를 거르고 눈을 갈아 질퍽해지면, 걸쭉한 액체를 정제하여 소복을 입히네."라는 시구가 두부를 만들다 보니 공감이 간다.

이 두부를 보자기에 싸서 후추와 생강, 간장을 넣어 두부에 맛을 더하는데 이 방법은 길을 가다가도 할 수 있다고 한다.

행주두부는 우리가 좋아하는 두부조림과 비슷한데 물에 간장, 생강, 후추를 타서 짜지 않고 은은하게 삶아 두부 안에 양념이 배게 하였다. 크림빛 두부가 갈색으로 살짝 변하여 모양새는 두부조림과 비슷하다. 행주두부에는 기름이 들어가지 않기 때문에 두부 본연의 고소한 맛이 잘 살아 있다. 양념 맛이 강한 두부조림과는 다르게 부드럽고 은은한 맛이 밥반찬으로 먹어도 좋지만 간식이나 수란처럼 식사 대용으로 먹어도 좋을 것 같다.

일본의 기누고시 두부의 활용법 중에 간장과 생강, 과일즙을 섞는 두부 요리 방법이 있는데 임진왜란 때 우리나라에서 두부와 더불어 전수된 방법인지 아니면 일본에서 다시 우리나라로 전해진 방법인지는 알 수가 없다.

두부는 맛과 부드러움, 과하지 않고 은은한 향, 색과 광택의 아름다움, 모양의 반듯함 그리고 먹기 간편함까지 두루 갖춘 식품이라며 조상들은 두부의 덕을 칭송하였다.

행주두부와 어울리는 술로는 〈정조지〉에 나와 있는 감저주를 선택하였다. 구황 작물이었던 고구마를 밥 대신에 먹는 것에서 더 나아가 적극적으로 고구마를 활용한 사례다. 끼니로 먹을 쌀이 부족하던 시절이라 구황 식품인 고구마를 이용하여 술을 담가 먹었던 옛 선인들의 창의성에 새삼 다시 한 번 감탄을 한다.

감저주용 고구마는 습기를 제거하기 위하여 햇볕에 말린 다음 삶지 않고 시루에 찐 후 으깨어 준다. 술을 만들 때는 누룩이 가장 중요하다. 재래식 누룩은 힘이 약하기 때문에 힘이 강한 개량 누룩인 바이오 누룩을 사용하였다. 볕에 바짝 말려 곱게 간 누룩과 섞어 앉히는데 준비된 항아리가 없어 깨끗한 유리 항아리에 앉히고 랩을 씌운 다음 구멍을 뚫어주고 담요를 씌워 빛을 차단하였다. 가운데 작은 구덩이를 만들어 구덩이에 물기가 고이면 비로소 물을 붓는다. 구황 식품인 고구마로 만든다고 해서 대충 만드는 술이 아니다. 술에 들어가는 모든 재료의 양과 만드는 방법은 쌀로 만든 술과 같다. 3일이 지나자 기포가 올라오면서 보글보글하는 것이 유리 항아리를 사용하니 잘 보인다. 유리 항아리로 술을 담그는 것이 더 위생적이고 술이 만들어지는 과정을 잘 관찰할 수 있어 좋다는 생각이 든다.

일주일째 되는 날 열어 보니 확 풍기는 달콤한 술 향이 강하게 느껴진다. 감저주가 실패하지 않았다는 안도감과 고구마로 술이 만들어졌다는 기쁨에 잠시 취한다.

막걸리와 비슷한 성상이지만 빛깔이 약간 더 노르스름하다. 감저주의 맛은 어떨까? 걸러낸 막걸리를 미지근한 상태에서 맛보니 누룩 특유의 효모 향과 고구마의 향이 뒤얽혀 정리되지 않은 이도 저도 아닌 텁터름한 맛을 낸다. 숙성의 시간이 약간 필요할 것 같아 냉장고에 넣어 두었다가 시원해진 다음 맛을 보니 고향의 맛과 같은 달콤한 고구마 맛이 먼저 코를 자극하고 입안에 들어가서는 달콤하고 부드러우면서도 진한 맛을 주어 고구마 맛이 잘 살아난다.

〈정조지〉에 있는 다양한 요리를 복원하다 보면 요리 기술도 늘지만 사고의 지평이 넓어져서 세상살이의 이치가 저절로 깨달아진다. 특히 식재료에 편견이 있으면 요리를 선택하는 폭도 줄어들 듯이 모든 편견은 나 자신을 좁게 만든다는 것을 감저주를 통해서 또 배운다.

24장

벼슬에서 물러나 새 복거지를 찾다
우미증방과 과제와 당근제

동쪽 하늘에 시커먼 먹구름이 몰려오는가 싶더니 순식간에 하늘이 캄캄하다. 사공은 큰비가 올 것 같다며 근심스러운 얼굴로 하늘을 본다. 어제 높새바람이 불고 아침 무지개가 뜨기에 오늘 출항이 옳은 것인가 망설였지만 하루가 금쪽같아 가기로 결정한 것이다. 두호에서 배가 출발하자 가랑비가 내리다가 저녁 무렵에는 배가 뒤집힐 정도로 폭풍우가 몰아쳐 광나루에 정박하고 하룻밤을 묵기로 한다.

우리 일행은 비바람이 좀 약해진 틈을 타서 준비해 온 음식으로 식사를 한다. 지향이 나의 만류에도 이 탐방에 동행을 하니, 모든 게 다 늙어빠진 나의 건강을 염려해서이다. 의주에서 연을 맺어 40년을 한결같이 나의 그림자가 되어 아들 둘과 딸 셋을 낳고도 나서지 못하는 처지가 안쓰러워 지향에게 늘 미안한 마음을 안고 살아간다.

뱃멀미가 나서 어지럽고 뉘엿거려 저녁을 먹을 수 없을 것 같았으나, 지향이 어느 틈에 불을 피워 밥을 폭폭 끓여 죽을 만들고 과제와 당근제를 함께 내어놓으니 부드럽게 잘 넘어가는 것이 역하던 속까지 가라앉는다.

지향이 우족과 살찐 소꼬리에 양념을 넣어 미리 삶아 온 우미증방을 솥을 걸고 데우기 시작한다. 우미증방이 데워질 때까지 치건(꿩포)을 안주 삼아 막걸리를 마신다.

모락모락 김이 나는 우미증방이 나오니 몸과 마음이 따뜻해지는 것이 비 오기를 기다려 아회를 온 것 같다. 뱃사람들은 지향이 귀한 음식인 우미증방을 준비해 온 것에 감격해하며 고마운 마음을 전한다.

저녁 식사를 마칠 무렵 비바람이 조금 잦아들기 시작하니 모두들 안심하며 내일의 여정에 대해서 이야기를 나눈다.

비바람 속에서도 저녁을 먹기 위해 몸으로 장막을 치고 바람을 막아 불을 피우고 제대로 갖춰지지 않은 도구와 환경을 극복하고 음식을 만들어내는 사람들을 보니 제갈량이 따로 없고 먹는 것이 얼마나 중요한 일인지 새삼스레 다시 느낀다.

추석이 엊그제였던지라 비바람이 시원하고 구름 사이를 뚫고 간간이 비치는 달빛을 받으며 먹는 저녁 식사가 색다른 낭만을 안겨 준다. 그래서인지 다들 힘든 항해의 고통을 잊은 듯 들뜨고 기뻐 보인다.

다행히 새벽부터 비바람이 그치며 날이 개자 희뿌연 안개와 컴컴한 구름이 걷히니 산수도 평온하다. 배는 가을 아침의 상쾌한 공기와 맑은 물살을 거슬러 힘차게 올라간다.

폭풍우가 지나간 유리처럼 투명한 창공을 공중차기하며 날던 물새가 나를 보고 "대단하다! 그대 나이 얼마나 남았기에 늙은 몸을 이끌고 이 고생을 하느냐"며 배 주변을 빙빙 돌면서 조롱하듯 묻는다.

"내 진즉에 임원에 살고자 하였으나, 중년에는 내 신세가 기구하고 자산이 없어 곤란하였고, 늘그막에야 이것을 가졌으나 주상의 만류로 벼슬에 매여 있다가 내 나이 일흔여섯 살에야 벼슬에서 완전히 물러나 임원으로 오게 되어 내 꿈을 펼 새 복거지를 찾아 석림촌으로 가고 있는 중"이라고 물새에게 답한다.

벼슬에서 물러나기 10년 전부터 번계에 토지와 집을 마련하여 가솔들이 함께 살 공간을 꾸미는 일을 계속해 와서 벼슬에서 물러나자마자 바로 번계로 왔다. 그러나 번계의 은거지는 나와 내 식솔들이 즐기기에는 부족함이 없으나 터가 좁고 땅이 척박하여 농사를 지을 수가 없어 참으로 답답하였다. 벼슬에서 물러나기 전 가뭄에 강한 볍씨의 수입 필요성을 상소로 올렸는데, 주상께서 볍씨를 구해 주셔서 번계에서 실험을 하였으나 땅이 너무 척박하여 실패하였다.

이로 인한 나의 상실감과 실망감은 이루 말할 수 없이 커서 몇 날 며칠을 뜬눈으로 새우고 입맛을 잃어 큰 고생을 하였다.

몸과 마음이 다 힘들어 정말 늙은이의 모습이 된 나에게 동생 유비가 번계를 팔고 선친의 뜻을 이룰 새로운 땅을 찾아가는 것이 어떠냐고 한다. 내 비록 그런 생각은 있었지만 평생을 떠돌다 이제 겨우 안착한 식솔들에게 차마 미안하여 말하지 못하고 있던 차였다. 유비의 말을 들으면서 멀리 줄행랑을 쳤던 입맛이 돌아왔고, 급기야 늙은이가 두려움도 없이 새로운 복거지를 찾는 힘든 여정을 시작하게 된 것이다.

배가 두미협에 들어서니 오른쪽엔 검단산, 왼쪽엔 예봉산의 단풍이 병풍을 둘러친 듯하여 단풍의 화려함에 찬사가 절로 나온다. 미호와 평구역을 거치며 북한강 쪽으로 올랐다가 다시 내려와 나의 새로운 복거지로 마음에 정해두었던 풍요의 땅 석림촌에 도착하였다.

석림촌은 뒤로는 검단산의 줄기인 용마산이, 앞으로는 한강이 시원하게 펼쳐져 있는 배산임수의 전형으로, 숲이 울창하여 여름에 시원하고 겨울에도 춥지 않고 물자가 풍부한 축복받은 땅이다. 앞으로 펼쳐진 한강에서 고기를 잡고 비옥한 옥토에서 농사를 지으니 모든 농산물이 달고 맛있으며 뱃길로 한양이나 남으로는 충청도까지 갈 수 있어 교통도 편리하다. 석림촌을 둘러보니 햇빛이 마을 언덕을 환하게 비추고, 부추밭엔 부추가 한창이고, 울타리엔 아직 무궁화가 피어 있는 것이 평화롭기 그지없다.

마을 노인을 만나 대대손손 후손들이 농사지으며 살 땅을 물색한다 하니 이미 기가 쇠한 석림보다 강 건너의 두릉으로 가기를 권한다. 두릉은 최고의 양택으로 이 땅에 둥지를 틀면 대대손손 걱정 없이 살 것이며 천하의 명당으로 앞으로 두릉은 계속 성할 것이니 농사와 고기잡이가 조금 못해도 두릉으로 가라고 한다.

몇 달 뒤 나는 한강의 두 물줄기가 만나는 두릉으로 거처를 옮긴다. 노인의 말처럼 강과 산은 환한 게 시원하게 트여 좋으나 집 앞의 논이 좁아서 농사짓기에 부족함이 있었다. 무릇 사십 년을 황황히 쫓아다니고도 내 맘에 드는 곳을 발견하지 못하니 내 눈이 잘못되었는지 내 복이 여기까지인지 알 수가 없다.

두릉은 여유당의 집이 있는 곳으로, 내가 이곳으로 이사를 왔을 때 여유당은 사랑하던 고향 두릉의 품에서 잠든 지 5년이 넘었다. 여유당은 나보다 두 살 연상으로 초계문신 시절 같이 날을 새며 공부를 했지만 여유당이나 나나 자존심이 강해 나서서 남에게 쉽게 다가가지 않는 성격인 데다 나는 규장각에서 학자로, 여유당은 남인의 중심 인물로 정치적으로 활동하였으니 서로 깊이 사귈 기회가 없었다.

여유당이 천주교 신자로 의심을 받자 〈자명소〉라는 상소문을 올려 천주교와의 절연 과정을 해명했는데 조정 사람들의 오해를 풀기에 충분하여 나는 불안해하는 여유당에게 "상소문이 매우 좋아 분위기가 모두 칭찬하는 쪽입니다."라고 위로를 하니 여유당은 "다 공의 덕입니다."라고 답하는데 얼굴이 수척하였다.

둘 다 정조의 총애를 받다가 정조가 갑자기 돌아가시자 낙동강 오리알 신세가 되어 여유당은 장기와 강진으로 유배를 가서 18년을 보냈고, 나는 역적 집안으로 낙인이 찍힌 채 18년을 임원에서 방폐의 생활을 하며 보냈으니 둘 다 팔자가 기구하다. 두 남자의 기막힌 삶을 아는지 모르는지 두릉 앞의 한강은 그저 무심히 흐르기만 한다.

든든한 우미증방과 약방의 감초 과제와 당근제

우미증방은 지금의 설렁탕과 곰탕의 중간쯤에 있는 요리다. 설렁탕과 곰탕의 차이는 무엇일까? 설렁탕은 서민들이 먹던 음식으로 잡뼈와 도가니, 소머리, 우족 등을 푹 끓여 먹는 소뼈가 중심이 된 요리법이고, 곰탕은 반가의 음식으로 양지머리 등의 살코기를 고급 내장 부위와 푹 끓이는 음식으로 살코기와 내장이 중심이다. 간을 할 때도 설렁탕은 먹기 전에 소금으로 양념을 하고 곰탕은 요리하는 중간에 간장으로 간을 한다. 또 무나 다시마를 넣어 삶는 것도 설렁탕과는 다르다. 주부들이 여행을 갈 때 자주 끓이는 사골국은 설렁탕이고, 여기에 양지나 사태를 넣으면 설렁곰탕이 되는 것이다. 그리고 일반적으로 무를 넣은 소고깃국은 곰국에 해당한다. 우미증방의 주재료인 우족과 꼬리는 뼈가 중심이니 설렁탕에 가까우나 조리 중간에 청장으로 간을 하는 것은 곰탕에 가깝다. 나는 우미증방을 일명 설렁곰탕으로 부르기로 한다.

꼬리는 찜으로 많이 먹기도 하지만 이렇게 우족과 합해져 뭉클한 불에 끓이는 곰탕은 아미노산이 많이 우러나와 구수한 맛이 일품이다.

끓이기 전에는 찬물에 담가 핏물을 우려내고 찬물에 끓이기 시작하여야 맛이 잘 우러난다. 〈정조지〉에서는 반쯤 익었을 때 청장, 참기름, 파, 생강, 후추, 볶은 참깨를 넣으라고 하였는데 이렇게 하여야 소금물에 녹는 단백질이 잘 우러난다. 여기에 소화를 촉진하는 단맛이 나는 무를 같이 넣어서 시원한 맛을 가미한다. 뭉클하게 잘 삶아진 우미증방에는 콜라겐이 풍부하여 진한 국물이 진득할 정도다. 〈정조지〉에서는 청장으로 간을 하라고 하는데,

그러면 깊은 맛은 나지만 느끼한 우미증방에는 담백한 맛을 내는 소금이 제격이다.

우미증방에는 담백한 과제와 당근제가 잘 어울린다. 사실 흔하고 흔한 채소인 당근과 과일인 참외를 이용해 당근제와 과제를 만들기 전에는 별다른 기대를 하지 않았다.
느끼한 우미증방에 어울리는 산뜻한 맛의 옛날식 피클인 당근제를 소개하면서는 피클이 서양 음식이라는 통념을 없애주고 싶었다. 과제는 요즘에도 많이 만드는 참외장아찌이다.
〈정조지〉에 소개된 당근제도 서양식 피클처럼 어렵지 않은 요리인데 색다른 감동을 준다. '네가 이렇게 예쁘구나. 그동안 몰라봐서 미안해' 소금과 식초를 넣어서 색상이 변하는 것을 막아 주어서인지 당근제의 빛깔이 너무나 곱다. 당근을 요리에 사용할 때 소금보다는 식초 물에 살짝 데치거나 식초에 절여서 사용하는 것도 좋을 것 같다. 화려한 당근제에 수수한 과제가 더해져 서로 더 돋보이며 빛난다. 과제는 당근제보다 손이 더 많이 가지만 간장과 소금 두 가지를 사용하여 담백하면서도 그윽한 맛이 특징이다. 참외를 소금에 절여서 햇볕에 말려 색상을 보존한 다음 간장을 더하여 참외 고유의 색이 잘 살면서도 맛이 좋다.
생강채와 귤껍질채 그리고 회향이 더해진 당근제와 양념은 숨고 그냥 자기 자신을 수줍은 듯 드러낸 과제가 야성적이고 거친 우미증방과 곁들어져 묘한 대조를 이루면서 잘 어울린다. 진한 우미증방과 새콤하고 향긋한 피클인 당근제와 짭짤한 장아찌인 과제의 맛이 각각의 개성을 가지고 눈으로만이 아니고 맛으로도 조화를 잘 이룬다.

25장

후학들과 함께
박금과 흑두초

오늘은 번계에서 두릉으로 거처를 옮긴 후 처음으로 갖는 후학들과의 시 모임이 있는 날이다. 아침부터 온 식솔들이 마당을 쓸고 정원을 정리하고 닭을 잡을 물을 끓이며 부산하게 움직인다. 순덕이가 불은 콩이 한가득 담겨 있는 함지를 부뚜막에 조심스럽게 내려놓는다. 온종일 순덕이 뒤만 졸졸 따라다니는 백구가 정지간 앞에서 고개를 쏘옥 빼고 정지간을 구경하다가 "너는 저리 가~ 개털 날려!"라는 순덕이의 호통에 멈칫거리며 뒤로 물러선다. 궁금증을 이기지 못한 백구가 다시 눈치를 보며 고개를 내밀자 순덕 어멈이 부지깽이를 들고 백구를 쫓는다. 나는 백구가 호기심이 많아서 그런 것 같으니 구경하게 두라고 한다.

순덕 어멈이 뜨거워지기 시작하는 가마솥 안에 좌르르~ 좌르르~ 검은콩을 붓고 바가지 가득 찰랑 찰랑 물을 붓는다. 이 검은콩은 내가 직접 농사지은 콩으로 맛이 달고 부드러워 가끔 흑두초를 만들어 식솔도 먹이고 이웃에게 나누어 주기도 한다. 흑두초는 나누어 먹기에 좋고 매끼 상에 올라도 질리지 않아서 좋다. 적당히 달콤하고 짭조름하면서 고소하기도 한 흑두초는 술안

주로도 잘 어울려 시 모임이 열릴 때마다 흑두초만큼은 내가 직접 만든다. 이런 나를 식솔들이 힘들다고 뜯어말리지만 사랑하는 후학들에게 내 손으로 직접 만든 음식 한 가지는 대접하고 싶은 마음과 '농사를 지어서 음식을 만든다'라는 사람만이 누릴 수 있는 행복을 포기하고 싶지 않아 늙은이가 부엌을 들락거리는 것이 젊은 사람들 눈에는 극성맞아 보인다는 것을 알고 있지만 무시하고 있는 중이다.

구수한 콩 냄새가 뜨거운 김과 함께 피어오른다. 새끼손가락 모양으로 자른 다시마, 생강채와 진피, 간장과 참기름, 벌꿀을 넣고 푹 졸이는데 자주 뒤적여 주어야 한다. 양손자 태순이가 걱정스러운 얼굴로 나를 지켜보다가 검은 콩에서 반지르르한 윤기가 흐르기 시작하자 흑두초를 담을 자기 항아리를 가마솥 옆으로 당긴다. 나는 통깨와 잣가루를 뿌려 흑두초를 마무리한 다음 국자로 퍼서 자기 항아리에 정성스럽게 담는 것으로 후학들을 맞을 채비를 마친다. 흑두초 만드는 것을 구경하는 것이 지루했는지 졸고 있던 백구가 부엌을 나서는 나의 인기척에 놀라 일어나 꼬리를 흔든다.

시 모임에는 대략 삼십여 명이 참석하였다. 나의 스승 연암의 손자인 박규수와 효명세자의 친구였던 서유영, 과거 준비 중이던 김영작, 시와 그림에 뛰어나 삼절로 불린 이조묵, 규장각 친구인 윤행임의 아들인 윤정현과 중부 서형수의 사위인 김노겸 그리고 여유당의 아들 정학연이 있었으니 모두 청운의 꿈을 품고 과거를 준비 중인 젊은이이거나 벼슬길에 나아가 뜻을 펴고자 하였으나 받아들여지지 않아 벼슬을 사직하고 초야에 묻혀 내일을 도모하는 속 깊은 지사들이라고 할 수 있다.

두릉집의 채마밭에서 생산한 미나리와 부추, 도라지, 호박으로 만든 음식이 한 상이다. 오늘은 닭도 잡았지만 광주 우천의 우시장에 가서 소고기도 여러 근 사 왔으니 먹을 것이 풍년이다.

박규수가 "서공 댁에서 생산되는 모든 채소는 달고 부드러우니 평양 기생의 야들야들한 몸매보다 낫고 곡식은 꽉 영글어서 알찬 것이 은근히 외상 술값 독촉하는 탱글탱글한 주모 얼굴 같다"고 하자 모두들 크게 웃는다. 효명세자의 죽음과 연이은 부모의 죽음으로 인한 충격으로 우울하던 그가 모처럼 농을 하니 할아버지 연암의 모습 그대로인 듯하여 마치 내가 연암을 처음 보던 날, 스무 살 초반으로 돌아간 듯하다.

술이 한 순배씩 돌자 모두들 나라를 걱정하며 백성들의 삶을 근심한다.

"이 나라를 구하는 길은 양반들만 점유하고 있는 지식을 백성들에게 골고루 나누는 길뿐이며 지식과 생활이 별개의 것이 되어서는 안 된다"고 역설한다. "지식층이 끊임없이 연구해서 백성을 이끌어야 하며, 우선적으로 먹고, 입고, 사는 문제를 해결하는 데 학문의 본령이 있다"고 강조한다. "실천이 없고 세상에 쓰임이 없는 지식을 가지고 논하는 것은 고양이가 방울을 가지고 노는 것과 다름이 없다. 나는 그대들만이 이 문제를 해결할 수 있다"며 "망해 가는 조선을 일으키고 조선의 꿈을 이룰 수 있도록 마음을 합치자"고 주장한다.

모두들 숙연하다. 그리고 조용하다. 촛불 심지가 점점 살라지며 방 안에 멍한 그림자만이 가득 춤을 춘다. 시 모임을 핑계로 늙은이가 주책스럽게 젊은이들과 어울리며 비위도 맞추고 농도 해 가며 나의 꿈을 이루어줄 후계자를 찾고자 노력하였으나, 젊은이들이 조선을 걱정하고 염려하고 있다는 것은 같지만 나와 다른 입장에서 문제를 바라보며 다른 방식의 해결책을 가지고 있으니 내가 무턱대고 강요할 수도 없는 일이다.

나에게 지향의 소생인 칠보와 팔보가 있으나 칠보는 이름을 잘못 지어서인지 칠칠맞지 못하니 역량이 부족하고, 팔보는 아직 재롱을 피울 나이라 나의 과업을 전할 수 없으니 가슴이 아플 뿐이다. 나의 양손인 태순도 이름을 잘못 지어서인지 태만하고 순하기만 해 한심할 뿐이다.

후학들을 개인적으로 만나기 위해 집을 나서기로 한다. 거문고와 서책, 골동은 있던 그대로 두고 오직 《임원경제지》만을 수습하여 행장에 넣고 집을 나선다. 그러니 지향이 측은한 눈으로 나를 바라보며 부디 대감의 뜻을 이루라며 축원을 한다.

가마꾼이 서툴러서인지 예전에는 없던 가마멀미로 고생을 하며 정릉에 있는 김영작의 집에 도착하였다. 김영작은 내가 미리 서찰을 띄웠기에 의관을 정제하고 나를 맞이하는데 멀리서 봐도 눈이 부시다.

맑고 기품이 있으니 꼭 아들 우보를 보는 것 같아 시 모임에서도 섬뜩하게 놀랄 때가 많았다.

김영작은 명문가에 태어나 인격이 고매하고 학문도 이룰 만큼 이루었는데 다만 벼슬과는 인연이 멀어 음보로 참봉을 지내고 있으니, 내 뜻을 잇기에 적임자로 마음에 두고 있었다.

늦은 점심상이 차려졌는데 소박하지만 깔끔하면서 품위가 있는 것이 김영작의 정성스러운 마음이 느껴졌다. 그래서인지 먹지 않고 바라만 보아도 흐뭇한 마음이 들었다. 영작이 내 밥 위에 박금을 올리며 먹기를 권하는 것이 중늙은이 아들이 늙은 아비에게 하는 양 다정하여 괜스레 영작의 얼굴을 한번 본다. 연한 죽순으로 만든 박금은 야들야들하면서도 쫄깃해서 구운 고기보다 더 나았다. 누가 이처럼 맛있는 박금을 만들었냐고 묻자 영작은 쑥스러운 얼굴로 자신이 만들었다고 한다. 내가 만든 박금보다 훨씬 맛이 있어 어찌 만들었냐고 무심한 척 묻자 싱거운 영작은 스승을 대접하기 위해 정성을 다하였을 뿐이라고 한다. 마침 숭늉을 가지고 온 영작의 처가 달포 전 담양 사는 친정 당숙이 며칠 머물고 갔는데 그때 죽순 손질하는 법을 가르쳐 주기는 했지만, 이 손질법 때문에 박금이 맛이 있는지는 모르겠다고 한다. 나는 체면이 좀 구겨지기는 하지만 "죽순을 어떻게 손질하더냐?"라고 조심스럽게 물었다. 영작의 처는 "속 껍질은 벗기지 않고 밥이 되는 시간만큼 쌀뜨물에 넣고 삶으면 어떤 음식을 해도 맛있다고 친정 당숙이 말했는데 공이 이리 말씀하시는 것으로 보아 정말 그 방법이 옳은 모양"이라며 웃는다. 이 죽순 손질법은 나도 이미 알고 있는 방법이라 정성으로 맛을 냈다는 영작이 옳다. 영작의 처는 영작이 나에게 배웠다며 흑두초도 만들었는데 제법 맛이 있어서 식솔들이 모두 잘 먹었다고 한다. 영작에게 〈정조지〉 속의 음식을 직접 만들어 보고 내용을 보강해도 될 것 같다고 하자 영작은 "음식이 남을 기쁘게 해 주는 일 중에 제일 으뜸인 것 같다며 공께서 왜 음식 만들기에 집착하시는지 이제 이해가 된다"며 나를 알아준다. 나는 "세월 따라 풍속과 조리법이 달라지고 다른 나라의 음식도 우리 음식에 영향을 미칠 것이므로 언젠가는 〈정조지〉도 다시 쓰여 질 날이 올 것"이라고 말한다.

상을 물린 뒤 영작은 공부하면서 생기는 고민과 자식들 이야기 등 이런저런 이야기를 하니 참으로 부자지간이 만나는 듯 다정하고 또 다정하다. 영작은 "지금처럼 다른 문물이나 기술을 받아들이기를 거부한다면 조선은 곧 열등국이 되어 다른 나라의 종살이를 하게 될 것입니다."라고 개탄을 한다. 자신은 "과거에 급제하여 잘못된 생각을 바로잡아 조선을 구하겠습니다."라고 한다. 나는 꼭 벼슬에 나가지 않고 임원에서 농민을 계몽하는 것도 한 방법이라고 말하자 영작은 "제가 조상의 덕으로 음보로 벼슬에 나가니 참으로 부끄럽기 짝이 없어 꼭 과거에 급제하는 것이 우선이며 스승의 뜻은 과거에 급제하고 관리로서 경험을 한 뒤에 차후 생각해보겠습니다."라고 한다. 과거에 합격하지 못해 자신을 한탄하며 자책하는 모습이 꼭 우보와 같아 마음이 철렁한다.

영작의 집을 나와 나는 양주에 살고 있는 서유영을 방문하였다. 유영은 대구 서씨로 나와는 친척이 된다. 유영은 한때는 과거에 뜻을 두었으나 개혁의 뜻을 같이하던 효명세자의 죽음으로 충격을 받은 뒤 시골에 칩거하면서 여러 문인들과 교류하며 초연한 듯 살아가고 있다.

유영의 집은 덜렁 크기는 하나 여기저기 거미줄이 쳐 있고 댓돌도 깨져 있는 것이 마치 유영의 상심한 마음 같았다. 유영은 처가 아이들과 함께 처가에 가 있어 대접할 것이 없다며 감자와 풋콩을 직접 쪄 오는데 달고 맛있다. 나는 우선 유영의 궁핍이 마음에 걸려 "내 뜻과 땅을 물려받아 두릉에서 둔전을 경작하며 《임원경제지》에 담은 뜻을 펼치고 살아보는 것이 어떠냐?"고 묻는다.

유영은 "자신은 사람들과 타협하고 살기에는 너무 자유로운 사람이며 누가 감 놓아라 배 놓아라 하는 것이 싫고 그저 문인들과 교류하며 자신의 문학 세계를 넓히며 사는 지금의 생활에 만족합니다."라고 한다. "새장에 갇혀 사는 새를 새라고 할 수 없듯이 틀에 맞추어 사는 서유영은 서유영이 아닙니다."라며 "둔전은 저 같은 게으른 자가 할 일은 아니므로 본인이 주관을 하지 않고 다른 사람이 대감의 뜻을 잇는다면 그저 도울 수는 있습니다."라고 한다. 말을 마친 유영은 미안한 듯 내 손을 잡으며 "대감의 뜻은 범부가 감히 감당하기 어려운 일이니 곧 큰 인물이 나와 대감의 뜻을 이을 것입니다."라며 위로한다.

유영과 작별하고 두릉집으로 돌아오는 길은 몸도 마음도 몹시 피곤하다. 이제 모든 것을 내려놓아야 할 때가 된 모양이다.

간단하지만 품격이 있는 박금과 흑두초

박금은 어린 채소를 밀가루를 더하여 구운 것의 총칭으로 금 자가 들어간 것은 채소에 밀가루를 묻혀 구우면 황금빛이 나기 때문이다.

특히 죽순은 채소의 푸른빛이 강하지 않고 은은하기 때문에 더 황금빛이 날 것 같다. 그래서인지 선생은 박금으로 죽순을 사용하였다. 죽순은 맛이 달고 성질이 차며 약간의 독성이 있다. 단맛에 쓴맛도 있어 두 맛의 조화가 깊이감이 있다. 죽순의 쓴맛을 제거하기 위하여 쌀뜨물을 이용하기도 하는데 〈정조지〉에서는 밀가루를 이용하여 쓴맛도 줄이고 적당한 수분감을 줘서 야들야들한 식감을 살렸다. 여기에 참기름을 살려서 죽순의 독을 제거하니 죽순의 성질을 잘 다스린 요리가 되었다. 일종의 채소전과 비슷하지만 지지지 않고 불에 굽는 수고가 더해지니 요리의 격이 한층 올라간다. 죽순의 빛깔 또한 황금색으로 변해 품격이 더해져 선비의 요리로 제격이다.

죽순은 단백질이 풍부하지만 칼슘의 흡수를 방해하는 수산이 많기 때문에 죽순을 먹을 때에는 푸른 채소나 칼슘이 풍부한 식품과 함께 먹는 것이 좋다. 박금을 석쇠에 담아 굽다 보니 반찬보다는 안주로 더 안성맞춤일 것 같다. 술안주로 제육볶음, 치즈 계란말이, 어묵탕도 좋지만 젊은이들이 죽순박금구이를 안주 삼아 하루의 피로를 풀며 뜻과 희망이 우후죽순처럼 커 나가는 세상이 되기를 기원해 본다.

박금이 좀 심심한 요리라면 흑두초는 간장의 짭조름함과 꿀의 달콤함, 검은 콩의 고소함과 다시마의 감칠맛이 합해진 고급 콩조림이다. 콩조림은 저렴한

비용으로 손쉽게 많은 양을 만들 수 있는 흔한 음식이지만 세대와 세월을 초월하여 사랑받고 있다. 밥상 위에 염소똥 같은 달콤한 콩조림이 올라와 있으면 괜히 눈길이 가고 재미 삼아서 하나라도 집어 먹게 된다.

〈정조지〉의 요리를 복원하다 보면 요리를 해 보기도 전에 레시피만 보고도 마음에 딱 박히는 요리가 있다.

흑두초도 그런 요리 중 하나인데 흑두초에 다시마를 넣어 같이 졸이는 부분에서 콩조림의 신세계를 보았다. 콩조림을 하다 보면 끈적임이 덜해 겉도는 것 같아 설탕이나 물엿을 더 첨가하게 되고 나중엔 너무 단 콩조림이 된다. 검은콩에 짠맛을 뺀 다시마를 넣어서 같이 졸였다. 다시마에서 나온 깊은 단맛과 끈기와 검은빛이 더해져 콩알이 초롱거리며 윤이 반질반질한 것이 귀엽다. 여기에 생강채와 귤껍질채를 넣어 주었더니 콩과 다시마 그리고 꿀이 주는 느끼함이 일순간 사라지며 진정한 흑두초로 탄생한다. 흑두초가 콩조림과 다른 점은 다시마와 생강채, 귤껍질채를 첨가하는 데 있다.

26장

《임원경제지》를 마치고
모과환과 국화차

내 생애 굽이굽이 긴 여정에서 곡절도 많았으니, 참으로 많은 눈물을 가슴속으로 흘렸다. 어제는 우연히 당나라 사람 웅집역의 사연을 보니 책을 보관할 자식이 없고 아내도 없어 자신의 신세가 처량하다 하였는데, 나와 처지가 똑같은지라 구슬퍼져서 수십 년에 걸쳐 공을 들여 완성한 《임원경제지》를 보며 한참이나 눈물을 흘렸다.

나는 젊어서는 성실하였으나 장성해서는 근심이 많았고 늙어서는 어둑어둑하므로 시원을 따져 보고 끝에서 처음으로 되돌려 몸뚱이와 함께 변화해 없어지지 않을 것을 찾아본다 해도 끝내 그림자와 음향처럼 방불한 것을 찾을 수가 없다. 게다가 지난 세월을 죄다 낭비해 버린 탓에 뻔뻔하게 붓을 잡고 편석을 빌려서 문장으로 꾸미며 휑하게 아무것도 없다는 사실을 스스로 모르고 있다니 아무래도 크게 잘못 살았다.

며칠 전에 양손자 태순을 불러 내가 죽으면 우람한 비를 세우지 말고 작은 비에 '오비(다섯 가지를 낭비)거사 대구 서씨 서 아무개'라고 간단하게 써 달라고 부탁하였다. 태순이 슬픈 표정을 지으며 "할아버지가 세상을 낭비하며 사셨으면 제대로 산 사람이 누가 있겠습니까?"라며 눈물짓는다.

우보가 살아 있었다면 내 인생이 이처럼 외롭고 허망하지는 않았을 것이다. 《임원경제지》의 완성을 축하하며 우보와 손자들 그리고 증손들을 주렁주렁 무릎에 올려놓고, 이 증조할아비가 네 할아비와 더불어 얼마나 고생스럽게 《임원경제지》를 썼는지, 방폐기에 먹을 것이 없어 고생했던 이야기들을 모험처럼 들려주면 손들은 눈을 똥그랗게 뜨고 이 평범한 늙은이가 이처럼 많은 책을 쓴 것을 믿어지지 않는다는 표정으로 바라봤을 것이다.

내가 박복하여 그런 복을 누리지 못하고 그저《임원경제지》113권에 '열상 서유구 준평 찬 우보 교'라고 쓰면서 우보를 그리워하는 추모의 정을 담는 데 만족한다.

눈물을 거두고 한 장을 넘겨보니 어린 시절부터 마지막 숨을 거둘 때까지 세상의 근본을 깨우쳐서 학문의 길을 세우게 해 준 할아버지 서명응, 언제나 정사에 바쁘고 부자의 정도 따뜻하게 나누지 못했지만 묵묵히 자신의 길을 걸은 아버지 서호수, 같이 공부하고 술도 나누며 때론 친구처럼 때론 아버지처럼 이끌어 주던 숙부 서형수, 낭만적이던 형 유본과 형수이자 스승이었던 빙허각 이씨, 그리고 서얼로 태어나 인정받지 못한 한을 가야금에 담은 유금, 법고창신으로 학문의 새로운 길을 안내한 연암, 조선 개혁을 함께 꿈꾸던 정조, 금화산장에서 나의 거친 손을 잡아 주던 어머니, 조선을 살리기 위해 몸부림치던 효명세자 그리고 규장각 일에 빠져 따뜻한 부부의 정 한 번 제대로 나누지 못한 여산 송씨의 얼굴이 주마등처럼 스친다.

이 모든 사람들의 꿈과 열정이 이 책에 녹아 있을 뿐만 아니라 이들이 축적해온 지식들이 모두 이 250만 자의 활자에 담겨 있다. 또한 한 자 한 자에 백성을 구하고자 하는 나의 간절함이 담겨 있으니 순창군수 시절 구휼도 요청할 줄 모르며 죽어 가는 산골의 순박한 백성을 구하고자 했던 절박함이, 전라관찰사 시절 논두렁을 누비던 늙은 관찰사의 농업에 대한 갈망이, 방폐기 시절 농사와 어업의 지식을 나누어 주던 따뜻한 이웃들에 대한 고마움이, 먹을 것이 없어 떠돌이가 되어 밥을 구걸하다 나중엔 도적으로 변하는 백성들을 비참함에서 건져 내어 진정한 조선의 주인으로 세우고 싶은 나의 몸부림이 이 책에 뜨겁게 녹아내려 담겨 있다.

이제 《임원경제지》는 완성되었으나 정작 이 책에 담긴 보배 같은 지식을 활용하여 더 나은 세상, 사람이 살 만한 세상을 만드는 데 일생을 걸 후계자가 없는 것이 한스럽고 비감할 뿐이다.

자신이 수십 년에 걸쳐 손이 갈퀴가 되도록 개척한 옥토를 병이 들어 경작하지 못해 잡초가 무성해지는 땅을 우두커니 바라만 보는 농부의 안타까운 심정과 같다.

요즘은 눈에 막이 쓰인 듯 침침하여 밤에는 책을 볼 수가 없어 맑은 날 농서를 교정하고 파초잎 아래서 책을 읽다가 나도 모르게 깜빡 잠이 들곤 하는데 조카가 흔들어 깨워야만 일어나니 내가 저승 잠을 자는 것 같다.

그래도 비가 내리는 날은 새벽까지 날을 새며 전가력(집안에서 전해 내려오는 달

력)을 보고 비가 얼마나 왔는지를 기록한다. 이 늙은이의 마지막 남은 엉성한 힘이나마 농업에 보탬이 되어 백성을 구하는 데 쓰였으면 한다.

가을밤이 깊으니 흰옷 입은 철 늦은 박꽃이 활짝 피어 어둠 속에서 나를 보고 수줍게 웃고, 한 해의 마지막 꽃인 황국화가 그윽하게 향기를 풍기며 나를 맞는다. 한 해의 첫 꽃은 매화이지만 마지막 꽃은 국화이니 이 국화꽃이 내가 보는 올해의 마지막 꽃이며 내 인생의 마지막 꽃일 것이다.

이 국화는 찬 서리를 맞고도 자신의 자태를 그대로 지키고 눈 속에서도 꽃이 떨기를 떠나지 않고 그 빛을 잃지 않으니 그 지조가 매화보다도 낫다. 아마 내 죽음을 가장 먼저 알게 되는 것은 이 국화가 되리라.

나는 국화꽃을 한참이나 들여다보고 방으로 들어와 거문고를 뜯기 시작한다. 자꾸만 손이 거문고 줄에서 빗나가는 것이 평생 동반자였던 거문고가 내 몸이 다하였음을 나에게 알려 준다.

나는 어린 시절 스승 유금과 같이 연주하였던 곡을 온 힘을 다하여 뜯는다. 이제 나는 유금보다 더 거문고를 잘 타는데 그것은 내가 유금보다 잘나서가 아니고 오래 살았기 때문이다. 탄소가 죽은 뒤 나는 탄소가 그리울 때면 거문고를 타곤 하였는데 연주를 마치고 우두커니 바라보면 탄소의 모습이 보이는 듯하였다. 탄소가 죽어 하관할 때 나는 거문고를 연주하며 그를 애도하였는데 지금 나를 지켜보는 것은 오직《임원경제지》뿐이다.

오랜 산 늙은이의 족적인《임원경제지》가 늙은이의 거문고 소리를 들으며 거문고 솜씨는 쓸 만하다고 칭찬한다.

나는 태순에게 힘을 돋워 줄 모든 죽과 음료를 내 방에 들이지 말고 할아버지, 아버지, 내가 날을 새워 책을 읽을 때 즐겨 마시고 먹던 국화차와 모과환만을 방 안에 들이라고 한다.

자리를 보전하고 누워 있다가 조금 기운이 나면 정신을 맑게 하기 위하여 국화차를 마시고 모과환으로 요기를 하며 마음을 가다듬고 죽음을 기다린다. 떠날 시간이 다가왔음을 느낀다. 거문고 소리를 들으며 이제 세상과 이별을 하고자 한다. 새로 끓인 국화차를 가지고 온 조카에게 거문고를 뜯으라 하니 조카가 울며 거문고를 뜯기 시작한다. 나는 향기롭고 따뜻한 국화차 한 모금을 마시고 힘겹게 눕는다.

거문고 소리와 함께 방금 마신 국화차가 온몸으로 퍼지며 너무도 평안한 것이 죽으러 가는 것 같지가 않다. 멀리서 저승사자가 나를 향해 성큼성큼 걸어온다. 나는 큰 소리로 "이 곡만 끝나면 갈 터이니 기다려 달라"고 청하자 저승사자가 오던 발걸음을 멈추고 중문 앞에 선다. 거문고 소리가 영원히 계속되었으면 하는 생각이 들면서 신기하게도 내가 살아온 인생의 장면이 아주 긴 병풍처럼 눈앞에 환하게 펼쳐진다. 벌써 곡이 끝났다. 나는 저승사자의 차가운 손에 이끌려서 천천히 자리에서 일어나 방문을 나선다. 마루에 서서 중문을 바라보니 아버지가 미소를 지으며 나를 기다리는 듯 서 계신다. 나는 반가운 마음에 얼른 신발을 찾는다. 댓돌 위의 신발을 신기 전, 서가에 꽂혀 있는 무심한 《임원경제지》를 바라본다.

이제 내가 두고 가는 《임원경제지》는 언젠가 꼭 쓰일 날이 있을 것이다. 비록 지금 당장 나라를 구하고 백성을 구하는 데 바로 쓰이지는 못했지만 내 후손들이 이를 발견하여 크게 쓰기를 바란다. 마음이 평안하다.

조선 셰프 서유구의 가는 길을 지킨 모과환과 국화차

모과라는 이름은 나무에 달린 참외라는 뜻인 목과에서 붙여진 이름이다. 어물전 망신은 꼴뚜기가 시키고 과일전 망신은 모과가 시킨다는 말이 있다. 이처럼 모과는 외모가 울퉁불퉁하다고 해서 메주와 더불어 못생김의 대명사다. 우리 조상들은 보기 좋은 떡이 먹기도 좋다고 하였지만 모과와 메주만은 아니다.

외관은 덜 매력적이지만 만날수록 향기가 나고 멋진 사람이 있듯이 모과도 그러한 과일이다. 모과를 바라보고 있노라면 약간 울퉁불퉁하면서 제멋대로 생긴 모습이 자연스럽고 지루하지 않다. 사람의 모습이 제각기 다르듯이 모과도 조금씩 울퉁불퉁하면서 다른 것이 재미있다. 모과를 열 개쯤 늘어놓았는데 하나도 같은 모습이 없이 각각 개성 있게 생겼다.

모과의 향은 말할 수 없이 독특하다. 시고, 달고, 쓰고, 짜면서도 따뜻함이 향기에서도 느껴진다. 모과는 생식으로 먹기에는 적합하지 않아 설탕이나 꿀에 절여서 차나 청으로 이용하거나 말려서 차로 마시는 정도인데 〈정조지〉에는 다양한 모과 요리법이 나온다. 〈정조지〉의 여러 모과 요리법 중 사탕 같기도 하면서 휴대하기도 좋은 모과환을 만들어 보기로 한다.

모과는 깊은 가을의 기운을 가득 담아야 제맛이라 다른 과일이나 열매처럼 조금 일찍 나오는 법이 없이 꼭 시기에 맞춰서 나오는 고지식한 과일이다. 모과환을 만들기 위해 모과를 사러 다녔지만 구하지 못했는데 지인으로부터 조선 시대부터 있었다는 모과나무 양지쪽에서 먼저 익은 모과를 구했다. 딱딱한 모과를 가늘게 썰어서 햇볕에 말렸는데도 모과가 원래 수분이 없지

만 조직이 질겨서 잘 마르지 않아 다시 프라이팬에 살살 볶았다.

절구에 넣어서 찧다가 분쇄가 되지 않아 커터기에 넣어서 갈았더니 가루는 만들어지지 않고 참깨 크기로 분쇄된다. 다시 칼로 곱게 다져서 설탕과 계피, 천초와 꿀을 넣고 버무렸다가 탄알만 하게 손으로 꼭꼭 쥐어서 단단하게 만들어 말렸다.

모과환이 작지만 단단하여 범상치 않은 카리스마가 느껴지고 짙은 밤색에서는 기품이 느껴진다. 원래 모과를 설탕이나 꿀과 합하여 먹는 맛에는 익숙하지만 계피나 천초를 더한 맛은 모두들 처음이다.

모과환을 먹은 시식단원들은 "비위가 가라앉는다", "마치 까스활명수를 먹은 것처럼 시원하다", "코가 뚫린다"라며 마치 제약 회사의 소화제 임상 실험에 참여한 것 같은 반응을 내놓는다.

모과와 천초, 계피, 꿀은 모두 몸을 따뜻하게 하고 위장 기능을 강화시켜 장을 정화해 주고 몸의 혈액이 고르게 돌도록 도와준다. 이 네 가지 식품은 항균 작용이 있어 목감기와 기침, 코감기에 효과가 좋아 환절기에 감기를 치료하거나 예방할 때 아주 좋은 식품이다.

모과환은 자기의 입맛이나 증상에 맞게 양을 조절하여 먹을 수 있다는 것이 장점이다. 모과 가루를 기본으로 하여 계피나 천초의 양, 꿀의 양을 조절하면 누구나 입맛에 맞는 모과환을 만들어 먹을 수 있다.

모과환을 잘 말리면 장기 보관이 가능하니 한 번의 수고로 오래 두고 먹을 수 있다. 모과환을 손이 쉽게 가는 곳에 두고 남녀노소 수시로 먹을 일이다.

모과와 더불어 가을에 준비해 겨우내 먹을 수 있는 것이 국화차다. 상쾌하고 시원한 바람이 불기 시작하고 여기저기 핀 국화를 보면 '가을이 왔구나'라고 느끼게 된다. 나에게 국화란 향이 너무 강하여 국화 근처에만 가도 머리가 아팠던 기억이 있다. 향만큼이나 생명력도 강하여 추위도 잘 죽지 않는 질긴 천덕꾸러기 같은 꽃이었다. 특히 관을 뒤덮은 국화 장식이나 장례식장의 화환이나 헌화용 꽃으로 국화가 쓰이기에 방부제 같은 국화가 더욱더 싫어졌다. 꽃이라는 게 잠깐 피고 져서 아쉽고 그리워하게 만들어야 꽃이지, 가으내 주야장천 피어 있는 게 어디 꽃인가? 서리를 맞고도 끄떡없이 피어 있는 모습에는 질리기까지 하였다.

이런 국화에 대한 나의 부정적인 생각 때문에 평소에는 국화에게 눈길조차 주지 않았다.

하지만 자연주의 바람이 불면서 꽃차가 유행하고, 그중에서도 약효가 뛰어난 국화차의 인기가 높아졌다. 여자라면 몸과 마음을 아름답게 할 것 같은 예쁜 꽃차를 두세 병 갖추고 즐겨 마셔야 할 것 같아서 꽃차에 관심이 간다. 다른 차보다는 그래도 미운 정이 들었는지 익숙한 국화차에 관심이 간다. 〈정조지〉에는 국화를 말려서 뜨거운 물에 넣어 먹는 단순한 방법부터 다른 차와 섞어 먹는 방법 등 다양한 방식으로 국화차를 만드는 방법이 나와 있다.

국화는 눈과 정신을 맑게 하고 불면증에 효과가 좋기 때문에 베갯속으로 사용하기도 한다. 혈액순환에 도움을 주므로 몸이 차가운 사람에게 좋고 노화도 지연시킨다고 한다. 국화 속에 비타민과 콜린, 아르데닌 성분이 많기 때문이다. 국화를 달인 물로 세수를 하면 피부가 맑아질 뿐만 아니라 국화의 향으로 정신까지 맑아진다고 하니 몸과 마음이 지친 피로한 날에 적당한 향기 요법 겸 피부 미용법이다.

감국을 구하지 못하다가 새만금 쪽으로 요리 사진 촬영을 갔다가 마침 해풍에 흔들리며 석양빛을 받고 있는 노란 감국을 발견하였다.

국화차를 위해서 꺾었지만 감국에게는 몹시 미안하였다. 그 감국의 꼭지를 따서 꿀에 재었다가 녹두 가루를 발라 팔팔 끓는 물에 데쳐서 꿀물에 넣었다. 해풍을 맞고 자란 감국을 물에 데친 탓인지 국화의 강한 향이 적당히 섞여 달콤한 꿀물과 잘 어울린다.

향이 어찌나 감미롭고 향긋한지 마음이 편안해지고 맑아진다. 국화가 꿀물과 녹두 가루의 무게감 때문인지 바닥으로 가라앉는다. 사진을 위해서 국화 한 송이를 꿀물에 띄워 올렸다. 깊은 가을이 국화차 한 잔에 다 담겨 있는 것 같다.

인생의 험난한 부침 속에서도 마음을 바로 세워 가학을 잇고 백성의 안녕을 위해 노력한 서유구 선생의 의리와 정신이 향긋한 국화차에 담겨서 코를 통해 그리고 목줄기를 통해서 온몸으로 전해진다. 마음이 평안해진다.

그림 출처

표지

성협, 야연(野宴, 《成夾風俗畵帖》), 국립중앙박물관
남계우, 꽃과 나비(花蝶圖), 국립중앙박물관
신사임당, 초충도(草蟲圖), 국립중앙박물관
작자 미상, 책거리 그림(八曲屛風), 국립중앙박물관

본문

17쪽 김홍도, 주막(酒幕, 《檀園風俗圖帖》), 국립중앙박물관
19쪽 김홍도, 행상(行商, 《檀園風俗圖帖》), 국립중앙박물관
21쪽 성협, 야연(野宴, 《成夾風俗畵帖》), 국립중앙박물관
28, 30~31쪽 한시각, 함경도 지방의 과거 시험(北塞宣恩圖), 국립중앙박물관
29쪽 신윤복, 뒷뜰의 정경(閑庭圖), 국립중앙박물관
39, 42쪽 남계우, 꽃과 나비(花蝶圖), 국립중앙박물관
41쪽 김홍도, 활쏘기(射弓, 《檀園風俗圖帖》), 국립중앙박물관
49, 51쪽 김홍도, 장터 길(《檀園風俗圖帖》), 국립중앙박물관
53쪽 허백련, 산수화(許百鍊筆山水圖), 국립중앙박물관
59쪽 전기, 꽃, 새, 곤충, 물고기 그림(傳田琦筆花鳥蟲魚圖), 국립중앙박물관
61쪽 장한종, 게와 가오리(張漢宗筆魚介畵帖), 국립중앙박물관
62쪽 김양기, 헤엄치는 오리(金良驥筆鴨遊圖), 국립중앙박물관
66, 75쪽 작자 미상, 책거리 그림(八曲屛風), 국립중앙박물관
76쪽 임희지, 난초(墨蘭圖), 국립중앙박물관
94, 96쪽 남계우, 꽃과 나비(花蝶圖), 국립중앙박물관
97쪽 신명연, 산수화훼도(申命衍筆山水花卉圖), 국립중앙박물관
104, 106쪽 장한종, 물고기(張漢宗筆魚介畵帖), 국립중앙박물관
107쪽 조지운, 고양이(傳趙之耘筆柳下猫圖), 국립중앙박물관
114, 116, 117쪽 김홍도, 점심(《檀園風俗圖帖》), 국립중앙박물관
118~119쪽 유재소, 산수화(劉在韶(蕭堂)筆山水圖), 국립중앙박물관
124, 128쪽 전기, 꽃, 새, 곤충, 물고기 그림(傳田琦筆花鳥蟲魚圖), 국립중앙박물관
126, 127쪽 조희룡, 매화(趙熙龍筆墨梅圖), 국립중앙박물관
135, 137쪽 작자 미상, 책거리 그림(冊架圖), 국립중앙박물관
138쪽 김홍도, 시주(施主, 《檀園風俗圖帖》), 국립중앙박물관
144, 145쪽 강세황, 풍악장유첩(楓嶽壯遊帖), 국립중앙박물관

147쪽 윤두서, 나귀에서 떨어지는 진단선생, 국립중앙박물관
155, 157쪽 최북, 산수화(崔北筆山水圖), 국립중앙박물관
159쪽 김홍도, 담배 썰기(《檀園風俗圖帖》), 국립중앙박물관
167, 168~169쪽 김윤겸, 산의 지리(金允謙筆智異全面圖), 국립중앙박물관
167쪽 강세황, 난초와 대나무(蘭竹圖), 국립중앙박물관
175, 177쪽 김홍도, 고누놀이(《檀園風俗圖帖》), 국립중앙박물관
178쪽 작자 미상, 화조화(花鳥畵), 국립중앙박물관
185, 187쪽 신사임당, 초충도(草蟲圖), 국립중앙박물관
189쪽 정선, 내용이 자세하고 소상함(委曲,《司空圖詩品帖》), 국립중앙박물관
197, 198, 199쪽 백은배, 산수인물영모도(白殷培筆山水人物翎毛圖), 국립중앙박물관
207, 211쪽 이형록, 화첩(畫帖), 국립중앙박물관
208쪽 작자 미상, 그림 모음집(畫集), 국립중앙박물관
217, 219쪽 작자 미상, 책거리 그림(八曲屛風), 국립중앙박물관
220쪽 김홍도, 춤추는 아이(舞童,《檀園風俗圖帖》), 국립중앙박물관
226, 228~229쪽 김홍도, 부벽루에서의 연회(浮碧樓宴會圖), 국립중앙박물관
230쪽 작자 미상, 사당과 위패(唐彩感慕如在圖), 국립중앙박물관
236, 238쪽 김홍도, 벼타작(打作,《檀園風俗圖帖》), 국립중앙박물관
240쪽 작자 미상, 일본통신사가 바닷길로 다닌 30곳의 경승지(槎路勝區圖), 국립중앙박물관
247, 249쪽 신사임당, 초충도(草蟲圖), 국립중앙박물관
248, 250쪽 김홍도, 논갈이(耕畓,《檀園風俗圖帖》), 국립중앙박물관
257, 259, 260쪽 김홍도, 나룻배(渡船,《檀園風俗圖帖》), 국립중앙박물관
265, 267쪽 조속, 새와 까치(傳趙涑筆鳥鵲圖), 국립중앙박물관
266쪽 김홍도, 그림 감상(審觀,《檀園風俗圖帖》), 국립중앙박물관
275쪽 작자 미상, 책거리 그림(冊架圖), 국립중앙박물관
276, 277쪽 강세황, 동기창과 심주를 본받은 산수(山水圖), 국립중앙박물관
279쪽 심사정, 꽃과 새(花鳥圖), 국립중앙박물관
285쪽 화훼도병풍(花卉圖屛風), 국립고궁박물관

※ 그림 사용을 허락해 주신 국립중앙박물관과 국립고궁박물관 여러분께 감사드립니다.